지방자치의 이해

한국 지방자치제도를 중심으로

류 태 건 저

PUKYONG NATIONAL UNIVERSITY PRESS
부경대학교 출판부

지방자치의 이해

한국 지방자치제도를 중심으로

2012년 7월 18일 인쇄
2012년 7월 20일 발행

저 자 | 류 태 건
발행인 | 박 맹 언
발행처 | 부경대학교 출판부
주 소 | 부산광역시 남구 용소로 45-1
전 화 | (051) 629-6914
F A X | (051) 629-6917
E-Mail | upress@pknu.ac.kr

값 18,000원

ISBN 978-89-94047-68-3 93340

지방자치의 이해

한국 지방자치제도를 중심으로

》 서언

이 서언은 저자가 본서를 발간하게 된 과정을 서술하고 있을 뿐, 독자들이 본서를 이해하는 데에 도움을 드리기 위한 것이 아님을 먼저 밝혀둔다.

우리나라에서 1991년 지방의회의원선거에 이어 1995년 4대 동시 지방선거가 실시되면서 본인은 지방자치학에 대해 관심을 가지기 시작했다. 본인의 전공영역은 본래 정치사상이나, 지역에 살면서 신변에서 진행되는 새롭고도 커다란 정치적 변화를 목격하면서 자연스럽게 가지게 된 관심이었다. 1991년 이전 30년간 우리나라에는 지방선거나 지방의회와 같은 정치현상이 존재하지 않았던 까닭인지 지방자치에 대한 연구는 정치학 분야에서 그리 활발하지 않았고, 다만 지방행정에 대한 연구는 행정학 분야에서 지속되고 있었다고 사료된다. 이러한 배경에서 본인의 지방자치학에의 입문은 지방행정학 연구서들을 통해 이루어졌고, 특히 정세욱(『지방행정학』 1984, 1990, 1993, 1995), 조창현(『지방자치론』 1991, 1993), 최창호(『지방자치학』 1995), 세 교수님들의 기 출판물들이 길잡이가 되었다. 지방자치에 대한 본인의 관심은 계속되었고 1999년부터는 본인 자신의 관련 논문들도 발표하기에 이르렀다.

지방자치가 중앙정치와 함께 우리나라의 양대 정치과정으로 정착하면서 정치학 분야에서 지방자치에 대한 연구나 교육의 필요성은 더욱 절실해졌고, 본인이 재직하는 부경대학교 정치외교학과에서도 늦은 감은 있으나 2001년에 지방자치학을 전공선택과목으로 개설했다. 당시만 하더라도 지방자치학을 전공한 정치학자는 지역에서 찾아보기 힘들었으며, 이는 본인이 스스로 그 강의를 담당하게 된 계기가 되었다. 강의를 위해 위에 소개한 세 교수님들의 저술을 주로 참고해서 강의교재를 만들었고, 이 강의교재는 매년 이 부분 저 부분 첨삭하면서 수정을 해나갔으며, 이렇게 수년간 지속하다 보니 애초에 참조나 인용한 부분들도 그 내용과 표현이 많이 달라지게 되었다. 출판에 즈음하여 새로 첨가한 제1장을 제외한 나머지 장들에서는 그래서 어느 부분이 인용한 것인지 그 출처를 밝히기도 어렵게 되어 출처가 명확한 부분만을 본문에서 각주로 밝혀둔다. 사실상 이에 대한 양해를 구하고자 하는 것이 이 서문을 쓰는 목적이다.

이제 그 강의교재를 출판하고자 하는 것이다. 나름대로 내용을 수정해 가면서 강의교재를 만들어왔고, 이를 매번 복사해서 사용하자니 번거로웠던 까닭에, 부끄러움을 무릅쓰고 이를 출판하기로 한다.

Ⅰ 지방자치의 배경: 국가와 정치

1. 사회와 국가 ······ 9
2. 정치와 정치체제 ······ 12
3. 대의민주주의 정치체제 ······ 15
4. 지방분권: 통치권력의 지역적 배분 ······ 17

Ⅱ 지방자치의 의의

1. 지방자치의 개념 ······ 20
2. 지방자치의 양면: 단체자치와 주민자치 ······ 22
3. 지방자치의 필요성 ······ 24
4. 지방자치의 폐해 ······ 27
5. 우리나라 지방자치의 연혁 ······ 28

Ⅲ 지방자치단체

1. 지방자치단체의 개념 ······ 30
2. 지방자치단체의 구성요소 ······ 31
 1) 구역 ······ 31
  (1) 구역의 개념 ······ 31
  (2) 구역의 설정 ······ 32
  (3) 구역에 따른 지방자치단체의 종류 ······ 33

2) 주민 ········· 35
(1) 주민의 의의 ········· 35
(2) 주민의 권리와 의무 ········· 35
(3) 주민참여 ········· 40
3) 지방자치권 ········· 44
(1) 지방자치권의 의의 ········· 44
(2) 지방자치권의 특성 ········· 45
(3) 지방자치권의 종류와 범위 ········· 47

Ⅳ 지방자치단체와 국가 간의 관계

1. 중앙집권과 지방분권 ········· 55
1) 중앙집권과 지방분권의 개념 ········· 55
2) 중앙집권과 지방분권의 장 · 단점 ········· 55
2. 신(新)중앙집권과 신(新)지방분권 ········· 57
1) 신중앙집권과 신지방분권의 의의 ········· 57
2) 신중앙집권의 촉진요인 ········· 57
3) 신지방분권의 촉진요인 ········· 58
3. 지방자치단체에 대한 국가의 관여 ········· 59
1) 국가관여의 개념 ········· 59
2) 국가관여의 필요성 ········· 59
3) 국가관여의 방식 ········· 61
4) 국가관여의 한계성 ········· 64

V 지방자치단체의 기능과 사무

1. 국가와 지방자치단체 간의 기능과 사무 배분 ········ 65
2. 지방자치단체의 사무 ········ 69
3. 지방자치단체 사무의 법적 분류 ········ 74

VI 지방자치단체의 통치기관

1. 지방자치단체의 기관구성형태 ········ 82
   1) 기관통합형 ········ 82
   2) 기관대립형 ········ 85
   3) 절충형 ········ 87
2. 입법기관: 지방의회 ········ 88
   1) 개념 ········ 88
   2) 지방의회의 지위 ········ 88
   3) 우리나라 지방의회의 연혁 ········ 89
   4) 지방의회의 구성과 조직 ········ 89
   5) 지방의회의 권한 ········ 95
   6) 지방의회의 운영 ········ 100
3. 집행기관 ········ 106
   1) 집행기관의 개념과 유형 ········ 106
   2) 지방자치단체의 장(長) ········ 108
   3) 행정기관 ········ 111
   4) 지방공무원 ········ 114

Ⅶ 지방자치단체의 재정

1. 지방재정 ········· 118
2. 지방예산 ········· 130
3. 지방수입 ········· 140
4. 지방경비(지방지출) ········· 159
5. 지방자치단체의 기금 ········· 169
6. 지방공기업 ········· 174
7. 지방재정 분석 ········· 182

Ⅷ 지방교육자치제

1. 지방교육자치의 의의 ········· 193
2. 교육자치의 원리와 유형 ········· 195
3. 지방교육자치제도 ········· 199
4. 지방교육재정 ········· 205

참고문헌 ········· 208

〈부록〉 ········· 210

I 지방자치의 배경: 국가와 정치

지방자치는 국가가 영토 내의 각 지방을 통치하기 위해 도입하는 정치제도의 하나이다. 국가의 정치제도이므로 지방자치제도는 국가의 사정에 따라 도입할 수도 있고 안 할 수도 있으며, 도입하는 경우에도 그 범위나 내용은 국가에 의해 결정된다. 즉 지방자치제도는 국가의 헌법으로 그 존폐가 결정되고, 입법부의 법률로 그 범위와 내용이 규정되며, 행정부의 지도와 감독을 받게 되고, 사법부로부터 적법성을 심사받게 된다. 이처럼 지방자치는 국가의 정치를 배경으로 하고 있다. 지방자치를 좀 더 근본적으로 이해하기 위해 먼저 지방자치의 배후 현상인 사회, 국가, 권력, 정치, 정치체제, 민주주의, 지방분권 등의 의미를 이해해보기로 한다.

1 사회와 국가

1) 사회

사람은 홀로 고립해 살아가지 않고, 가능한 많은 사람들이 한데 어울려 살아간다. 사람들이 어울려 공동생활을 할 때 이를 '사회'(社會 society)라 하며, 사람들은 본능적으로 사회생활을 하는 '사회적 동물'이다. 이러한 사회생활은 궁극적으로 보다 나은 삶을 위한 인간의 선택이다.

다만, 많은 사람들이 한데 어울려 살아가는 하나의 사회가 존속되기 위해서는 사회는 최소한의 필요 조건을 갖추어야 한다. 즉, 사회는 내부의 일탈자들을 규제하여 대내적인 질서가 유지되어야 하고, 외부의 침입자들을 방어하여 대외적인 안전이 확보되어야 하며, 구성원들 사이의 갈등을 조정하여 화합을 이루어야 한다. 그리고 한걸음 더 나아가, 보다 나은 삶을 위해 사회구성원들의 물질적 · 정신적 복리를 증진시켜나가야 한다. 질서와 안보, 화합과 복리증진 등의 사회적 목적을 달성하기 위해, 사회는 사회

전체를 위한 집단적 규율을 만들고, 이를 구성원 모두에게 적용하며, 이를 어기는 자는 처벌할 필요가 생긴다. 어떤 사회가 사회구성원 모두에게 통용되는 집단적 규율을 만들어 적용하고 이를 어기는 자를 강제로 처벌하는 제도를 형성하게 될 때, 이때 그 사회는 '국가'가 된다. 다시 말해, 어떤 사회에 사회 전체를 규율하는 통치기구가 형성되어 통치권력을 행사하게 될 때 이 사회적 공동체는 정치적 공동체인 국가가 되는 것이다. 이제 국가에 대해 알아보자.

2) 국가

(1) 국가

국가(國家 state)란, '일정한 지역을 독점적인 범위로 하고 그 지역에서 최고권력에 의하여 결합된 인간 집단'을 말한다. 다시 말해 국가는 지리적으로 한정된 일정한 지역을 배타적으로 점유하며, 그 지역에 거주하는 사람들을 그 구성원으로 삼고, 그 구성원 모두를 규율할 수 있는 최고의 권력을 중심으로 결합된 하나의 인간집단이다. 국가의 경우 그 지리적 구성요소인 지역을 영토라 하고, 인적 구성요소인 구성원을 국민이라 하며, 정치적 구성요소인 최고권력을 주권이라 하는바, 국가가 형성되려면 기본적으로 이 3가지는 있어야 하므로 이를 국가의 3대 구성요소라 한다. 이 중 국민과 영토의 의미는 굳이 더 설명할 필요가 없을 듯하나, 국가에 대한 이해를 위해 주권의 의미는 좀 더 생각해볼 필요가 있다.

(2) 주권

주권(主權 sovereignty, sovereign power)이란 일정한 영토 전역과 그 영토에 거주하는 국민 전체를 지배하는 최고의 권력을 말한다. 최고의 권력이란 그 영토 내의 국민들 사이에서는 가장 강력한 권력이라는 뜻이다. 이 최고의 권력 즉 주권은 국가의 권력이라는 의미에서 국가권력이라고도 하고, 지배하고 다스리는 권력이라는 의미에서 통치권(력) 혹은 정치권력이라고도 한다[1]. 국가는 이 권력을 사용해서 영토 내의 국민을

---

1) 이들 4가지 용어는 동일한 권력을 지칭하나, 문맥에 따라 적절한 것을 선택해서 사용한다.

통치한다. 그런데 과연 권력이란 무엇인가?

(3) 권력

일반적으로 받아들여지고 있는 막스 베버(Max Weber)의 정의에 따르면, 권력이란 '사회적 관계에서 한 행위자가 다른 행위자의 저항에도 불구하고 자신의 의사를 관철시킬 수 있는 가능성'이다. 사회적 관계란 사람과 사람 사이의 관계라는 말이고, 행위자란 개인이나 집단을 말한다. 상대방이 저항하는 데도 불구하고 자신의 의사를 관철시키기 위한 방법으로는 우선 상대방을 말로 이해시키는 설득(persuasion)이 있다. 만일 설득이 안 되면 이번에는 어떤 보상을 제공하여 유도(inducement)할 수도 있다. 그러나 이러한 유도도 통하지 않을 때엔 강제(coercion)를 할 수도 있다. 끝으로 강제도 통하지 않을 때엔 처벌(punishment)을 할 수 있다. 권력은 자신의 의사를 관철시키기 위해 이 모든 방법을 사용할 가능성이 있는 힘이다. 그래서 권력을 '당근과 채찍(carrots and sticks)'에 비유하기도 한다. 설득과 유도는 당근에, 강제와 처벌은 채찍에 해당된다. 그리고 권력 중에서도 통치권력은 영토 내의 전 국민을 상대로 그러한 모든 방법을 사용할 수 있는 힘이다. 따라서 통치권력(즉 주권)은 막강하다. 통치권력은 국민을 동원해 전쟁을 일으킬 수도 있고, 통치에 반항하는 자들을 학살할 수도 있고, 무고한 국민의 생명이나 재산을 빼앗을 수도 있다. 반대로 통치권력은 국가의 평화를 유지하고, 사회의 조화를 이루고, 국민의 복리를 증진시킬 수도 있다. 그렇다면 국가의 통치권력은 누가 소유해서 어떻게 행사해야 할까? 통치권력의 소유와 유지 및 행사와 관련된 모든 활동을 통상 정치라 하는데, 이제 정치와 정치체제(혹은 통치체제, 국가체제)[2]에 대해 좀 더 이해해 보기로 한다.

---

2) 이들 3가지 용어도 문맥에 따라 적절한 것을 선택해서 사용한다.

2 정치와 정치체제

1) 정치

우선 정치의 의미를 알아보자. 어떤 국가든 통치권력을 사용해서 나름대로의 방식으로 그 영토 내의 국민을 통치해나간다. 이러한 모든 것이 '정치'이다. 그런데 정치는 국가에 따라 다양한 양상을 보이는데, 이들 다양한 정치현상의 배후에 있는 공통적인 속성은 무엇일까? 이 질문은 곧 정치의 본질이 무엇인가 하는 정치의 개념정의의 문제이다.

공자는 '정자 정야(政者 正也)' 즉 정치란 바로잡는 일이라 하고, 플라톤은 정의의 실현이 정치라 하고, 아리스토텔레스는 공동선의 실현이 정치라 한다. 이들은 모두 어떤 이상적인 사회적 목표를 추구하는 것이 정치의 본질이라고 보았다.

현대에 와서는 이상 보다 현실에 치중해서 정치의 본질을 규정하고자 한다. 그리하여, 정치란 국가 때문에 생기는 현상이므로 국가가 행하는 모든 활동이 곧 정치라고 보는 견해[국가현상설]도 있고, 정치란 권력 때문에 생기는 현상이므로 권력의 획득·유지·행사와 관련된 모든 활동을 정치라고 보는 견해[권력현상설]도 있고, 정치란 하나의 집단이나 사회계급이 다른 집단이나 사회계급을 지배하는 현상이라고 보는 견해[집단현상설 내지 계급투쟁설]도 있다. 정치현상이 다양하기 때문에 이를 보는 관점에 따라 이처럼 다양한 개념정의가 가능하다.

위 개념정의들은 모두 나름대로 정치의 본질을 규정하고 있으나, 다만 현대 대의민주주의체제의 정치의 본질을 규정하기에는 미흡하다. 왜냐하면 현대 대의민주주의에서는 국가와 사회, 혹은 정부와 국민 사이의 관계가 정치의 핵심을 이루고 있기 때문이다. 이러한 관계에 초점을 맞추어 본서에서는 정치적 행위자들의 관계를 중시하는 이스튼(David Easton)이나 도이치(Karl W. Deutsch) 등의 '정치체계이론'의 시각을 빌어 정치의 개념을 다음과 같이 규정하기로 한다: 정치란 모든 사회구성원의 활동을 규율하는 권위 있는 정책결정과 이것의 집행을 둘러싼 모든 개인과 집단의 상호작용(협력·경쟁·갈등)이다.

'모든 사회구성원의 활동을 규율'한다는 말은 국가현상을 지칭하고, '권위 있는'이라는 말은 권력현상을 지칭하고, '정책결정과 이것의 집행을 둘러싼'이란 말은 국가의사의 결정과 집행이 정치의 핵심 사항이라는 뜻이고, '모든 개인과 집단의 상호작용'이라는 말은 정책의 결정과 집행이 정치인이나 일반 국민 개개인, 그리고 정부, 정당, 기업 또는 기타 사회집단 모두의 상호 이해관계 속에서 일어나는 일이라는 뜻이다.

2) 정치체제

'모든 사회구성원의 활동을 규율하는 권위 있는 정책결정과 이것의 집행을 둘러싼 모든 개인과 집단의 상호작용'은 간단한 현상이 아니다. 정책 결정과 집행을 위한 기관(즉 정부)의 구성과 운영의 방법, 그리고 이러한 기관의 정책결정과 집행활동을 둘러싸고 일어나는 개인과 집단 사이의 이해관계의 대립이나 조정 등의 상호작용은 사실상 매우 복잡한 현상들이다. 그렇긴 하나, 이러한 복잡한 현상들이 나름대로의 통일된 질서를 갖추고 있는 것을 발견할 수 있다. 다양한 현상들이 어떤 기본원리에 의해 통일되고 질서가 유지될 때 이를 체제(혹은 체계)라고 말하는데, 같은 논리로 정치현상을 포함한 다양한 사회현상들이 어떤 기본적인 정치원리에 의해서 통일되고 질서가 유지될 때 이를 정치체제라 한다. 다만 기본적인 정치원리도 여러 가지가 있을 수 있는 까닭에 이를 바탕으로 한 정치체제 역시 여러 가지가 있을 수 있다.

여러 가지 정치체제들을 그들이 바탕으로 하는 기본원리를 기준으로 분류하면 정치체제의 분류가 된다. 앞에서 정치란 모든 사회구성원의 활동을 규율하는 권위 있는 정책결정과 이것의 집행을 둘러싼 모든 개인과 집단의 상호작용이라고 규정했다. 그리고 정치적 상호작용의 핵심사항은 권위 있는 정책결정과 집행이라고 했다. 이 핵심사항에 초점을 맞추어, 정책결정과 집행의 권력을 누가 소유해서 어떻게 행사하는가 하는 기본원리 즉 정치권력의 소유자와 행사방법이라는 2가지 기본원리를 기준으로 정치체제를 분류하면 바로 플라톤과 아리스토텔레스로부터 유래한 고전적인 정치체제의 6분법이 된다(아래 〈표 I-1〉). 현대에는 다른 분류방법도 있으나, 이 6분법은 여전히 정치체제의 종류와 특성을 이해하는 데에 편리하므로 이를 소개하기로 한다.

〈표 I-1〉 정치체제의 분류

통치자 수 / 통치방식	1인	소수	다수
준법(공동 이익 추구)	군주제(monarchy)	귀족제(aristocracy)	민주제(democracy)
무법(사적 이익 추구)	폭군제(tyranny)	과두제(oligarchy)	중우제(mobocracy)

역사상, 정치권력을 1인이 소유해서 행사하는 것을 기본원리로 하는 군주제나 폭군제가 가장 흔한 정치체제였다. 왕이나 황제라는 칭호 대신 총통이나 수령 등의 칭호를 쓰더라도 정치권력을 한 사람이 소유해서 행사한다면 1인 지배체제라는 정치원리는 마찬가지이다. 다만 그 1인이 공동의 규범에 의거 공동의 이익을 추구하는지 아니면 개인의 의사에 의거 사적인 이익을 추구하는지에 따라 군주제나 폭군제 등의 명칭으로 구분해볼 수 있다. 한편, 정치권력을 독점한 군주나 수령 등 1인의 지배자가 없고, 있더라도 사실상 정치권력을 소수집단이 소유해서 행사하는 소수지배체제인 귀족제나 과두제도 역사상 많이 나타났다. 1인 지배체제나 다수 지배체제도 사실상으로는 소수집단에 의해 운영되는 경우가 일반적이기 때문에 정치조직의 소수지배체제(과두제)는 어쩌면 철칙(鐵則)인지도 모르나, 고대 로마공화정의 원로원체제나 중세 베네치아 공화국의 원로원체제 혹은 현대 중국의 공산당지배체제는 형식상으로도 이러한 소수지배체제에 해당된다. 1인 지배체제이건 소수 지배체제이건, 이 경우 다수 국민은 정치권력의 소유나 행사에서 배제되고 국민의 운명은 통치자 1인이나 소수의 손에 맡겨져 있다.

민주제는 국가의 정치권력을 1인이나 소수가 아니라 국민 전체(정확히는 참정권을 가진 성인인 국민 전체)의 손에 맡기는 정치체제이다. 다시 말해 정치권력을 국민이 소유하고, 이를 국민을 위해, 국민에 의해 행사하는 정치체제이다. 이 정치체제는 고대 그리스의 도시국가 아테네에서 BC 6C~4C 사이에 존재하다가 지구상에서 사라졌었다. 그리고 그 뒤 약 2,000년이 지난 AD 17C말 영국에서 다시 나타나 18C에 미국이나 유럽대륙으로 번져나가고, 20C에는 전 세계적으로 퍼져나가 지금은 지구상에서 가장 보편적인 정치체제가 되어 있다. 다만 고대 아테네에서는 적어도 참정권을 가진 모든 시민들이 직접 정치를 하는 직접민주주의였으나, 새로 태어난 현대의 민주주의는 국민이 국민의 대표를 선출해서 이들 대표에 의해 국민을 위한 정치를 하게 하는 간접민주주의·대의민주주의이다. 이 대의민주주의 정치체제가 현재 우리나라를 위시한 모든 민주주의 국가의 정치체제인 까닭에, 이에 대해 좀 더 살펴보기로 한다.

3 대의민주주의 정치체제

1) 대의민주주의 정치원리

대의민주주의 정치체제는 무엇보다도 입헌주의를 기본적인 정치원리로 한다. 입헌주의란 국가통치의 목적과 방법에 대한 기본 규범인 헌법을 국민의 동의하에(즉 국민투표를 통해) 마련한 후 국가의 모든 통치행위는 헌법이 규정한 테두리 내에서 이루어지는 정치원리를 말한다. 다만 헌법도 비민주적인 것들이 있을 수 있는 까닭에, 오늘날의 민주주의 헌법은 국민의 기본권 보장, 권력분립 및 법치주의를 헌법의 필수요소로 하고 있다. '권리의 보장이 확보되어 있지 않고 권력의 분립이 확정되어 있지 아니한 사회는 헌법을 갖고 있는 것이 아니다'라는 프랑스 인권선언의 조항은 이를 대변한다.

국가통치의 목적은 '국민을 위한' 것으로, 말하자면 국민의 기본권을 보장하고 복리를 증진시키는 것이다. 국가통치의 방법으로는 통치자의 주관적 의사에 의한 인치(人治)가 아니라 국가의 객관적인 절차에 의해 제정되고 공포된 법에 의한 통치 즉 법치(法治)를 기본방법으로 하고 있다. 그리고 법치의 방법으로는 3권분립의 원리를 따른다. 헌법 밑의 국가의사인 법률을 제정하는 입법권, 법률을 집행하는 집행권, 그리고 법률이 올바르게 집행되었는지를 판정하는 사법권의 3가지 권력을 분립해서 각각 다른 통치기구에 맡겨 법치가 이루어지도록 하는 것이다. 이는 통치권력을 그 법적 기능에 따라 분산시킴으로써 권력집중을 막고 이들 권력 상호간의 견제와 균형을 통해서 권력남용을 막음으로써 궁극적으로 국민의 자유와 권리를 보호하려는 원리이다.

통치권력을 어떤 식으로 분립시키던 모든 통치권력은 '국민의' 것이며, 이것이 국민주권주의 원리이다. 주권이 국민의 것이긴 하나, 오늘날과 같은 거대 국가에서는 국민이 모두 나서서 직접 정치를 하는 '국민에 의한' 직접민주주의는 불가능하다. 그리하여 국민은 선거를 통해 국민의 대표들을 선출해서 이들에게 통치권력을 위임함으로써 '대표에 의한' 대의민주주의가 이루어진다. 선거 후에도 대표들은 국민의 여론이나 압력 등에 의해 일정 부분 통제를 받기도 하지만, 선거 후 국민의 운명은 많은 부분 대표의 손에 맡겨지는 것이다. 대의민주주의에서 국민의 대표를 선출하는 선거제도나 선거과정의 중요성이 여기에 있다.

2) 대의민주주의 정부형태

선거를 통해 국민은 국민을 대신해 국가를 통치할 대표들을 선출하고, 이 대표들이 통치기구를 구성하고 운영한다. 통치기구는 여러 가지가 있을 수 있으며, 통칭하여 정부라 한다. 3권분립에 따른 정부의 구성형태 즉 정부형태는 다음과 같이 이루어진다.

대부분의 민주주의 국가에서 국민들은 국가정책인 법률 및 기타 중요 정책을 결정할 의원들을 직접 선출하고 이들이 입법부를 구성한다. 국가에 따라 입법부는 하나를 두거나, 아니면 두 개를 두어서 법률제정에 더욱 신중을 기하기도 한다. 입법부가 하나인 경우를 단원제, 두 개인 경우를 양원제라 한다.

결정된 국가정책을 집행하는 행정부를 구성하는 방법은 나라에 따라 크게 3가지로 나누어 볼 수 있다. 한 가지는, 국민들이 직접선거를 통해 1인을 선출해서 집행권을 맡기는 제도인 대통령중심제가 있다. 이 경우 대통령은 행정수반 겸 국가원수의 지위를 갖는다. 우리나라나 미국이 그 대표적인 예이다. 다른 한 가지는, 의회에서 의원들 중 한 사람을 수상으로 선출하고 수상이 행정각료들을 선임해서 내각을 구성한 뒤 이 내각에 집행권을 맡기는 내각책임제가 있다. 이 경우 수상은 행정수반의 지위만 갖고, 국가원수의 지위는 의회나 국민이 따로 선출한 대통령, 혹은 전통에 따라 국왕이 갖는다. 독일이나 영국 등 대부분의 유럽 국가들이 그 대표적인 예이다. 끝으로, 위 두 가지 제도를 혼합해서 국민들은 대통령을 선출하고 의회에서는 내각을 선임해서 이 두 기관에게 공동으로 집행권을 맡기는 제도가 있다. 이를 혼합제 혹은 이원집정제라 하며, 프랑스가 그 대표적 예이다.

한편 사법부는 법관으로 구성되고 각급 법원으로 조직되어 조직상·기능상 입법부나 행정부로부터 독립된다. 법관의 선임 방법은 나라에 따라 꽤 차이가 있으나, 대체로 최고법원의 법관과 그 장은 입법부의 동의를 얻어서 국가원수나 행정수반이 임명하고, 하급법원의 법관은 최고법원의 지명절차를 거쳐 최고법원장(우리나라), 내각(일본), 국가원수(영국) 혹은 주민(미국의 일부 주)이 임명한다. 사법부의 법관 임명에 입법부나 행정부가 관여하는 것은 사법부의 조직상의 독립에 장애가 되는 일로 볼 수도 있으나, 3권분립의 원리에 따른 기관간의 견제와 균형을 위한 수단이라고 볼 수도 있다. 다만 임명된 후 법관은 어떠한 국가기관이나 정당 혹은 압력단체로부터의 간섭에서 벗어나 심판기능상의 독립이 보장된다.

이처럼 3권분립의 원리에 의거 정부가 구성되어 대의민주주의 정치가 이루어진다. 국민은 선거를 통해 대표를 선출해서 정부를 구성하게 하고, 정부는 국민을 대표해서 국가의 정책을 결정하고 집행하며, 또 다시 국민은 선거나 여론 혹은 기타 압력행사방법을 통해 정부의 정책결정과 집행을 직·간접적으로 통제하면서 '모든 사회구성원의 활동을 규율하는 권위 있는 정책결정과 이것의 집행을 둘러싼 모든 개인과 집단의 상호작용'인 정치가 이루어지는 것이다

4 지방분권: 통치권력의 지역적 배분

3권분립(separation of three powers)은 국가의 통치권력을 법적 기능에 따라 3개의 통치기관에 수평적으로 대등하게 배분하는 통치권력의 기능적 배분제도이다. 그런데 통치권력을 지역적으로 배분할 수도 있다. 이를 지방분권(decentralization)이라 한다. 이때 국가영토 내의 각 지역에서는 지역주민들이 그들의 대표를 선출하여 지역정부(local government)를 구성하고, 지역정부는 배분된 권한 내에서 자기 지역의 사무를 독자적으로 처리한다. 물론, 배분되지 않은 통치권력은 국가의 몫으로서 중앙정부(central government)를 통해 국가 전역에 행사된다. 반대로, 통치권력을 지역적으로 배분하지 않고 국가의 중앙정부에 집중시킬 수도 있다. 이를 중앙집권(centralization)이라 한다. 이 경우 국가는 중앙정부의 관리를 각 지역에 파견하여 지역의 모든 사무를 직접 처리한다.

지방분권의 경우에 초점을 맞추어 볼 때, 통치권력을 지역적으로 배분하는 방법은 두 가지로 대별할 수가 있다. 하나는 국가와 지역이 대등하게(coordinate) 주권을 분할(division of powers)하는 방법이고, 다른 하나는 국가가 지역에 주권에 종속되는(subordinate) 하위의 권력을 수여(distribution of powers)하는 방법이다. 짐작할 수 있듯이, 전자가 후자 보다 지방분권의 정도가 강하며, 각각의 경우에서도 나라에 따라 분권화의 경향이 다르다. 아래에서는 이 두 가지 지방분권의 방법을 좀 더 설명하기로 한다.

1) 통치권력의 대등한 분할: 연방제

지방분권의 방법으로 국가와 지역(혹은 중앙정부와 지역정부)이 대등하게 주권을 분할한다는 것은 양자가 각각 주권의 일정 부분씩을 보유하게 되는 것을 뜻한다. 이 경우 각 지역[3]은 국가와 대등하게 주권의 일부를 보유하는 주권체로서 일종의 국가인 셈이다. 따라서 하나의 국가 내에 여러 개의 작은 국가들이 합쳐 있는 형태가 되는데, 이러한 국가형태를 연방(제) 국가(federation, federal state)라 하며, 미국과 독일 등 세계적으로 20여개 국가들이 있다.

이러한 연방국가는 대내적, 국내법상으로는 복수 국가들의 복합체이지만 대외적, 국제법상으로는 단일한 법인격을 갖는다. 연방국가인 미합중국(the United States of America)이 이러한 사실을 잘 대변해준다. 역사상으로 보자면, 대개의 연방국가는 지역국가(지방국가支邦國家, 구성국가)들이 자기들의 주권의 일부를 양도하는 연방헌법을 제정하여 연방정부를 창설하고 그 아래에 규합함으로서 탄생하였다. 그리고 지역국가들은 양도하지 않은 범위 내에서 입법, 행정, 사법의 주권을 보유하고 지역정부를 통해 자기 지역을 통치한다.

주권을 분할하는 방법은 연방헌법에 중앙정부(연방정부)가 보유할 권한을 열거하고 나머지 권한은 지역정부의 것으로 규정하거나, 반대로 지역정부가 보유할 권한을 열거하고 나머지 권한은 연방정부의 것으로 규정한다. 대체로 국방, 외교, 거시경제, 전국적 질서유지 등에 관한 권한은 연방정부에 주어지고, 복지, 교육, 보건, 지방경제, 지방적 질서유지 등에 관한 권한은 지역정부에 주어진다. 그리고 양자는 각자의 권한 내에서는 상대에게 종속됨이 없이 독자적으로 주권을 행사한다.

반대로, 주권을 지역적으로 분할하지 않는 국가형태는 단일(제) 국가(unitary state)라 하며, 세계 대부분의 국가들이 이러한 형태이다.

한편, 복수의 국가들이 각국의 주권은 분할하지 않고 완전히 보유한 채 중앙에 공통의 상설적인 정치적 협의체를 수립하여 밀접하게 규합하는 경우도 있는데, 이러한 국가형태는 국가연합(confederation)이라 칭하고, 유럽연합(European Union)이 그 대표적인 예이다.

---

3) 이들 지역의 명칭은 나라에 따라 state, land, canton 등으로 불린다.

2) 통치권력의 종속적 배분: 지방자치제

단일제 국가나 연방제의 지역국가 내에서, 국가가 주권은 고스란히 보유한 채 주권에 종속되는 하위의 통치권력을 지역에 배분하는 지방분권의 방법도 있다. 이때 국가는 영토 내의 각 지역을 구획하여 지역단체들을 형성한 뒤 일정한 통치권한을 부여하고, 각 지역단체들은 지역정부를 구성하여 국가로부터 부여된 권한 내에서 자기 지역을 스스로 통치한다. 이러한 지역단체를 지방자치단체라 하고, 국가로부터 지방자치단체에 부여된 일정한 통치권한을 지방자치권이라 하며, 이러한 지방통치제도를 지방자치제라고 한다. 이것이 바로 우리가 살펴볼 지방자치제로서, 이에 대해 이제부터 본격적으로 이해해 보기로 한다.

Ⅱ 지방자치의 의의

여기에서는 우선 지방자치란 무엇인지 그 개념을 정의하고, 다음으로 지방자치의 필요성과 문제점 등 그 의의를 살펴본다.

1 지방자치의 개념

지방자치에 대한 이해의 출발점으로 우선 지방자치의 개념을 정의하기로 한다. 지방자치는 지방과 자치의 복합어로서 지방의 자치(local autonomy)를 뜻하므로, 지방 및 자치의 의미부터 살펴보자. 우리나라 말에서 지방은 대체로 두 가지 의미를 갖는데, 하나는 '지역'의 의미이고, 다른 하나는 '서울이 아닌 지역'이라는 의미이다. 지방자치에서 지방은 전자를 말한다. 이때 지역 혹은 지방은 일정한 지리적 전역의 구성부분을 뜻한다. 일 년이 월, 일, 시 등이 합쳐져 이루어지듯이, 국가의 영토는 보다 작은 여러 층의 지방들이 합쳐져 이루어진 것이다. 국민은 영토 내의 여러 지방에 나뉘어져 살고 있으며, 지방들은 나름대로의 독특한 지리적·경제적 공간과 자연적·문화적 특성 즉 지방성(locality)을 가지고 있다. 국가는 영토 내의 이러한 지방들을 어떻게 통치하는가?

> **〈참고〉 개념정의의 의의**
>
> 어떤 대상을 인식할 때 우리는 대상 자체를 있는 그대로 우리의 머리 속에 집어넣는 것이 아니라, 정신작용을 통해 대상에 대한 여러 가지 관념(생각)들을 머리 속에 형성하게 된다. 이러한 관념들 중 그 대상이 가진 본질적·보편적인 속성을 추출하여 관념을 형성할 때 이 관념을 개념이라 한다. 개념을 정의한다는 것은 이러한 관념의 내용을 명확히 규정하는 것을 말한다. 거꾸로, 우리는 개념정의를 통해 인식대상이 무엇인지를 명확히 한다. 이러한 개념정의는 어떤 대상을 연구하기 위한 일차적인 연구도구가 된다. 즉, 뭔가 연구를 하려면 일차적으로 연구 대상을 명확히 규정해야 하는바, 개념정의는 바로 이를 위한 것이다.

앞서 언급했듯이 국가가 지방을 통치하는 방법은 그 통치권력의 지역적 배분 정도에 따라 두 가지로 나눠 볼 수 있다. 즉 지방분권적 통치와 중앙집권적 통치이다. 지방분권적 통치는 지방에 일정한 통치권력을 배분해주고 각 지방이 스스로 통치하게 하는 방법이다. 이 경우, 국가의 주권을 지방에 분할해주면 연방제가 되고, 주권 보다 하위의 통치권력을 지방에 배분해주면 바로 지방자치제가 된다. 지방자치제는 연방제에 비해 상대적으로 약한 지방분권제도로서, 이는 단일제 국가나 연방제의 구성국가 내에서 지방을 통치하는 하나의 방법이다. 한편, 중앙집권적 통치는 지방에 통치권력을 배분하지 않고 지방에 중앙정부의 하급기관을 설치하고 중앙정부의 관리를 파견하여 중앙정부가 직접 지방을 통치하는 방법이다. 지방의 입장에서 볼 때, 국가에 의한 지방통치를 관치(官治)라 하고, 지방 스스로의 통치를 자치(自治)라 하며, 특히 지방의 자치를 다른 영역의 자치와 구별하여 지방자치라 한다. 지방자치를 실시하는 국가에서도 실제 지방통치 방식은 자치와 관치를 병용하고 있다. 즉 지방분권을 한 부분은 지방자치를 하고, 나머지 부분은 국가가 중앙집권적인 통치를 하는 것이다. 다만, 중앙집권주의 경향의 국가에서는 가능한 한 많은 권력을 중앙에 집중하므로 관치의 부분이 크고, 지방분권주의 경향의 국가에서는 가능한 한 많은 권력을 지방에 분산하므로 자치의 부분이 크다.

어쨌든, 지방자치를 한다는 것은 지방의 주민이 각자 알아서 살아간다는 뜻은 물론 아니다. 지방자치를 할 경우, 국가는 지방자치를 위한 지역적 단위구역들을 획정하여 일정한 통치권을 배분해주고, 그 단위구역에 거주하는 모든 주민들은 하나의 지역적 단체를 형성하여 그 단체의 활동으로서 배분된 통치권의 한도 내에서 자기 지방의 일을 자기의 재정적 부담 하에 스스로 처리해나가고 그 결과에 대한 책임도 져야한다.

이상과 같은 기본적인 이해를 바탕으로 지방자치의 개념을 다음과 같이 정의할 수 있다. 지방자치란 '국법에 정한 바에 의하여 일정한 지역의 주민들이 지역단체를 구성하고 그 단체의 활동으로서 해당 지역의 사무를 자기 부담에 의하여 주민들 스스로 또는 그 대표자를 통하여 처리하는 과정'이다. 이를 부연설명하자면 다음과 같다.

'국법에 정한 바에 의하여'라는 말은 국가의 헌법이나 법률에 규정한 권한과 방법에 따라 지방자치가 이루어짐을 뜻한다. 궁극적으로 지방자치는 국가가 도입하는 지방통치제도의 하나이고 지방자치의 권한은 국가의 주권에 종속되므로, 각국의 지방자치의 존폐와 정도 또는 특성은 각국의 헌법이나 법률에 의해 결정된다.

'일정한 지역의 주민들이 지역단체를 구성하고 그 단체의 활동으로서'라는 말은 국가영토 내의 지역을 구획하여 지방자치의 단위 구역을 설정하고, 각 구역에 거주하는 주민들은 지방자치를 하기 위한 하나의 단체인 지방자치단체를 구성하며, 이 지방자치단체는 법적으로 하나의 인격을 부여받은 지방자치의 단위체가 되어, 하나의 단체로서 활동을 하게 된다는 뜻이다. 이러한 단체활동은 단체의 대표기관을 구성하고, 단체의 의사를 결정하고 집행하며, 재정을 운용하는 등의 활동이다.

'해당 지역의 사무를 자기 부담에 의하여 주민들 스스로 또는 그 대표자를 통하여 처리하는 과정'이라는 말은 각각의 지방자치단체는 오직 자기 지역의 사무만을 처리하며, 이러한 지방사무의 처리는 원칙상 해당 지역주민들의 재정적 부담 하에서 주민들 스스로 혹은 대표자들을 선임해서 절차에 따라 이루어진다는 뜻이다.

2 지방자치의 양면: 단체자치와 주민자치

지방자치는 마치 동전의 양면처럼 단체자치(団体自治)와 주민자치(住民自治)라는 불가분리의 두 측면이 있다. 위의 지방자치에 대한 개념정의에서 '국법에 정한 바에 의하여 일정한 지역의 주민들이 지역단체를 구성하고 그 단체의 활동으로서'라는 말은 단체자치의 측면을 가리키고, '지역의 사무를 자기 부담에 의하여 주민들 스스로 또는 그 대표자를 통하여 처리'한다는 말은 주민자치의 측면을 가리킨다.

우선 단체자치의 측면부터 이해해 보기로 한다. 지방자치는 일정한 지역을 단위로 하여 이루어지게 되고, 지방자치의 내용은 그

〈참고〉 법인격이란?

법인격이란 법률상의 권리·의무의 주체, 즉 소송당사자능력, 계약체결능력, 재산소유능력 등의 주체가 될 수 있는 자격을 말한다. 이러한 법인격을 부여받은 단체를 법인이라 하며, 법인은 크게 공법인과 사법인으로 나눌 수 있다. 공법인은 그 목적으로 하는 사업이 국가통치작용에 속하는 법인을 말하며, 국가나 지방자치단체 그리고 기타 공공단체가 이에 해당한다. 사법인은 설립자들의 사적인 사업을 목적으로 하는 법인을 말하며, 일정한 목적으로 결합한 사람들의 단체인 사단법인과 일정한 목적으로 거출된 재산의 집합인 재단법인이 있다. 법인의 상대 개념은 자연인인데, 자연인(개인)은 당연히 법률상의 권리·의무의 주체가 된다.

지역의 주민들 모두에게 관련되는 지역의 공공사무를 처리하는 것이다. 이를 위해 해당 지역의 모든 주민들은 하나의 단체 즉 지방자치단체를 구성하고, 이 단체의 활동을 통해 자기 지역의 공공사무를 처리하게 된다. 하나의 단체로서 활동하기 위해 지방자치단체는 법적으로 인격을 부여받아, 권리를 행사하고 의무를 수행할 수 있는 하나의 법적인 인격체가 된다. 국가가 법인격(法人格)을 가진 하나의 공법인인 공공단체이듯이, 지방자치단체는 국가와 별개의 법인격을 부여받은 또 다른 공법인인 공공단체가 되어 지역의 공공사무를 스스로 처리하게 되는 것이다. 다만 지방자치단체가 스스로 처리할 수 있는 지역사무의 범위나 권한은 국법으로 정해진다. 이처럼 단체를 형성해서 단체활동을 하게 되는 측면의 지방자치를 단체자치라고 하며, 단체자치의 범위나 권한은 국법으로 정해진다.

그러나 이러한 단체자치는 궁극적으로 주민의, 주민에 의한, 주민을 위한 활동이다. 다시 말해 지방자치단체의 주권자는 주민이며, 지방자치의 목적은 주민을 위하는 것이다. 그러므로 지방자치는 기본적으로 주민의 의사와 책임 하에 이루어진다. 이러한 지방자치의 측면을 주민자치라고 한다. 다만, 국가통치의 경우와 마찬가지로 지방자치에 있어서도, 지방자치단체의 규모가 클 경우에는 주민에 의한 직접민주주의 방식의 자치가 불가능해진다. 이때에는 주민들이 대표기관을 선임해서 대표기관에 의한 간접민주주의 방식의 자치를 하게 된다. 그렇다고 하더라고 주민대표기관은 지방자치의 목적인 주민의 의사와 요구를 최대한 실현하여 '주민을 위한' 자치가 되도록 노력해야만 한다. 그리고 이러한 간접적인 지방자치의 과정에서도 주민은 대표선출, 주민투표, 주민소환, 주민발안 등의 절차를 통해 주민에 의한 직접적인 자치를 어느 정도 하기도 하고, 여론형성이나 주민단체활동을 통해서 혹은 대표기관이 마련한 공청회나 위원회의 참여 등을 통해서 대표기관의 지방사무처리에 영향력을 행사하게 된다. 이처럼 일반 주민들이 지방자치과정에 직·간접적으로 영향을 미치려는 모든 활동을 '주민참여'라고 한다. 따라서 주민자치의 측면에서는 대표기관에 의한 주민의사의 실현과 주민에 의한 주민참여의 활성화가 주요 과제가 된다.

이러한 단체자치와 주민자치는 서로 불가분리적으로 결합되어 지방자치가 이루어진다. 이는 곧 지방자치는 한편 단체활동이면서 다른 한편 이 단체활동의 주체는 주민이라는 뜻이기도 하다.

단체자치와 주민자치를 구분하는 것은 지방자치의 기원에서 유래한다.[4] 영국이나 미국에서는 지방의 사무를 국가의 관여 없이 주민이 스스로 처리해온 전통이 강해 이를 주민자치라 부르고, 프랑스나 독일 등에서는 국가가 지방자치단체라는 법인격을 구성해 그 단체에 자치권을 부여한 후 자치가 이루어지게 된 까닭에 단체자치라는 용어가 생겨났다. 다시 말해 영국이나 미국에서는 주민자치가 시행된 후 주민들의 요구에 의해 자치단체가 구성되었고, 프랑스나 독일 등에서는 법적으로 지방자치단체를 먼저 구성한 후 주민들에 의한 자치가 시행되었기에 주민자치나 단체자치라는 용어가 생겨났다.

단체자치와 주민자치를 구분하는 것은 지방자치의 이해를 위해서도 도움이 된다. 단체자치의 측면에서 볼 때, 지방자치단체는 하나의 공공단체로서 국가로부터 법인격 및 자치권한을 부여받게 된다. 따라서 국가가 지방자치단체에게 어떤 종류의, 어느 정도의 권한을 부여하는가에 따라 단체자치 측면에서의 지방자치 정도나 특성을 파악할 수 있다. 한편 주민자치 측면에서는, 지방자치단체의 주민이 지방자치과정에 얼마나 참여하며, 자치기관은 주민의 의사와 요구를 얼마나 대변하는가에 따라 주민자치 측면에서의 지방자치 정도나 특성을 파악할 수 있다. 단체자치는 대외적 측면의 자치의 정도나 특성, 그리고 주민자치는 대내적 측면의 자치의 정도나 특성을 가늠하는 지표가 될 수 있는 것이다.

3 지방자치의 필요성

지방자치제도는 오늘날 세계 대부분의 민주주의 국가에서 채택되고 있으며, 이는 정치발전을 위해 지방자치가 필요하다는 믿음에 근거한다. 발전(development)이란 '어떤 상태에서 보다 나은 상태로의 변화'라는 의미이므로, 정치발전(political development)이란 '어떤 정치적 상태에서 보다 나은 정치적 상태로 변화하는 것'을 뜻한다. 그런데 어떠한 정치적 상태가 보다 나은 것인지는 사람들의 가치판단에 따라 다르다. 이런 까

4) 조창현, 『지방자치론』, 박영사, 1993, p. 5.

닭에 무엇이 정치발전의 기준이 되는가를 객관적으로 규정하기가 힘들고, 따라서 학자마다 다양한 견해를 피력하고 있다. 이러한 다양한 견해들을 종합해보면 대략 다음의 3가지 요소를 정치발전의 기준으로 삼고 있다.

첫째, 민주주의의 확대. 이는 국민의, 국민에 의한, 국민을 위한 정치의 확대, 다시 말해, 국민통제(popular control), 국민의 정치참여, 국민의 기본권이 확대 실현되는 것을 정치발전으로 보는 입장이다.

둘째, 정부조직의 전문화와 능률화. 이는 정부의 조직구조가 더욱 세분화되고, 이에 따라 정부조직의 기능이 더욱 전문화되고, 그러면서 정부의 모든 조직이 전체적으로 더 잘 통합되어 정부 전체의 능률이 향상되는 상태를 정치발전이라고 보는 입장이다.

셋째, 정부의 문제해결 능력 향상. 이는 공공문제를 관리하고 분쟁을 해결하며, 국민의 요구를 수용 · 실현하는 정부의 능력향상을 정치발전이라고 보는 입장이다.

정치발전에 대한 이러한 입장에서 볼 때 지방자치는 다음과 같은 정치적 · 기술적 측면에서 필요하다고 할 수 있다.

1) 정치적 필요성

정치적 필요성은 지방자치가 민주주의의 확대와 긴밀한 관계를 가지고 있다는 확신을 그 이론적 근거로 한다. 민주주의의 확대라는 측면에서 봤을 때, 중앙정부의 관료에 의해 결정되고 집행되던 지방사무를 주민 스스로 혹은 주민이 직접 선출한 주민대표에 의해서 결정 · 집행하게 되므로 주민에 의한 참여정치가 확대되고 주민의 민주의식이 더욱 함양되며, 지역실정에 맞는 주민을 위한 정치가 더욱 실현된다. 이러한 견지에서 지방자치는 정치발전에 긍정적 역할을 한다. 이를 좀 더 구체적으로 서술하면 다음과 같다.

(1) 민주주의의 학교

우선, 지방자치는 주민을 위한 민주주의 학교의 기능을 한다. 주민의 생활에 직접 관계되는 그 지역 내의 사무를 지방자치단체가 스스로 처리하므로, 정치를 자기와는 직접 관계가 없는 멀리 있는 현상으로 인식하던 태도에서 탈피하여 자기 신변에서 일어나고 직접적 관계가 있는 것으로 인식하게 된다. 따라서 지방자치를 통해 주민의 정치의식을 함양시키고 정치참여를 활성화시켜 일상생활에서의 민주주의를 학습하는 효과가 있다. 이러한 뜻에서 지방자치를 '풀뿌리 민주주의(grass-roots democracy)'라고도 한다.

다음으로, 지방자치는 지방자치단체의 대표자를 위한 학교로서의 기능을 한다. 지방선거에 의하여 당선되는 각급 지방자치단체의 장과 지방의원들은 사실상 작은 규모의 '나라 살림'을 배울 수 있다. 이렇게 배운 지식을 기초로 중앙의 정치무대에 진출할 수 있는 식견과 역량을 배양하는 것이다.

(2) 전제정치에 대한 방파제

지방자치는 지방분권을 기초로 주민의 자유로운 정치참여를 실현시키려는 제도이므로, 중앙정부의 권력을 분산시키고 민중의 참여정치를 활성화시켜, 독재정치의 출현을 방어한다.

(3) 중앙정부의 불안정에서 오는 국가적 혼란의 약화

지방자치는 중앙정부의 정권교체나 무능력으로 인한 중앙정국의 혼란이 지방에까지 파급되는 것을 최소화할 수 있다. 이는 지방의 사무는 중앙의 영향 없이 지방정부에서 처리하기 때문이다.

2) 기술적 필요성

기술적 필요성은 지방자치가 정부조직의 전문화와 능률화, 그리고 이를 통한 정부의 문제해결 능력 향상에 도움이 된다는 입장에서 제기된다. 이를 좀 더 구체적으로 서술하면 다음과 같다.

(1) 정부조직의 전문화와 능률화

지방자치를 통해 중앙정부와 지방정부간에 적절한 기능분담을 함으로써 합리적인 통치체제를 확립할 수 있다. 중앙정부는 정책과 계획의 수립에, 지방정부는 수립된 정책과 계획의 집행에 각각 전념함으로써 수직적 분업체계를 통하여 전체 정부조직의 능률성을 제고 할 수 있다. 또한 각각의 지역사회의 실정에 비추어 필요한 지방정부의 조직과 기구를 설치하여 전문화된 기능을 수행하게 할 수 있다.

(2) 지역 실정에 맞는 정치와 행정의 실현

중앙집권제에서의 중앙정부의 정책결정은 전국적으로 획일적 · 일반적이어서 각 지역의 특수성과 현지성이 무시된다. 그러나 지방자치제에서는 지역의 현실과 지역 주민들의 일상생활과 직결된 정확한 정보를 얻을 수 있어 지역의 요구를 수용 · 실현하기 용이하므로, 지역의 특수성과 실정을 감안한 정책 결정과 집행을 할 수 있다. 따라서 국가 전체로 봤을 때에 정부(중앙 및 지방 정부)의 문제 해결 능력을 향상시킨다.

(3) 정책의 지역적 실험 가능

지방자치는 일정한 지역에 한해서 그 지역 사무를 독자적으로 처리하는 것이므로 각 지역에 따라서 정책이나 사업계획을 자주적으로 창안하여 실시할 수 있다. 따라서 지역적으로 여러 가지 정책적 실험이 가능하다. 이리하여 한 지역의 실험 결과가 좋을 때는 그것을 다른 지역에서도 배워서 실시할 수 있고, 만약 그 실험의 결과가 좋지 않을 경우에는 그로 인한 피해를 한 지역에만 국한시킬 수 있는 이점이 있다. 이는 국가 정책을 전국규모로 실시하는데서 발생할지 모르는 시행착오를 최소화할 수 있다. 또한 시행착오를 주저해 국가의 정치와 행정이 흔히 보수화 되는 경향이 있음을 감안할 때 창의적 정치와 행정을 가능케 한다.

4 지방자치의 폐해

모든 사회제도가 장단점이 있듯이 지방자치제도 그러하다. 지방자치제의 단점에 대해 살펴보면 다음과 같다.

1) 지역 이기주의

지방자치는 각 지방자치단체의 개별적 이익을 추구하면서 지역 이기주의를 조장하기도 한다. 만일 지역 이기주의가 심해진다면 지역 간의 갈등과 분열로 인해 국가통합 및 국가의 일반이익을 저해할 수도 있다.

2) 지역의 인적 · 물적 자원의 한계

지방자치단체가 보유한 인적 · 물적 자원의 한계로 인해 행 · 재정상의 효율성이 떨어지거나, 규모의 경제를 추구하기 힘들다.

3) 지역 간 중복투자로 인한 자원의 낭비

각 지방자치단체가 하나의 독립적인 생활권을 형성하여 지역의 독자적인 발전을 추구하는 과정에서 지역 간 중복투자로 인한 자원의 낭비를 초래할 수 있다.

5 우리나라 지방자치의 연혁

1) 연혁

1948년에 제정된 우리나라 헌법은 지방자치에 관한 1개의 장을 두어 지방자치를 제도적으로 보장하였다. 이에 근거해서 1949년에는 지방자치법을 제정하고, 1952년에 처음으로 각급 지방의회 의원 선거가 실시되어 지방의회가 구성됨으로써 근대적 의미의 지방자치가 시행되게 되었다. 그러나 1961년 5.16 군사혁명 후 국가재건최고회의에서 1961년 9월 1일 이른바 '지방자치에 관한 임시조치법'을 제정하여 지방자치를 실시하지 않을 법적 근거를 마련하고 기존의 지방자치제를 폐지했다. 헌법에 보장된 제도를 하위법인 법률로 무력화시키는 것이 물론 합법적인 것은 아니다. 그 후 지방자치제는 실시되지 않고 있다가, 1988년 지방자치법을 전면 개정하고 이에 의거 1991년 기초 및 광역 지방의회의원의 선거를 실시하여 지방의회를 구성하였고, 1995년 6월 27일에는 기초 및 광역 지방의회의원 그리고 기초 및 광역 지방자치단체장을 선출하는 4대 지방선거가 동시에 실시됨으로써 전면적인 지방자치제가 부활되어 오늘에 이르고 있다.

2) 헌법적 보장

우리나라는 제헌헌법에서부터 지방자치제도를 국가의 기본적 통치제도의 하나로 보장해 왔다. 즉 법률로서 지방자치를 폐지하지 못하도록 헌법이 보장해오고 있다. 이를 지방자치의 '제도적 보장'이라 한다. 현행 헌법에서도 지방자치에 관한 1개의 장을 두고 있으며 그 내용은 다음과 같다.

제117조 ① 지방자치단체는 주민의 복리에 관한 사무를 처리하고 재산을 관리하며, 법령의 범위 안에서 자치에 관한 규정을 제정할 수 있다.
② 지방자치단체의 종류는 법률로 정한다.
제118조 ① 지방자치단체에 의회를 둔다.
② 지방의회의 조직 · 권한 · 의원선거와 지방자치단체의 장의 선임방법 기타 지방자치단체의 조직과 운영에 관한 사항은 법률로 정한다.

헌법의 제117조는 지방자치권 및 지방자치단체의 종류에 관한 규정이며, 제118조는 지방자치단체의 의회와 장(長) 등 지방자치단체의 조직과 운영에 대한 규정이다. 헌법에서는 이처럼 지방자치제도에 대해 포괄적으로 규정하여 그 제도의 도입을 보장하고 있고, 지방자치제도의 구체적인 내용에 대해서는 "법률로 정한다"고 규정하여 법률에 위임하고 있다. 이 법률이 '지방자치법'이다.

Ⅲ 지방자치단체

지방자치란 일정한 지역의 주민들이 지역단체를 구성하고, 그 단체의 활동으로 해당 지역의 사무를 처리하는 과정이다. 이 지역단체를 지방자치단체라고 칭하는바, 여기에서는 지방자치단체의 개념, 지방자치단체의 구성요소, 그리고 지방자치단체와 국가 간의 관계에 대해 살펴보기로 한다.

1 지방자치단체의 개념

우선 지방자치단체의 개념은 다음과 같이 정의할 수 있다. 지방자치단체란 '국가의 영토 가운데 일정한 구역을 그 장소적 기반으로 하고, 그 구역 안에 살고 있는 주민을 구성원으로 하여, 국법이 인정하는 자치권에 근거하여 지방사무를 자주적으로 처리하는 법인격 있는 통치적 단체'이다. 이를 좀 더 설명하기로 한다.

국가의 영토 내에서 지방자치를 하는 단위가 되는 지역적 단체를 지방자치단체라고 하는데, 지방자치단체는 첫째, 지리적으로 획정된 일정한 구역을 그 장소적 구성요소로 하고, 둘째, 그 구역에 거주하는 주민을 인적 구성요소로 하고, 셋째, 국법으로 부여된 권한인 자치권을 법적 구성요소로 하여 성립된다. 즉 구역, 주민, 자치권은 지방자치단체를 형성하는 3대 구성요소로서, 이는 국가의 3대 구성요소인 영토, 국민, 주권과 대칭됨을 알 수 있다.

이렇게 구성된 지방자치단체의 성격은 법인격을 가진 통치적 공공단체이다. 즉 지방자치단체는 독자적인 권리 · 의무의 주체가 될 수 있는 법인격을 국가로부터 부여받게 되는데 그 법인격의 성격은 공법인으로서, 사법인에게는 인정될 수 없는 공권력을 행사할 수 있는 자격을 가진다. 이리하여 지방자치단체는 해당 주민 전체를 지배하는 규율을 제정하고 집행하는 등의 통치활동을 하게 된다. 다만 이러한 통치활동의 범위는 국법이 인정하는 자치권의 범위에 한정되고, 통치활동의 내용은 해당 구역 내의 공공 사무를 처리하는 것이며, 통치활동의 목적은 해당 주민의 복리를 증진시키는 일이다.

어쨌든, 지방자치단체는 국가의 창조물(creature of state)이고, 지방자치권은 국가로부터 부여된 권한이며, 지방자치는 국가의 지방통치 방식의 하나이다. 따라서 지방자치단체의 지방자치는 궁극적으로 국가의 통치작용에 종속되며 또한 밀접한 관계 속에서 이루어진다. 아래에서는 먼저 지방자치단체의 구성요소에 대해 좀 더 구체적으로 이해하고 난 뒤, 이러한 지방자치단체와 국가 간의 관계에 대해 살펴보기로 한다.

2 지방자치단체의 구성요소

1) 구역[5)]

지방자치단체의 구역이란 지방자치단체의 장소적 근거를 말한다. 아래에서는 구역의 개념과 규모, 구역 규모에 따른 지방자치단체의 계층구조에 대해 살펴보기로 한다.

(1) 구역의 개념

구역(area, district)이란 일반적으로 '갈라놓은 지역'을 뜻하는데, 법적인 의미로서의 구역이란 '일정한 공공기관 또는 공공단체의 관할권이 미치는 지역적 범위'를 말한다. 이러한 법적 의미의 구역은 소극적으로는 그 기관이나 단체의 권능을 지역적으로 한정시키며, 적극적으로는 그 구역에 거주하는 자연인이나 법인, 그리고 그 구역에 속하는 물건을 그 기관이나 단체의 권능에 복종시키는 효과를 가져온다.

이와 같은 구역은 다음과 같이 몇 가지 종류로 나눌 수 있다.

첫째로, 구역은 그 법적 성격에 따라 자치구역(autonomous area or district)과 행정구역(administrative area or district)으로 나누인다. 자치구역은 지방자치단체의 자치권이 미치는 지역적 범위를 말한다. 반면에 행정구역은 국가 또는 지방자치단체가 그 행

5) 최창호(1996), 『지방자치학』, 서울: 삼영사, pp. 188-225 참조.

정상의 편의를 위하여 설정해 놓은 지역적 단위인데 자치구역에 비하여 인위성이 강하다고 볼 수 있다. 다만 자치구역과 행정구역은 서로 중복될 수 있다.

둘째로, 구역은 그 속에서 수행되는 기능의 복합성 여부에 따라 일반목적구역(all purpose area or district)과 특별목적구역(special purpose area or district)으로 나뉜다. 일반목적구역은 일정한 지역 안에서의 일반적 사무를 종합적으로 처리하기 위하여 설치된 구역을 말하고, 특별목적구역은 일정한 지역 안에서 특수한 사무를 보다 전문적으로 처리하기 위하여 설치된 구역을 말한다.

지방자치단체의 구역은 지방자치의 지역단위인 동시에 국가의 중앙집권적 행정단위이기도 하다. 즉 지방자치단체의 구역은 일반목적 자치구역과 국가의 일반목적 행정구역의 성격을 동시에 가지고 있다.

(2) 구역의 설정

지방자치단체의 자치구역을 중심으로 구역의 문제를 살펴보기로 한다. 지방자치단체의 구역을 설정할 때, 그 구역의 규모를 어느 정도로 할 것인가 하는 것은 중요한 문제가 아닐 수 없다. 왜냐하면 지방자치에 있어서 구역의 규모는 주민참여와 주민통제, 자치사무의 능률적 수행, 자치재원의 확보, 주민정서 등의 문제와 결부되어 지방자치의 성패를 좌우할 수도 있기 때문이다. 자치구역의 규모를 설정할 때에는 구역이 수행할 기능, 구역의 지방자치 계층상의 위계, 구역의 역사적 전통과 현실적 여건 등을 모두 고려한 속에서 설정하는 것이 원칙이다.

(가) 지방자치단체의 기능의 문제

지방자치단체의 구역의 문제는 지방자치단체의 기능의 문제와 분리하여 생각될 수 없다. 즉, 그 속에서 수행되는 기능의 성격과 내용에 따라 그것의 수행을 위한 지역적인 범위가 설정되어야 하는 것이다.

자치구역의 적정규모의 기준으로서 다양한 견해가 있으나, 그 중에서 가장 중요한 것으로는 ① 지역공동사회, ② 사무량, ③ 재정적 자주성, ④ 편의성, ⑤ 주민 참여 · 통제의 다섯 가지를 들 수 있다. 즉, 지방자치단체는 대체로 지역공동사회를 단위로, 적정한 사무량을 가지고, 재정적으로 자립할 수 있고, 주민측과 기관측이 모두 편리하며, 자치과정에의 주민의 참여와 통제가 가능한 정도의 규모가 적합하다는 것이다. 구역의 규모는 이들 여러 기준들을 종합적으로 고려한 바탕 위에서 설정되어야 하는 것이다.

(나) 지방자치단체의 계층구조의 문제

구역의 문제는 지방자치단체의 계층구조(tier system)와 밀접한 관련을 가진다. 지방자치는 지역사회의 주민과 가까운 데서 주민의 일상생활에 관련된 공공사무를 처리하는 것이기 때문에, 자연히 소규모의 기초적 지방자치단체를 그 기본으로 한다. 그러나 대규모적이고도 광역적인 지방사무의 처리를 위해서는 기초적 지방자치단체 외에 광역적인 지방자치단체의 설립을 필요로 한다. 또한 국가의 사정에 따라서는 기초적 자치단체 밑에 그 자치단체의 업무수행을 보조하는 하급행정구역(우리나라의 읍 · 면 · 동)을 두거나, 기초자치단체와 광역자치단체 사이에 중간단계의 자치구역을 둘 필요도 있다. 따라서 자치구역은 지방자치나 행정의 필요에 따른 계층구조의 문제를 고려해서 설정해야 한다.

(다) 지방의 향토적 특수성의 문제

지방은 역사적 전통을 가지고 있다. 즉, 지방은 주민들의 오랜 생활터전이고, 공동체 의식의 토대이며, 나름대로의 독특한 생활양식을 지니고 있다. 이처럼 지방은 정치 · 행정적인 의의만 있는 것이 아니라 경제 · 사회 · 문화적으로도 중요한 의의를 지니고 있는 것이다. 따라서 자치구역 설정의 문제는 각 지방의 향토적 특수성을 고려해야 한다.

(3) 구역에 따른 지방자치단체의 종류

구역은 그 속에서 수행되는 기능의 복합성 여부에 따라 일반목적구역과 특별목적구역으로 나뉜다. 이에 근거해서 지방자치단체는 일반지방자치단체와 특별지방자치단체로 나뉘어진다. 그리고 일반지방자치단체는 계층구조로 형성되는 경우가 많다.

(가) 일반지방자치단체와 계층구조

일반지방자치단체란 그 존립의 목적이나 기능이 해당 지방의 일반적인 사무를 처리하기 위한 것을 말한다. 통상 말하는 지방자치단체가 곧 일반지방자치단체이다.

국가의 사정에 따라, 일반지방자치단체는 국가영토 내의 각 구역에 1개씩만 설치할 수도 있고, 여러 일반지방자치단체들을 포괄하는 보다 넓은 구역의 일반지방자치단체를 중층적으로 설치할 수도 있다. 이리하여 일반지방자치단체들은 계층구조를 형성하게 된다. 일반지방자치단체가 국가영토 내의 각 구역에 1개씩만 설치되어 있는 경우를 단층제(single-tier system)라고 하고, 일반지방자치단체가 중첩되는 현상을 보이는 경우를 다층제(multi-tier system)라고 한다. 다층제에 있어서, 가장 소구역을 기초로 하는 지방자치단체를 기초(적)지방자치단체(basic unit of local government)라고 하며, 국가와 기초지방자치단체의 중간에 위치하는 넓은 구역의 자치단체를 중간지방자치단체(intermediary unit of local government) 또는 광역지방자치단체(wide area unit of local government)라고 한다. 일반지방자치단체의 계층구조는 당연히 국가의 사정에 따라 달라질 수 있다. 대체로 2층제(two-tier system)를 채택하는 나라가 가장 많으며, 3층제(three-tier system)이상을 채택하는 나라도 있다. 우리나라는 2층제를 택하고 있다.

(나) 특별지방자치단체

특별지방자치단체(special purpose local autonomous entity, ad hoc authority)는 지방자치단체의 일반사무가 아닌 특정사무를 처리하거나 또는 특정사무를 여러 자치단체가 공동으로 처리하기 위하여 설치되는 자치단체를 말한다. 미국의 경우, 교육구, 위생구, 소방구 등의 특별구(special district)들은 여러 지방자치단체들이 공동으로 특정사무를 처리하기 위해 설치된 특별지방자치단체들이다. 우리나라의 특별지방자치단체로는 지방자치단체조합이 있다. 지방자치단체조합은 2개 이상의 지방자치단체가 특정한 지방사무를 공동으로 처리하기 위하여 지방자치단체간의 합의로써 설립하는 법인이다. 현재 지방자치단체조합은 수도권지역에서 발생하는 폐기물의 매립을 위해 1991년에 설치된 「수도권 매립지 운영관리 조합」이 있을 뿐이며, 여기에는 서울특별시, 인천광역시 및 경기도가 참여하고 있다.

2) 주민

(1) 주민의 의의

(가) 주민의 개념

주민이란 지방자치단체의 인적 구성요소를 말한다. 주민은 지방자치단체를 운영하는 주체로서, 지방자치단체 내에서 주민의 지위는 자치권의 주체, 즉 지방자치단체의 주권자이다. 이러한 지위에서 주민은 지방자치단체의 최고기관이 된다. 최고기관으로서 주민은 주민대표의 선거, 주민소환, 주민투표, 주민발안 등의 권한을 행사한다.

한편 주민은 지방자치단체의 주권자임과 동시에 지방자치단체의 지배권에 복종하는 대상이기도 하다. 즉 자치권의 주체이자 객체인 것이다. 자치권의 객체로서 주민은 지방자치단체의 법규인 조례와 규칙의 적용대상이 된다.

(나) 주민의 자격

우리나라 지방자치법은 '지방자치단체의 구역 안에 주소를 가진 자는 그 지방자치단체의 주민이 된다'라고 규정하고 있다. 여기서 주소를 갖는다는 말은 우리나라 '주민등록법'에 의해 주민등록을 한 주민을 말한다. 따라서 외국인은 제외된다. 그리고 주민은 기초 및 광역 2가지 지방자치단체의 주민이 된다.

(다) 주민의 자격의 취득과 상실

지방자치단체의 주민이 되는 것과 주민의 지위를 잃는다는 말은 어떤 구역에 주소를 갖거나 갖지 않는다는 객관적 사실에 의해서 발생한다.

자연인의 경우에는 출생 · 사망 · 전입 · 전출 등에 의해서 주민이란 지위의 취득과 상실이 일어나게 되며, 법인의 경우에는 법인의 설립 · 해산 · 이전 등이 그 원인이 된다.

(2) 주민의 권리와 의무

우리나라 지방자치법에 주민의 권리와 의무에 관한 규정이 있는데, 이것을 권리와 의무로 구분해서 살펴보면 다음과 같다.

(가) 주민의 권리

주민의 권리는 참정권, 수익권, 그리고 쟁송권으로 나누어 볼 수 있다.

(A) 참정권

참정권자로서의 주민은 지방자치단체의 최고기관인 주권자이다. 주민의 참정권은 크게 선거권과 직접참정권으로 나눌 수 있다.

(a) 선거권

선거권은 지방자치단체에서 실시하는 지방선거에 참여하는 권리로서, 이는 다시 선거권과 피선거권으로 나눌 수 있다. 모든 사람이 선거권을 갖는 것은 아니며 일정한 자격요건을 충족시켜야 한다.

① 선거권

현행 '공직선거법'에 의하면 선거권은 선거일 현재 19세 이상의 국민으로서, 선거인 명부작성기준일 현재 해당 지방자치단체 안에 주민등록이 된 자에게 있다.

② 피선거권

지방의회의원 및 지방자치단체의 장의 피선거권은 선거일 현재 25세 이상의 국민으로서, 계속하여 60일 이상 해당 지방자치단체 안에 주민등록이 되어 있는 자에게 있다.

(b) 직접참정권

지방자치가 주민참여를 확대시키는 제도이긴 하나 이 역시 간접민주주의 제도인 대의제이므로, 그 한계를 보완하기 위하여 외국에서와 같이 우리나라에서도 주민발안(initiative), 주민소환(recall), 주민투표(referendum) 등의 직접민주주의적 제도를 도입하고 있다. 그리고 그 외에도 청원권, 감사청구권, 선거소청권 등의 직접참정권이 인정되고 있다.

① 주민투표제

주민투표제는 지방자치단체의 주요정책 등에 대해 주민들이 직접 투표로 그 결정을 하는 제도이다. 우리나라 지방자치법(제14조)은 "지방자치단체의 장은 주민에게 과도한 부담을 주거나 중대한 영향을 미치는 지방자치단체의 주요 결정사항 등에 대하여 주민투표에 부칠 수 있다."고 규정하고 있다.

② 주민발안제

주민발안제란 지방자치단체의 주요 정책안을 주민들이 직접 발의하는 제도이다. 우리나라 지방자치법(제15조)에 따르면 일정 수 이상의 주민들의 연서(連署)로서 조례의 제정과 개폐를 청구할 수 있다. 이때 청구인들은 청구인의 대표자를 선정하고 청구인의 대표자는 조례의 제정안·개정안 혹은 폐지안을 작성하여 제안하여야 한다.

③ 주민소환제

주민소환제란 지방의회나 지방자치단체의 장, 또는 지방자치단체의 공무원을 임기전에 해산 혹은 해직하도록 주민이 결정하는 제도를 말한다. 주민투표제나 주민발안제가 지방자치단체의 정책을 결정하는 문제라면, 주민소환제는 지방자치단체의 인사권을 주민이 행사하는 제도라고 할 수 있다. 주민소환제는 통상 선거에 의해 공직에 취임한 자에 대해, 일정 수 이상의 유권자가 서명하여 그 해직을 청구하고, 해직여부를 주민투표에 부쳐서 과반수의 찬성으로 해직을 시킬 수 있도록 하고 있다. 우리나라 지방자치법은 "주민은 그 지방자치단체의 장 및 지방의회의원(비례대표 지방의회의원은 제외한다)을 소환할 권리를 가진다."고 규정하여, 단체장 및 지방의원에 대한 주민소환권을 인정하고 있다.

④ 청원권

청원권이란 주민이 지방자치단체에 대하여 요구, 희망, 또는 정치적 의사를 표현하는 것인데, 그 내용에 제한은 없다. 다만 재판에 간섭하거나 법령에 위배되는 청원은 수리하지 않는다. 우리나라의 경우, 청원을 하려는 사람은 지방의회의원의 소개를 받아 청원서를 지방의회에 제출해야 한다.

⑤ 감사청구권

감사청구권이란 지방자치단체의 사무처리에 대해 주민이 감사를 청구하는 권리를 말한다. 우리나라의 경우, 그 지방자치단체와 그 장의 권한에 속하는 사무의 처리가 법령에 위반되거나 공익을 현저히 해친다고 인정되면 일정 수 이상의 주민의 연서(連署)로, 시·도에서는 주무부장관에게, 시·군 및 자치구에서는 시·도지사에게 감사를 청구할 수 있다.

⑥ 선거소청권

선거소청권이란 지방선거에서 선거인인 주민이 선거 또는 당선의 효력에 대하여 이의가 있는 경우에 선거관리위원회에 심판을 청구할 수 있는 권한이다. 기초 및 광역지방의회의원선거 및 기초자치단체장 선거에 있어서는 시·도선거관리위원회에, 광역자치단체장의 선거에 있어서는 중앙선거관리위원회에 소청할 수 있다.

(B) 수익권

수익권은 지방자치단체의 주민으로서 그 지방자치단체가 제공하는 공공서비스를 받을 수 있는 권리를 말한다.

(a) 공공재(公共財, public goods) 이용권

주민은 소속 지방자치단체의 재산과 공공시설을 이용할 권리를 가진다. 여기에서 '재산'이란 공중의 공동 사용에 제공되는 도로나 하천 따위의 공공용(公共用)재산을 말하며, 공용(公用)재산과 공기업용재산 및 기타 지방자치단체가 소유하는 재산은 이에 포함되지 아니한다. '공공시설'은 지방자치단체가 주민의 복지증진을 위하여 설치하는 시설로서 학교, 병원, 도서관, 시민회관, 각종 보건 및 후생시설, 공원, 상하수도 시설 등을 말한다. 다만 공공재의 이용권은 주민이 아닌 자의 이용을 배제하는 것은 아니다. 공공재의 이러한 성격을 경제학적으로는 비배제성이라 한다.

(b) 행정서비스 향수권

주민은 지방자치단체로부터 균등하게 행정의 혜택을 받을 권리를 가진다. 즉, 지방자치단체는 주민복리를 위하여 각종 행정서비스를 제공하는 바, 주민은 이러한 행정서비스를 균등하게 향수할 권리를 가지는 것이다. 행정서비스의 종류는 취약자의 보호와 지원, 전염병의 예방접종, 상수도공급, 오물수거, 도로청소, 소비자보호, 방범, 소방, 지역산업지원, 주거환경개선 등등 무수히 많다.

주민의 행정서비스 향수권은 해당 지방자치단체의 주민에게만 부여되는 것이 원칙이지만, 지방자치단체의 행정서비스의 범위가 매우 광범하기 때문에 경우에 따라서는 그 주민이 아닌 자에게도 수혜를 배제하지 아니하는 경우도 있다.

(C) 쟁송권(爭訟權)

(a) 주민소송권

지방자치단체의 사무처리에 대해 감사를 청구한 주민은 그 감사청구한 사항과 관련이 있는 위법한 행위나 업무를 게을리 한 사실에 대하여 해당 지방자치단체의 장을 상대방으로 하여 소송을 제기할 수 있다.

(b) 납세자 불복권

지방세, 사용료, 수수료 또는 분담금의 부과 · 징수에 관하여 이의가 있는 자는 그 처분의 통지를 받은 날로부터 60일 이내에 그 자치단체의 장에게 이의신청을 할 수 있고, 그 신청에 대한 자치단체 장의 결정에 불복이 있을 때에는 그 상급 감독청 또는 법원에 계속하여 쟁송할 권리를 가진다.

(c) 배상 · 보상청구권

주민은 일정한 사유가 있을 때에 지방자치단체의 장 또는 기타 기관을 상대로 손해배상 또는 손실보상을 청구할 수 있다. 이 권리도 주민 아닌 자를 배제하는 권리는 아니다.

(나) 주민의 의무

주민에게는 비용분담의무와 법규준수의무가 있다.

(A) 비용분담의무

우리나라 지방자치법(제21조)은 '주민은 법령으로 정하는 바에 따라 소속 지방자치단체의 비용을 분담하여야 하는 의무를 진다.'라고 규정하고 있다. 이는 각종 법령 및 조례나 규칙에 의하여 주민에게 부과되는 지방세, 수수료, 사용료, 분담금 등의 부담을 말한다.

(B) 법규준수의무

지방자치단체는 조례나 규칙의 제정을 통해 주민생활을 규율하게 된다. 주민은 국법을 준수해야 함과 동시에 지방법 즉 조례나 규칙도 준수해야 한다.

(3) 주민참여

넓은 의미로 주민참여란 투표참여 등 법적 참정권의 행사를 포함하여 지방자치과정에 주민이 관여하는 모든 행위를 말한다. 그러나 좁은 의미로서의 주민참여란 법적 참정권의 행사 이외에 주민이 지방자치과정에 자발적 · 자율적으로 참여하는 것을 말한다. 법적 참정권의 행사에 관해서는 앞에서 소개한 까닭에, 여기에서는 좁은 의미의 주민참여에 대해 살펴보기로 한다.

(가) 주민참여의 개념

주민참여란 '지방자치단체의 주민이 지방자치단체의 기관의 정책결정 및 집행에 직접 또는 간접으로 영향을 미치기 위해 그 정책결정 및 집행과정에 관여하는 것'이라고 정의할 수 있다.

주민참여는 직접민주제의 성격을 가지고 있는데, 이 제도가 주민투표 · 주민발안 · 주민소환제도나 각종 청구제도와 같은 직접민주제도의 요소들과 다른 점은, 후자가 간접민주제를 실시함에 있어서 정책결정과 집행 그 사후에 이상이 생기는 경우에 이를 시정하기 위한 제도이며 법적 · 제도적으로 주어진 권리임에 비해, 주민참여는 정책집행과 결정과정의 전 과정에 걸쳐 사전, 중도, 사후 어느 때라도 관여할 수 있는 현실적 행위라는 데 있다. 그러나 양자는 모두 간접민주제도의 기능 저하나 미비 즉 선출된 주민대표(지방의회의원이나 자치단체의 장) 또는 기타 지방기관이 주민의 의사를 충분히 반영하지 못할 때 이에 대한 보완적 기능을 수행한다는 점에서 상호 유사하다고 할 수 있다.

(나) 주민참여의 방법

(A) 위원회

각종 위원회에 참여하여 자치단체의 정책결정과 집행에 영향을 미친다. 위원회란 어떤 특정한 목적 아래, 임명 또는 선거로 지명된 위원으로 구성된 회의 기구를 말한다.

이러한 위원회는 기관의 주도로 구성되며 아래와 같은 것들이 있다.

① 정책자문위원회

정책자문위원회는 자치행정에 관한 자치단체의 장의 자문에 응하고, 지역발전사업에 관하여 자치단체장에게 건의하며, 자치단체장의 요청에 따라 주민협력에 관하여 주민을 계몽하는 기능을 수행한다. 예를 들어 동정 · 구정 · 시정 자문위원회가 있으며, 각각 자치단체장이 임명하는 50명 내외의 위원으로 구성된다.

② 협의회

협의회는 해당지역 내의 특정분야의 협의, 조정, 자문의 기능을 수행하는 기구이다. 지역민방위 협의회, 자연보호 협의회, 새마을지도자 협의회, 바르게살기운동 협의회 등이 설치되어 있다. 통상 위원회 보다 구성원수가 많다.

③ 심의회

심의회는 행정기관에 설치되어, 특정사항을 심의하는 회의기구를 말한다. 지방자치단체에는 공유재산 심의위원회, 의료보험 심의위원회, 관광숙박업 심의위원회 등 많은 심의회가 설치되어 있다. 심의회의 구성원은 주로 관계공무원으로 되어 있어 일반인의 참여는 미미하다.

(B) 반상회

우리나라의 반상회는 행정단위의 최말단 조직인 반(班)을 구성하는 가구의 가구주나 주부들이 한두 달에 한 번씩 정기적으로 모이는 주민모임이다. 1976년부터 관의 주도로 본격적으로 운영되었으나, 1990년대부터는 관 주도의 타율적 방식에서 벗어나 주민들이 자율적으로 참여하여 주민들의 당면 현안을 공동으로 논의하고 서로간의 의사소통과 친목의 기능을 하는 양상을 보이고 있다. 반상회에서 주민들의 정치 · 행정적 요구를 수렴하여 이를 기관에 전달할 수 있다.

(C) 공청회

공청회는 주민이 알고자 하는 문제를 자치단체가 설명하고 주민의 의견을 듣는 모임을 말한다. 위원회는 상설적 모임이지만, 공청회는 일시적 모임이다.

(D) 단체활동

주민은 시민단체(NGO)나 이익단체(interest group)를 조직해서 지방자치과정에 영향력을 행사할 수도 있다.

(E) 시위나 집회

개인적 혹은 집단적으로 시위를 할 수 있다.

(F) 기타

그 외에도 서명운동, 공과금 납부거부, 로비활동, 메스컴의 이용, 자원봉사 등의 주민참여 방법이 있다.

(다) 주민참여의 순기능

(A) 정치적 기능

① 대의제의 보완 기능

주민참여는 직접민주제의 성격을 가지고 있는데, 대의민주주의 기능의 저하나 미비의 경우 즉 선출된 주민대표인 자치단체의 장이나 지방의회의원, 혹은 기타의 기관이 주민의 의사를 충분히 반영하지 못할 경우에 주민의 직접 참여를 통해 이러한 대의제에 대한 보완적 기능을 수행한다.

② 대표기관의 책임성 강화 기능

주민참여를 통해 주민들이 지방의회나 행정기관의 정책과 서비스에 대해서 만족도를 평가하고, 나아가 개선에 대한 요구를 하며, 그 이행에 대한 확인을 함으로써 대표기관의 책임성을 제고할 수 있다.

③ 지방행정의 독선화 방지 기능

현대에 있어서 행정은 전문화·기술화가 촉진되고 있다. 따라서 전문지식이나 기술을 가지고 있지 않은 일반 주민은 행정을 이해하기 힘들다. 이 때 지방행정은 독선화되어 주민의사가 무시될 수가 있다. 그러나 평범한 주민일지라도 계속해서 지방사무에 관심을 갖고 공무원과 대화하고 교섭하는 사이에 지방사무에 대한 이해력이 증진된다. 이리하여 주민이 지방행정에 대한 감시나 통제를 함으로써 지방행정의 독선화에 대한 방지기능을 하여 진정한 민주주의의 실현을 가능케 한다.

(B) 행정관리적 기능

행정관리적 기능으로는 정보기능, 주민에의 접근기능, 주민의 이해조정기능 등이 있다.

① 정보기능

지방자치단체는 공청회, 설명회 등의 주민참여방법이나 대중매체 등을 통해 자치단체의 여러 가지 정책안을 주민들에게 홍보하게 된다(정보전달기능). 이러한 정보에 접한 주민들은 다양한 의견과 요구를 제시하게 되며 이를 통해 자치단체는 그 정책안에 관한 주민들의 반응 및 의견을 파악할 수 있고(정보수렴기능), 그 결과 주민들의 요구와 기대에 보다 부응하는 정책을 수립 · 집행할 수 있다(정책수요의 파악→정책의 우선순위 결정).

② 주민에의 접근기능

주민참여를 통해 지방정부와 주민간의 거리를 단축하여 지역 문제해결을 위한 주민의 이해를 높이고 상호협조적 관계를 마련할 수 있다. 또한 주민들은 자기 지역의 정책결정에 그들의 의견이 수렴 · 반영되었음을 알게 될 때 민주시민으로서의 자부심, 지역사회에 대한 소속감이 제고된다.

③ 주민의 이해조정 기능

주민참여를 통해 지방정부와 주민 사이의 이해나 의견을 조정할 수도 있고 또한 주민들 사이의 이해관계나 의견의 상충 · 대립을 조정할 수 있다.

(라) 주민참여의 역기능

① 시간과 노력의 문제

주민참여는 정책결정이나 집행과정에 많은 시간과 노력을 요하며, 그로 인하여 정책의 결정이나 집행의 지체를 초래할 우려가 있다.

② 대표성의 문제

지역의 정책결정이나 집행과정에 참여하는 주민이 전체 주민을 대표하는 것이냐는 의문이 있을 수 있다. 즉 주민 중 일부의 적극 참여자나 일부의 특수이익을 과잉 대표함으로써 정책의 공정성을 저해할 위험이 있다.

③ 권력에의 포섭 위험

주민참여는 이론상 권력과의 협동 및 권력에 대한 비판이라는 양면성을 가지고 있으며, 참여가 권력에 흡수 · 포섭됨으로써 참여의 의의를 상실하고 종속화하거나 지방정부에 의한 민중조작의 위험성이 있다.

④ 행정책임의 전가

주민참여는 공무원들의 행정책임의 소재를 불분명하게 하여 공무원들의 행정에 대한 소극적 태도를 조장하고 행정책임의 회피 · 전가를 초래할 우려가 있다.

3) 지방자치권

(1) 지방자치권의 의의

(가) 지방자치권의 개념

지방자치권(right of self-government, right of local autonomy)이란 말 그대로 지방이 자치를 할 수 있는 권한을 말한다. 좀 더 명확히 규정하자면, 지방자치권이란 '지방자치단체가 법인격을 갖는 지역적 통치단체로서 일정한 구역과 주민을 지배하고 그 소관 사무를 자기의 의사와 책임 아래 처리할 수 있는 법적 권한'이라고 할 수 있다. 지방자치단체는 국가가 인정하는 공법인의 자격으로서 해당 지방자치단체의 구역과 주민을 포괄적으로 지배하는 일정한 통치권력을 행사하게 되는데 이러한 통치권력이 곧 지방자치권이다. 지방자치권은 자치조직권, 자치입법권, 자치행정권 및 자치재정권으로 나누어볼 수가 있으며, 이들 권한의 범위는 국가의 헌법이나 법률에 의해 결정된다.

(나) 지방자치권의 근거

국가와 지방과의 관계를 놓고 볼 때, 지방의 자치권한은 지방이 고유하게 가지고 있는 권한인가 아니면 국가로부터 부여된 권한인가 하는 지방자치권의 근거에 대한 문제가 제기되는데, 이에 대해서 아래와 같은 견해 차이가 있다.

(A) 고유권설(固有權說)

고유권설은 지방자치단체의 자치권을 개인의 기본권에 비교되는 지방의 자연적 기본권으로 보는 이론이다. 이 이론은 지방자치권을 국가로부터 지방에 수여된 것으로 이해하지 않고, 지방이 고유하게 향유하는 권한인 지방권(地方權)으로 인식한다. 따라서 국가가 지방자치권을 인정한다 하더라도 이는 이미 존재하는 자치권이 다만 확인·선언되는데 지나지 않는 것이라고 본다. 자연법적인 지방권 사상에 기초를 둔 이 고유권설은 19C 이후 자연법 사상의 쇠퇴와 함께 그 이론적 근거가 약화되었다.

(B) 전래권설(傳來權說) 혹은 국권설(國權說)

이 이론은 지방자치제도는 국가의 창조물이고 자치권은 국가로부터 전래된 권한이라고 본다. 다시 말해 자치권은 자연법적인 기본권 혹은 고유권이 아니라 국법으로 부여된 권한이라는 것이다. 이는 종래의 다수설이었다.

(C) 제도적 보장설(制度的 保障說)

이 이론에 의하면 지방자치제도는 국가의 창조물이고 자치권은 국가로부터 부여된 권한이긴 하나, 헌법에 의해 보장되는 헌법적 제도이고 권한이다. 따라서 법률로써 자치권을 박탈하거나 지방자치제도를 포기할 수 없다고 본다. 이 제도적 보장설은 칼 슈미트(Carl Schmitt)에 의하여 확립되었는데, 그 요점은 전래권설과 같이 자치권이 국가의 통치권에서 나오는 것이라고 하면서도, 지방자치제도를 헌법에 보장함으로써 법률에 의하여 변경하지 못하도록 옹호한다는 데에 그 특징이 있다. 이는 오늘날 다수의 지지를 받고 있는 이론이다. 우리나라의 경우에도 지방자치제도는 헌법으로 보장하고 있다.

(2) 지방자치권의 특성

지방자치권은 지방자치단체가 일정한 구역과 주민을 지배하고 그 소관 사무를 자기의 의사와 책임 아래 처리할 수 있는 권한이며, 이 권한은 국법으로 부여된 것임을 언급했다. 이에 비추어 지방자치권의 특성을 3가지로 요약해볼 수 있다.

(가) 배분성

자치권의 배분성(distribution of powers and functions)이란, 지방자치단체가 어떤 권한을 가지는가는 국법으로 국가가 배분하기에 달려있다는 특성을 말한다. 지방자치단체는 국가의 창조물이고 지방자치권은 국가로부터 수여된 권리인 까닭에, 지방자치는 국법에 의하여 한계 지어지고 국가의 주권적 통제에 종속됨을 그 특성으로 한다.

자치권의 문제가 국가권력의 지방분권의 문제라고 한다면 국가가 지방자치단체에게 어느 정도의 권한을 배분할 것인가라는 문제가 제기된다. 이는 시대와 국가에 따라 일정하지는 않으나, 지방적 이해관계에 관한 사항 또는 지역주민의 공통적 관심사항 등의 공공사무의 처리 권한은 지방자치단체에 수여되는 것이 일반적이다. 특히 지방자치가 활성화된 나라일수록 국가가 꼭 직접 해야 하는 사무를 제외하고는 모두 지방자치단체에 이양하는 것이 통례다.

(나) 자주성

자치권은 비록 국가로부터 수여된 것이어서 국가의 주권적 통제에서 완전히 벗어날 수는 없다고 할지라도, 일단 수여된 후에는 지방자치단체가 가지는 독자적 권리라고 할 수 있다. 자치권의 자주성(autonomy)이란 지방자치단체가 배분된 권한을 행사함에 있어서 그 권한 범위 내에서 중앙정부로부터 독립하여 자주적으로 행사하는 특성을 말한다. 여기서 '중앙정부로부터 독립하여'라는 말은 배분된 사무의 수행과 그 수행을 위해 필요한 인적 · 물적 자원의 조달을 중앙정부로부터 독립적으로 한다는 뜻이다. 즉 지방자치단체의 기관을 주민이 직접 선출하고, 지방자치단체의 조세 · 수수료 · 사용료 등을 스스로 책정하며, 주민에게 의무를 부과하는 조례를 제정하고, 스스로 사업을 벌일 수 있는 성질을 말한다. 이러한 독자적 권리야말로 지방자치단체로서의 권능과 중앙정부의 하급기관으로서의 권한을 구별하는 징표가 되고 있다.

(다) 일반성

자치권은 해당 지방자치단체의 지방적 사무를 전반적으로 처리하는 권한이고 그 효력은 해당 지방자치단체의 관할 구역 안에 있는 모든 사람과 물건에 보편적으로 미치는 까닭에 일반성 혹은 보편성을 그 특성으로 한다. 즉 어떤 지방자치단체의 구역 내에 주소를 갖는 사람은 모두 그 지방자치단체의 주민이 되며, 자치권의 효력은 비단 주민뿐만 아니라 그 구역 안에 거소를 갖거나 일시 체재하는 사람 및 기타 재산을 갖거나 영업소를 갖는 자에게도 미친다는 뜻이다.

(3) 지방자치권의 종류와 범위

지방자치권은 자치조직권, 자치입법권, 자치행정권, 자치재정권의 4가지 권한을 포함하는 것으로 보는 것이 일반적인 견해이다. 영국이나 미국의 경우 자치사법권을 인정하여 지방자치단체의 법원(municipal court)에서 조례의 위반 여부를 판정하기도 하나, 우리나라를 포함하여 여타 대부분의 국가에서는 지방자치단체에 자치사법권을 부여하지 않고 있다. 여기에서는 지방자치권을 자치조직권, 자치입법권, 자치행정권, 자치재정권의 4가지로 분류하여 그 개념을 서술하면서, 우리나라의 경우를 중심으로 이러한 지방자치권의 범위와 내용을 살펴본다.

(가) 자치조직권(自治組織權)

(A) 개념

국가가 기능수행을 담당하기 위하여 입법 · 사법 · 행정의 기관을 필요로 하는 것과 마찬가지로, 지방자치단체도 그 존립목적이 되는 지역의 공공사무를 합법 · 합리적으로 처리하기 위하여 일정한 기관을 필요로 한다. 자치조직권이란 '지방자치단체가 자치사무를 수행하기 위한 자기의 기관을 스스로 구성하는 권능'을 말한다. 따라서 자치조직권의 요체는 자치기관을 구성하는 권능이 어디에 있는가의 문제라 하겠다. 지방자치제를 시행하더라도 지방자치단체의 기관을 중앙정부가 구성한다면 자치조직권은 없다고 할 것이다. 자치조직권이 지방자치단체의 주민에게 있다는 것이 지방자치의 중요 요인임은 두말할 것 없다.

(B) 조직형태

오늘날 지방자치단체의 기관은 지방자치단체의 의사를 결정하는 의결기관인 '지방의회'와 결정된 자치단체의 의사를 집행하는 집행기관인 '자치단체의 장'으로 구성되는 것이 일반적이다.

그러나 그 구성방법은 나라마다 조금씩 차이가 있다. 각국의 자치기관의 구성형태를 개관하여 보면 대체로 자치단체의 의결기능과 집행기능을 단일의 기관에 귀속시키느냐 아니면 각각 독립된 기관에 분담시키느냐에 따라 기관통합형과 기관대립형(혹은 기관 분립형)으로 크게 구분된다.

기관통합형은 의회제라고 불리는데, 권력통합주의의 원리 하에 의사결정기능과 집행기능을 지방의회 하에 모두 귀속시키는 형태를 말한다. 영국의 경우가 그 대표적인 예이다.

기관대립형은 권력분립의 원칙에 따라 자치단체의 의사결정 기능을 담당하는 지방의회와 집행기능을 담당하는 자치단체의 장을 각각 분립시킴으로써 견제와 균형의 원리에 입각하여 지방자치기관을 구성하는 형태로서, 일본이나 우리나라가 그 예이다.

(C) 내부조직

주민의 선거 혹은 기타 방법으로 선임된 지방자치단체의 의원과 집행책임자는 각각 그들의 기능을 수행하기 위해 지방의회 및 지방행정기관의 내부조직을 구성 또는 변경할 수 있다.

(D) 우리나라의 자치조직권

우리나라 지방자치단체의 구조는 기초지방자치단체와 광역지방자치단체의 2계층 구조로 정하였는데, 각급 지방자치단체의 기관구성형태는 기관대립형을 채택하여 지방의회와 지방자치단체의 장을 두도록 하고, 지방의원과 단체장은 모두 주민의 직접선거로 선출하도록 규정하고 있다. 그리고 지방의원과 단체장은 법령이 허용하는 한도 내에서 해당 기관의 내부조직을 구성 또는 변경할 수 있다.

(나) 자치입법권(自治立法權)

(A) 자치입권법의 개념

자치입권법이란 '지방자치단체가 자치에 관한 사무를 수행하는데 필요한 규정을 제정할 수 있는 권능'을 말한다. 그것은 국가의 입법권에 대응하는 표현으로서 이 권능에 의하여 정립된 법을 '자치법규' 혹은 '지방법'이라고 한다. 물론 자치법규도 전체적인 국법체계의 한 구성분자이지만, 자치단체가 자치권에 의하여 정립하고 그 구역 내에서만 시행될 뿐 아니라 자치단체의 독자적인 법체계를 구성한다는 의미에서 국가가 입법권에 의하여 정립하는 국법과 구별된다. 우리나라의 경우 자치입법권은 헌법 제117조 제1항 "지방자치단체는… 법령의 범위 안에서 자치에 관한 규정을 제정할 수 있다."는 조항에 근거한 권한이다.

(B) 자치법규의 종류

자치법규의 종류에는 조례(條例)와 규칙(規則)이 있다.

(a) 조례

① 개념

지방의회의 의결로서 제정하는 지방법을 조례(local law, ordinance)라고 한다. 조례의 성질은 무엇보다도 지방자치단체가 헌법과 법률에 보장된 자치권에 근거해서 만든 자치입법이라는 데 있다. 문제는 자치입법인 조례의 범위인데, 이것은 헌법과 법률에 보장된 자치권의 범위가 무엇이냐에 따라 결정된다고 볼 수 있다.

② 범위

우리나라의 경우 조례는 다음과 같은 범위 내에서 제정된다.

ⓐ 조례는 그 규정의 대상에서 지방자치단체의 사무라고 하는 제약을 벗어날 수 없다 (헌법 제117조 및 지방자치법 제22조). 이 사무에는 지방자치단체의 고유사무와 단체위임사무가 포함된다. 그러나 지방자치단체의 사무라 해도 지방자치단체 장의 전속적 권한에 속하는 사항은 규칙의 소관이므로 조례의 대상이 되지 아니한다. 그리고 국가가 지방자치단체의 장에게 위임하여 처리하는 기관위임사무는 국가사무이지 지방자치단체의 사무가 아니므로 조례의 대상이 되지 않는다.

ⓑ 조례는 '법령의 범위 내에서'(헌법 제117조) 라는 제약을 벗어날 수 없다. 조례의 제정 범위를 입법부의 법률의 범위 내로 한정할 수도 있으나, 행정부의 명령의 범위까지로 한정함으로써 그만큼 지방자치권을 제약하고 있다.

ⓒ 기초자치단체의 조례는 광역자치단체의 조례를 위반해서 제정될 수 없다. 이 경우 기초지방자치단체의 자치권은 더욱 더 제약을 받게 된다. 기초지방자치단체와 광역지방자치단체의 관계를 수평적 동반자 관계로 취급한다면 조례도 상호 동등한 위상을

갖게 할 수도 있으나 우리나라의 경우는 그렇지 않은 것이다.

ⓓ 조례로서 '주민의 권리를 제한하거나 의무를 부과하거나 벌칙을 정할 때에는 법률의 위임'이 있을 경우에만 가능하다는 제약이 있다.

ⓔ 일반적으로 조례로서 규정해야할 사항은 다음과 같다.

첫째, 주민의 권리제한 · 의무부과에 관한 사항

둘째, 지방자치단체의 능력적 규정에 속하는 사항

셋째, 지방의회의 의결을 거침으로써 민의를 반영시킬 필요가 있는 사항

넷째, 법령에 의하여 조례로 규정하도록 위임된 사항

(b) 규칙(規則)

① 개념

규칙은 지방자치단체의 장이 법령 또는 조례가 허용한 범위 내에서 그 권한에 속하는 사무에 관하여 제정하는 법이다. 즉 같은 지방자치단체의 자주입법이기는 하지만 조례가 의회에 속하는 권한인 반면 규칙은 지방자치단체의 집행기관의 장에게 속하는 권한이다. 조례와 규칙의 관계는 중앙정부의 법률과 명령간의 관계와 비슷하다.

규칙은 위임규칙(委任規則)과 직권규칙(職權規則)으로 구별되는데, 전자는 법령 또는 조례의 위임에 의하여 제정하는 규칙이고, 후자는 법령의 범위 내에서 직권에 의하여 제정하는 규칙이다.

② 범위

ⓐ 지방자치단체의 장의 권한에 속하는 사무에 한하여 규칙을 제정할 수 있다. 여기에는 자치사무 · 단체위임사무 · 기관위임사무를 포함한다(이들 사무의 개념에 관해서는 'V-3 지방자치단체 사무의 법적분류' 참조). 행정사무의 처리에 관한 일반적 기준을 정하는 것은 조례의 제정이 필요하나, 조례가 위임하여 조례를 실시하기 위해서 규칙을 정하거나, 단체장에게 기관위임된 사무는 지방자치단체의 사무가 아니기 때문에 조례가 아닌 규칙으로 이것을 규정함이 옳다. 일반적으로 주민의 권리를 제한하거나 주민에게 재정적 부담을 과하거나 공공시설을 설치하는 것은 조례로 규정할 사항이고, 지방단체의 집행기관의 직제나 지방자치단체의 장의 전속사항이나 기관위임사무의 처리에 관한 것은 규칙으로 규정할 사항이다.

ⓑ 법령 및 조례에 위반되지 않는 범위 내에서만 제정이 가능하다. 법령에 위반되는 규칙은 법령에 위반되는 조례와 마찬가지로 무효가 된다.

ⓒ 기초지방자치단체의 규칙은 광역지방자치단체의 규칙을 위반해서는 안 된다.

ⓓ 규칙으로 주민의 권리를 제한하거나 의무를 부과하려면 반드시 법률의 위임이 있어야만 한다.

(다) 자치행정권(自治行政權)

(A) 개념

자치행정권이란 '지방자치단체가 독자적 사무를 가지고 원칙적으로 국가의 관여를 받음이 없이 그 사무를 자주적으로 처리(집행)할 수 있는 권능'을 말한다. 여기서 자치단체의 독자적 사무란 바로 자치사무 및 단체위임사무를 의미한다.

(B) 범위

구체적으로 무엇이 지방자치단체의 자치행정권에 속하느냐의 문제는 지방자치를 실시하고 있는 나라에서는 모두가 지방자치 관련법을 제정하여 그 권한과 한계를 분명히 하고 있다. 즉 지방행정사무와 국가행정사무가 서로 고정된 영역을 지키기 어려운 현실에서 결과적으로 지방행정사무의 범위는 법률의 규정에 따라 설정된다.

자치행정권의 범위는 지방자치단체가 독자적으로 처리할 수 있는 사무를 자치사무에만 한정시킬 것인가 단체위임사무도 포함시킬 것인가에 따라 달라진다. 자치행정권의 의미를 엄격하게 해석하여 순수한 지방적 사무를 처리하는 권능으로 해석할 때에는 지방행정권의 범위는 자치사무에 한정된다. 그러나 그 의미를 넓게 해석하여 지방의회가 관여할 수 있는 사무를 처리하는 권능으로 이해할 때에는 자치행정권의 범위는 자치사무와 단체위임사무에까지 미치게 된다. 이론상으로는 자치사무와 단체위임사무를 구분하기 곤란할 뿐만 아니라 단체위임사무는 지방자치단체의 사무로 전환된 사무인 까닭에 자치행정권의 범위는 자치사무와 단체위임사무를 포괄한다고 보아야 할 것이다.

(C) 권력행정과 관리행정

지방자치단체는 주민의 공공복리를 위한 각종의 비권력적 행정을 행하는 권능을 가진 관리 · 사업단체인 동시에 일정한 범위 안에서 공권력을 행사하는 권력 · 통치단체이다.

따라서 자치행정권에는 권력 행정적 측면과 관리 행정적 측면의 두 가지가 있다. 권력행정이란 지방자치단체가 주민에게 명령 · 강제하는 권능을 말하고, 관리행정이란 지방자치단체가 주민에게 서비스를 제공하는 비권력적 행정 작용을 말한다.

권력행정은 ① 주민의 안전을 위한 각종 통제 (예를 들어, 소방, 교통, 환경 등의 분야에서 행하는 통제) ② 사회 · 경제 질서를 유지하기 위한 각종 규제 (예를 들어, 물가, 공정거래, 근로조건, 위생, 건강 등의 분야에서 행하는 통제) ③ 환경의 정비를 위한 각종 부담의 부과 (예를 들어, 국토정비, 건설, 도시계획, 환경오염 방지 등을 위한 각종 인허가나 규제) 등이 있다.

관리행정은 ① 공공시설의 설치 · 관리 (예를 들어, 초등학교, 중 · 고등학교, 공원, 녹지, 하수도, 운동장, 도서관 등의 설치나 관리) ② 민간 활동의 지원 · 조성 (예를 들어, 산업 · 문화의 진흥을 위하여 민간의 기업활동 및 문화활동을 장려 · 조장 · 자금지원 등) ③ 사회복지행정의 수행 (예를 들어, 보건, 위생, 교육, 주택, 근로 등의 광범위한 사회개발) 등이 있다.

(라) 자치재정권(自治財政權)

(A) 개념

자치재정권이란 '지방지차단체가 자기사무를 수행하는데 필요한 경비를 충당하기 위하여 중앙정부의 간섭을 받지 않고 자주적으로 그 재원을 조달 · 관리하는 권능'을 의미한다. 자치재정권이란 단순히 재원을 조달하는 기능뿐만 아니라 그 관리와 지출까지를 포함하는 지방재정 전반에 걸친 자주적 · 자율적 결정권을 의미한다. 이러한 자치재정권은 자치단체에게 독립적 경제주체로서의 지위와 권능을 부여하는 것을 그 실천적 이념으로 하고 있다.

흔히 자치재정권을 두 가지 권능으로 나누어 생각하는데 그 하나는 재정권력(財政權力)적 작용이고 또 하나는 재정관리(財政管理)적 작용이다. 전자는 지방자치단체가 그 사무를 처리함에 있어서 필요한 경비를 조달하기 위해 주민에게 명령하고 강제하는 것을 말하고, 후자는 지방자치단체의 재산을 관리하고 회계와 경리를 맡아하는 것을 포함한다.

(B) 자치재정권의 내용

(a) 재정권력 작용

① 부과징수권

지방자치단체는 그 경비를 마련하기 위해 지방세법에 의해 지방세를 부과·징수하는 것이 가능할 뿐 아니라, 분담금(分擔金), 사용료(使用料), 가입금(加入金), 수수료(手數料) 등을 부과·징수할 수 있다.

② 강제징수권

지방자치단체는 그 공법(公法) 상의 수입에 있어서 주민으로부터의 금전 급부의 의무가 불이행되는 경우 의무위반에 대한 재정상의 벌칙을 정하는 제재권과 함께 그 구제수단으로 강제집행권을 가지고 있다. 제재권으로는 미납금에 대한 과태료(過怠料)를 부과할 수 있고, 이와 같은 과태료가 정한 날짜 안에 납부되지 않으면 지방자치단체의 장은 국세징수법의 규정에 의한 체납처분의 방법에 의해 강제로 징수하게 된다.

(b) 재정관리 작용

재정권력작용이 대외적인 성질의 것이라면, 재정관리작용은 주로 지방자치단체의 재정을 관리하기 위한 내부적 규율의 성질을 갖는 활동을 말한다. 이것은 재정관리에 공정을 기할 필요와 그러한 규율을 위반했을 때 그 책임을 물어야 할 필요에 근거한다.

여기에는 회계년도(會計年度), 회계의 구분, 수입, 지출, 예산, 결산, 계약, 재산의 관리 등에 관한 구체적이고 엄격한 규율이 있다. 따라서 지방자치단체는 이러한 법규 아래서 재정을 관리할 권한과 책임이 있다. 몇 가지 중요한 것만 살펴보기로 한다.

① 예산의 편성·확정·집행권 및 결산권

지방자치단체는 일정기간(회계연도)에 필요한 경비와 가능한 수입을 미리 예측하여 예산서를 작성한다. 이렇게 해서 만들어진 예산은 지방의회가 심의한 후 확정되게 되는데, 지방자치단체의 모든 세입(稅入), 세출(歲出)은 이에 의거 집행하게 되며, 예산이 모두 집행된 이후에는 결산을 한다.

② 기채권(起債權)

지방자치단체는 일시적 또는 장기적으로 부족한 재원을 충당하기 위해서 현금을 빌릴 수 있다. 1 회계연도 내에 상환해야 하는 일시적 차용을 일시차입금(一時借入金),

그 상환기간이 1 회계연도를 넘는 장기적 차용을 지방채(地方債)라 한다. 지방자치단체의 장은 일시차입금이 필요한 때에는 그 한도액을 회계연도마다 회계별로 미리 지방의회의 의결을 얻어야 한다. 그리고 지방채의 발행은 지방의회의 의결을 거쳐야 함은 물론 사전에 중앙정부 관계기관의 승인을 받아야 하는 사항이다.

Ⅳ 지방자치단체와 국가 간의 관계

1 중앙집권과 지방분권

1) 중앙집권과 지방분권의 개념

이미 지적한 바와 같이 국가가 전국의 각 지역을 통치하는 방법은 대체로 2가지가 있다. 하나는 국가의 모든 통치권력을 중앙정부에 집중시켜 중앙정부가 직접 전국 각지를 통치하는 방법이고, 다른 하나는 통치권력을 지역에 배분해서 각 지역이 그 배분된 권력의 한도 내에서 해당 지역을 스스로 통치하게 하는 방법이다. 전자를 중앙집권이라 하고, 후자를 지방분권이라 한다. 다시 말해 중앙집권이란 국가의 통치권력을 중앙정부에 집중시키는 것을 말하고, 지방분권이란 국가의 통치권력을 지역적으로 분산하는 것을 말한다. 지방분권의 경우도 크게 2가지로 대별해볼 수가 있는데, 하나는 통치권력을 국가와 지역이 대등하게 분할하는 연방제의 방법이고, 다른 하나는 국가가 지역에 주권에 종속되는 하위의 권력을 수여하는 지방자치제의 방법이다. 물론 연방제가 지방자치제 보다 지방분권의 정도가 강하며, 각각의 경우에서도 나라에 따라 분권화의 경향이 다르다. 어쨌든 지방분권과 중앙집권은 서로 독립된 별개의 현상이 아니라 어느 한쪽 경향이 강해지면 다른 쪽 경향이 약해지는 상대적인 현상이다.

2) 중앙집권과 지방분권의 장 · 단점

여기에서는 지방자치제 하의 중앙집권과 지방분권의 문제를 살펴보고자 한다. 국가에 따라 지방자치제는 시행할 수도 있고 않을 수도 있으며, 시행하는 경우에도 지방자치권을 지방자치단체에 많거나 혹은 적게 배분할 수도 있다. 지방자치제를 시행하지 않거나, 시행하더라도 지방자치권을 적게 배분하는 경우에는 중앙집권의 경향이 강한 국가라 할 수 있고, 그 반대의 경우는 지방분권의 경향이 강한 국가라 할 수 있다. 지방자치제의 시행여부나 시행정도는 영토의 크기, 지역적 특색, 역사적 전통, 현실적 정치상황 등을 고려한 각국의 국내 사정에 따라 결정될 문제이나, 중앙집권과 지방분권은 각각 서로 상반되는 장점과 단점이 있을 수 있는바 그 일반적인 것들을 소개해보면 다음과 같다.

(1) 중앙집권의 장단점

(가) 중앙집권의 장점

① 동일한 정책을 전국적으로 시행함으로써 국가 전체의 정책의 통일성을 기할 수 있다.

② 대규모의 정책이나 사업을 시행해서 사회전반에 걸친 변화나 개혁을 추구할 수 있다.

③ 전국적인 인적·물적 자원의 동원과 활용을 통해 정책수행의 전문성과 능률성이 제고된다.

(나) 중앙집권의 단점

① 정책의 전국적 획일성으로 인해 지역적 특성과 실정을 무시하게 된다.

② 민주적 통제가 약해서 권위주의와 관료주의를 강화시킬 수 있다.

(2) 지방분권의 장단점

(A) 지방분권의 장점

① 지역의 특성과 실정에 맞는 정책을 시행할 수 있다.

② 민주적 통제가 용이해 민의를 반영하는 정책을 시행할 수 있다.

(B) 지방분권의 단점

① 업무나 투자의 중복으로 인해 인적·물적 낭비를 초래할 수 있다.

② 대규모의 정책이나 사업을 시행하기 힘들다.

③ 지역 이기주의가 심해질 경우 국가의 통합과 국가 이익을 저해할 수 있다.

2 신(新)중앙집권과 신(新)지방분권

1) 신중앙집권과 신지방분권의 의의

신중앙집권은 영국이나 미국과 같이 전통적으로 지방자치단체에 많은 권한이 배분되었던 나라에서 중앙정부의 권한이 확대되는 경향을 말하고, 반대로 신지방분권이란 프랑스와 같이 전통적으로 중앙집권적인 국가에서 지방자치단체에 더욱 많은 권한 배분이 이루어지는 경향을 말한다. 특히 신중앙집권은 통치권력을 제도적으로 중앙정부에 집중시키는 것이 아니라 기술 · 정보 · 지식이 중앙정부에 집중됨으로써 일어나는 중앙집권화의 경향이라는 특징이 있다.

2) 신중앙집권의 촉진요인

(1) 과학 · 기술의 발달

오늘날 과학 · 기술이 고도로 발달함에 따라 사무처리 능력도 점차 향상되어왔다. 컴퓨터의 발달에 따르는 사무처리의 과학화 · 신속화, 각종 통계의 집중관리 등이 정부 각 분야에서 활발히 추진되고 있다. 이러한 변화는 중앙정부로 하여금 전국의 각종 사무에 대한 정보를 종합하여 사무의 집중관리를 가능케 했으며, 이는 중앙정부의 권한을 강화하는 요인이 되었다.

(2) 교통 · 통신 수단의 발달

교통 · 통신 수단이 발달하지 않았을 때에는 중앙과 지방간의 신속한 의사소통이 곤란하였기 때문에 중앙정부가 자치단체의 사무처리에 관여하기 어려웠다. 그러나 오늘날 이것의 발달은 중앙과 지방간의 거리를 단축시켰을 뿐만 아니라 신속한 의사소통과 즉각적인 지시 · 통제를 가능케 하여 중앙정부의 권한을 강화시키게 되었다.

(3) 경제권과 생활권의 확대

오늘날의 사회에서는 지역 간의 인구이동과 경제적 교류가 활발히 이루어지고 있을 뿐 아니라 대량생산 · 대량소비가 진전됨에 따라 국민의 생활권과 경제권이 확대되었다. 따라서 점점 많은 사회 · 경제적 문제들이 더 이상 소규모 지역에만 국한 될 수 없으며 그 해결은 전국적 · 광역적 규모에서만 가능하게 되었다. 이로 인해 중앙정부의 역할이 더욱 증대되었다.

3) 신지방분권의 촉진요인

(1) 중앙집권적 통치방식에 대한 반성

과거의 중앙집권적, 획일적 정치 · 행정에 대한 반성으로 새로이 지방분권을 강화할 수가 있다. 우리나라의 경우가 그 예라 할 것이다.

(2) 집권당의 정치이념적 성향

집권당의 정치이념적 성향에 따라 지방분권을 강화할 수가 있다. 프랑스에서는 1981년 대통령선거에서 사회당이 집권한 후 사회당의 지방분권적 정치이념에 따라 1980년대에 지방자치를 강화하는 일련의 정치제도 개혁을 단행했다.

3 지방자치단체에 대한 국가의 관여

1) 국가관여의 개념

국가는 지방자치단체의 정책방향이나 사무수행이 국가 전체의 이익이나 발전목표에 부합되는지의 여부를 판단하고 만약 부합되지 못할 경우에 그것을 통제할 책임과 권리가 있다. 국가는 또한 지방자치단체가 기술적, 재정적 한계로 인해 지방사무를 원활히 수행하지 못할 경우 이에 대한 원조를 하거나, 전국적인 통일성을 필요로 하는 지방사무의 경우에는 지방자치단체 사이의 사무를 조정하거나 지도할 필요도 있다. 따라서 정도의 차이는 있지만 어느 나라를 막론하고 국가가 지방자치단체의 사무에 관여하는 것은 불가피한 것이다. 이러한 과정에서 생겨나는 여러 가지 접촉 · 교섭 · 조정 · 지도 · 원조 · 감독 · 협력 등 일체의 활동을 지방자치단체에 대한 국가관여라고 한다. 이를 중앙통제(中央統制 central control)라고 하기도 한다.

2) 국가관여의 필요성

지방자치단체(지방정부)에 대한 국가(중앙정부)[6]의 관여는 다음과 같은 이유 때문에 필요하다.

(1) 국가 전체 이익의 조정

지방자치단체는 해당 지역주민의 복지증진을 위해서 활동하나, 국가는 국가 전체의 이익을 보호 · 증진하고 국민을 위한 최소한의 복지생활을 책임질 의무가 있다. 이때 지역주민의 이익추구가 국가 전체의 이익과 서로 충돌되는 경우도 있을 수 있다. 이 경우에 국가는 자치권을 침범하지 않는 범위 내에서 국가의 이익이 지역적 이익에 우선하도록 조정할 필요가 있다.

---

6) 국가는 국민 · 영토 · 주권으로 구성된 정치적 공동체를 지칭하고 (중앙)정부는 그 통치기구를 지칭하나, (중앙)정부가 국가를 대표하고 있는 까닭에 양자를 혼용하는 경우가 많다. 어쨌든 전자가 후자보다 더욱 포괄적인 개념이다. 지방자치단체와 지방정부의 경우에도 동일하다.

(2) 지방자치단체에 대한 지도 · 육성

지방자치단체는 독립재원이 빈약하고 자치운영능력이 부족하기 때문에 스스로의 존립과 발전을 도모하기가 어려운 경우도 있다. 이러한 경우 중앙정부로부터 보호 · 육성과 지도 · 감독이 요구된다.

첫째, 행정기능의 양적 팽창에 따른 재정수요의 급증으로 인해 국가가 관여한다. 도시화 · 산업화로 인한 주택 · 상하수도 · 도로 · 공해 등 심각한 도시문제의 해결에는 막대한 재정이 요구된다. 그러나 이러한 재정적 수요를 지방수입만으로는 도저히 감당할 수 없기 때문에 중앙정부의 재정적 지원이 요청된다.

둘째, 행정기능의 복잡화 · 고도화로 인한 행정기술 수요의 증가로 인해 국가의 관여가 요청된다. 점점 산업화 · 도시화됨에 따라서 그 행정수요도 고도의 전문적 지식이나 기술을 요하는 것으로 변화하고 있으며 이러한 행정기술의 수요증가를 영세한 재정과 인력을 갖고 있는 지방정부 혼자만의 힘으로는 감당하기가 점점 어려워지고 있다. 따라서 중앙정부는 필요한 경우, 지식적 · 기술적 원조와 지도, 권고, 조언, 정보제공 등의 방법으로 지방정부를 돕는다.

(3) 지방자치단체 상호간의 조정

지방자치단체 사이의 지나친 재정적 격차나 행정적 이질화를 방지하고, 지방자치단체 사이의 상호대립과 갈등을 해소하기 위해 국가는 지방자치단체 사이에서 일정한 재정적 · 행정적 조정작용을 수행한다.

(4) 국법의 시행

지방자치에 관한 기본적이고 공통적인 사항은 국가의 법령으로 규정하고 있으며 법령은 국가에 의해 운영되는 것이므로 국가는 이들 법령의 위법 여부를 감시하고 시정을 요구해야 한다.

(5) 광역적 지방사무의 증가

도시화 · 산업화로 인해 종래의 행정구역과 생활권이 점점 더 불일치하게 되었다. 종래의 전통적 행정구역은 그대로 두면서 새로이 생기는 광역적 행정수요를 감당하기 위해 미국의 경우에는 무수한 특별지방자치단체(특별구)를 설치하기도 하나, 그렇지 못할 때에는 이러한 광역적 행정수요를 감당하기 위해 광역자치단체 내지 국가의 역할이 상대적으로 커진다. 이러한 광역적 지방사무를 원활히 수행하기 위해 국가는 광역자치단체에, 광역자치단체는 국가를 대신해서 기초자치단체에 대하여 관여를 할 수 있다. 그 방법들로는 기준설정, 정기보고, 감사, 조정 등이 있을 수 있다.

3) 국가관여의 방식

국가가 지방자치단체에 관여하는 방식에는 입법적 · 사법적 · 행정적 · 재정적 관여의 네 가지가 있다.

(1) 입법적 관여

국가의 입법절차를 통하여 지방자치제도나 지방자치단체의 활동을 규정하는 것을 말한다. 우리나라 헌법 제117조 ②항은 "지방자치단체의 종류는 법률로 정한다."고 규정하고 있고, 제118조 ②항은 "지방의회의 조직 · 권한 · 의원선거와 지방자치단체의 장의 선임방법 기타 지방자치단체의 조직과 운영에 관한 사항은 법률로 정한다."라고 규정하고 있다. 따라서 지방자치제의 핵심 사항인 지방자치단체의 종류, 지방의회의 조직 · 권한 · 의원선거, 지방자치단체 장의 선거방법, 기타 지방자치단체의 조직과 운영은 법률의 규정에 따라야 하며 또한 그 규정은 언제든지 국회의 입법활동을 통해 변경시킬 수 있다.

아울러 우리나라 지방자치법(제22조, 제23조)은 지방자치단체의 조례나 지방자치단체장의 규칙은 법령의 범위 안에서 제정할 수가 있다고 규정하고 있어, 지방자치단체의 모든 활동은 중앙정부의 법률과 명령의 테두리 안에서 이루어지도록 하고 있다.

(2) 사법적 관여

우리나라 지방자치단체가 만드는 조례나 규칙 또는 행정행위가 법률에 위배되는지 위법성의 문제가 제기된 경우에 사법부는 이것의 적법여부를 가리게 되는데, 이것을 사법적 관여라 한다. 현행 지방자치법은 다음의 경우에 사법적 관여가 가능하도록 규정하고 있다.

① 지방의회의 재의결에 대한 불복기소의 경우

② 사용료 등의 부과 · 징수에 대한 이의 신청의 경우

③ 위법, 부당한 명령 · 처분의 취소 또는 정지의 재정(裁定)을 요구하는 경우

(3) 행정적 관여

지방자치단체에 대한 국가의 관여 중 행정적 관여가 입법적 · 사법적 관여보다도 그 양과 질에 있어서 훨씬 중요하다. 그것은 입법적 관여는 사전적 관여이고 사법적 관여는 사후적 관여임에 비해서 행정적 관여는 동시적 관여일 수 있기 때문이다. 행정적 관여는 입법적 관여처럼 일반적 · 추상적 규정을 통한 관여도 아니요, 그렇다고 사법적 관여처럼 개별적 · 구제(救濟)적 판정에 의한 관여가 아닌, 지방자치단체의 정책결정과 그 집행과정에 구체적으로 그리고 직접적으로 영향을 미치는 관여이다. 행정적 관여의 유형과 내용은 다음과 같다.

(가) 행정입법(行政立法)에 의한 관여

오늘날 입법부는 점점 이른바 해골입법(skeleton legislation)만 하게 되고, 좀 더 구체적이고 세부적이며 전문적인 것은 행정부의 입법 즉 대통령령으로 규정토록 위임입법(委任立法)을 하게 되었다. 우리나라의 경우도 마찬가지여서 지방자치의 좀 더 구체적 · 세부적 사항을 지방자치법에서 직접 다루지 않고 대통령령으로 규정하게 한 것은 이러한 행정입법에 의한 관여이다.

(나) 권력적 관여

이것은 중앙정부가 지방정부에 대하여 명령, 감사, 인사통제, 사전승인 등의 방법에

의하여 관여하는 것을 말한다. 예를 들어, 지방의회의 의결에 대한 행정안전부장관의 재의결요구 명령, 지방자치단체의 자치사무에 대한 행정감사, 시 · 도의 부단체장의 대통령 임명권, 지방채 발행에 대한 행정안전부장관의 사전승인 등이 이러한 권력적 관여에 속한다.

(다) 비권력적 관여

이것은 중앙정부가 지방정부에 대해 지도 · 지원 · 권고와 같은 비권력적 수단에 의해 관여하는 것을 말한다. 중앙정부는 그 조직 · 경험 · 재정 면에서 지방정부보다 우월한 것이 일반적이며 따라서 지방정부는 중앙정부의 재정 · 기술 등의 지원을 받을 필요가 있다. 이 지원을 할 때에 중앙정부는 지방정부에 관여한다. 권력적 관여로써만 행할 때에는 지방정부의 독립성과 창의성을 저해하기 때문에 이러한 비권력적 수단에 의존하는 것이 바람직하다. 선진민주주의의 다른 나라의 경우에 있어서도 현재 권력적 관여가 줄어드는 대신에 비권력적 관여가 늘어나는 추세에 있다.

우리나라의 지방자치법(제166조)에는 중앙행정기관의 장 또는 시 · 도지사는 지방자치단체의 사무에 관하여 조언 또는 권고하거나 지도할 수 있으며 이를 위해 필요할 때에는 지방자치단체에 대하여 자료의 제출을 요구할 수 있다고 규정하고 있다. 조언 · 권고 또는 지도 이외에도 보고, 기준제시, 재정 및 기술 지원, 조정 등도 여기에 속한다.

(4) 재정적 관여

재정적 관여방식은 지방세입에 대한 것과 지방세출에 대한 것 두 가지로 대별할 수가 있다.

(가) 지방세입에 대한 국가관여

우선 지방재정의 핵심 부분을 차지하는 지방세의 세목과 세율은 국가의 법률로 정한다. 이를 통해 국가는 지방자치단체의 재정자립도를 좌우한다. 또한 국가는 지방자치단체의 부족 재원을 보충하기 위해 지방교부세와 국고보조금 등의 재정지원을 하게 되는데, 지방교부세의 적정한 교부나 국고보조금의 적정한 사용을 기하기 위하여 여러 가지 국가 관여조치가 인정되고 있다. 그리고 지방자치단체가 지방채를 발행할 경우에는 대통령령이 정하는 한도액의 범위 안에서 발행해야 하며, 지방채 발행 한도액의 범위 안이라도 외채를 발행하는 경우에는 중앙정부의 승인을 얻어야 한다.

(나) 지방세출에 대한 국가관여

지방재정이 국가재원에 의존하면서 국가재정정책에 관계되는 이상 세출예산의 편성은 중앙정부의 지침과 경비산정기준에 따라야 한다. 따라서 중앙정부는 지방자치단체의 재정운용에 필요한 정보로 구성된 회계연도별 '지방자치단체 재정운용 업무편람'을 작성하여 지방자치단체에 보급하고, 지방재정의 건전한 운용과 지방자치단체 간 재정운용의 균형을 확보하기 위하여 회계연도별 '지방자치단체 예산편성기준'을 정하여 하달한다(지방재정법 제38조).

4) 국가관여의 한계성

지방자치단체에 대한 국가관여의 필요성에도 불구하고 관여의 한계를 어디까지 할 것인가 하는 것은 중요한 문제이다. 중앙정부의 관여가 강하고 권력적인 경우에는 지방자치권을 약화시켜 지방자치단체의 자치의욕을 억제하게 될 것이다. 그렇게 되면 결과적으로 지역단위의 주민자치 내지 생활자치의 뿌리를 내릴 수 있는 풍토를 조성하기 어렵다. 또한 그 반대의 경우에는 전국적 통일성을 견지하지 못해 지방자치단체간의 불균형을 초래하고 국가통치의 효율성을 저해할 수 있는 것이다. 따라서 지방자치단체에 대한 중앙정부의 관여의 정도는 지방자치를 저해하지 않으면서 국가적 효율성과 통일성을 유지할 수 있도록 각 나라의 개별적 여건에 비추어 모색되어야 할 것이다.

V 지방자치단체의 기능과 사무

1 국가와 지방자치단체 간의 기능과 사무 배분

먼저 '기능'과 '사무'라는 용어에 대해 잠시 언급하고자 한다. 사전적인 의미를 살펴보면 사무란 '취급하는 일'을 뜻하고 기능이란 '어떤 실체의 작용'을 뜻하는바, 취급하는 일 그 자체를 지칭할 때에는 사무라 하고, 그 사무의 작용을 지칭할 때는 기능이라 할 수 있다. 이처럼 사무와 기능이라는 용어는 실체와 그 작용처럼 불가분리적인 관계에 있어, 이 장에서는 양자를 서로 혼용해서 사용한다. 덧붙여, '권한'이라는 용어는 이러한 사무나 기능의 법적 범위를 말한다. 따라서 지방자치권(한)이란 지방자치단체의 소관 사무나 기능의 법적 범위라 할 수 있다.

앞서 언급한 바와 같이 지방자치는 일정한 지방자치권의 범위 내에서 이루어진다. 그런데 지방자치권이란 지방의 사무를 해당 지방자치단체가 스스로가 처리하는 권한인바, 따라서 지방자치권의 범위란 곧 지방자치단체에 주어진 소관사무의 범위라 할 수 있다. 이러한 소관사무의 범위는 국가와 지방자치단체 사이의 사무배분에 따라 설정되는데, 사무배분이란 각종의 공공사무를 중앙정부와 각급 지방자치단체 사이에 분담시켜, 그 사무의 처리에 관한 권한 및 책임을 부여하는 것을 말한다. 문제는 무엇이 국가의 사무이며 무엇이 지방자치단체의 사무인가 하는 것인데, 아래에서는 이러한 사무배분의 원칙, 기준, 현실 등에 관해 살펴보기로 한다.

1) 사무배분의 원칙

한 나라의 지역적 사무는 중앙정부가 그 직속기관인 특별지방행정기관을 설치하여 그 기관으로 하여금 처리하게 하거나, 또는 독립된 법인격을 가진 지방자치단체를 설립하여 그 단체로 하여금 처리하게 할 수 있다. 지방자치단체로 하여금 지역적 사무를 처리하게 하더라도, 국가 전체의 입장에서 볼 때 이는 궁극적으로 지역의 공공사무를 효율적으로 처리하기 위한 국가와 지방자치단체 간의 수직적 분업체계의 하나이며, 국가는 여전히 전국적 · 종합적 관점에서 모든 공공사무를 통합 · 조정할 필요가 있다. 여기에서 중앙집권과 지방분권의 조화가 요구되고, 중앙정부와 지방정부 간의 합리적 · 이상적인 사무배분의 중요성이 제기된다. 다만 나라에 따라 지방자치단체의 계층구조나 구역의 크기도 다르고, 지방자치단체의 행 · 재정적 역량도 다르며, 중앙집권과 지방분권에 대한 정치적 경향도 다르기 때문에, 사무배분에 대한 절대적인 원칙은 있을 수 없다. 그렇기는 하나, 중앙정부와 지방정부 간의 합리적인 사무배분을 위해서는 어쨌든 일정한 원칙을 필요로 하는바, 여러 나라에서 근거하고 있는 원칙들을 종합해서 정리해보면 다음과 같다.

(1) 불경합의 원칙

불경합의 원칙이란 중앙정부와 각급 지방자치단체가 그 사무를 처리함에 있어서 서로 중복되거나 경쟁적으로 이루어지지 아니하도록 사무의 소속과 그 처리에 대한 권한 · 책임을 명확히 하여야 한다는 원칙이다. 이러한 원칙은 사무의 처리 · 감독 · 규제의 중복에서 야기되는 낭비와 대립을 줄이기 위한 기능배분의 원칙으로 사무책임명확화의 원칙 또는 권한중복금지의 원칙이라 하기도 한다.

(2) 기초자치단체 우선의 원칙

기초자치단체 우선의 원칙이란 공공사무를 민주적으로 수행하기 위해서는 지방자치단체의 계층 중 주민참여와 주민통제가 용이한 가장 최저단계인 기초자치단체에 가능한 많은 사무를 배분하고, 특히 주민생활에 밀착된 사무는 주민의 신변에 가까운 기초자치단체에 배분하여야 한다는 원칙이다. 이는 공공서비스의 현지성과 민주성을 제고하고자 하는 기능배분의 원칙으로 현지성의 원칙 또는 주민밀착성의 원칙이라 하기도 한다.

(3) 종합성의 원칙

지방자치단체에 특수한 사무가 아니라 일반적인 사무를 포괄적으로 배분해서 사무를 종합적으로 처리하도록 해야 한다. 아울러 국가의 특별지방행정기관은 일반적인 사무를 담당하지 않도록 해야 한다. 이를 지역종합성의 원칙이라고도 한다.

(4) 경제성의 원칙

최소비용으로 최대효과를 산출할 수 있도록 지방자치단체의 구역 규모, 행·재정적 능력, 주민수 등을 고려하여 적절하게 사무를 배분해야 한다. 이를 능률적 집행의 원칙이라고도 한다.

2) 사무배분의 기준

(1) 국가사무의 기준

우리나라 지방자치법(제11조)은 아래와 같이 국가사무의 영역을 예시하고 지방자치단체는 법률에 다른 규정이 있지 않은 한 이러한 국가사무를 처리할 수 없다고 규정하고 있다. 따라서 이들 사무영역은 우리나라 국가사무의 기준이라 할 수 있다.

① 국가의 존립에 필요한 사무(외교, 국방, 사법, 국세 등)

② 전국적으로 통일적 처리를 요하는 사무(물가정책, 금융정책, 수출입정책, 화폐정책 등)

③ 전국적 규모나 이와 비슷한 규모의 사무(농산물·임산물·축산물·수산물 및 양곡의 수급조절과 수출입, 우편, 철도, 국가종합경제개발계획, 국가하천, 국유림, 국토종합개발계획, 국가지정항만, 고속국도·일반국도, 국립공원, 문화체육진흥사업 등)

④ 전국적으로 기준을 통일하고 조정하여야 할 필요가 있는 사무(근로기준, 측량단위 등)

⑤ 지방자치단체의 기술과 재정능력으로 감당하기 어려운 사무(고도의 기술을 요하는 검사·시험·연구, 항공관리, 기상행정, 원자력개발 등)

이러한 국가사무들을 더욱 포괄적으로 분류하면 대체로 국가의 존립유지 사무, 전국적 통일 · 조정 사무 그리고 전국적 규모의 사무로 나눌 수 있을 것이다(아래 〈표 V-1〉 참조).

〈표 V-1〉 우리나라 국가사무의 성격과 기준

성격	기준
국가의 존립유지사무	국가의 존립에 필요한 사무
전국적 통일 · 조정사무	전국적으로 통일적 처리를 요하는 사무
	전국적으로 기준을 통일하고 조정하여야 할 필요가 있는 사무
전국적 규모의 사무	전국적 규모나 이와 비슷한 규모의 사무
	지방자치단체의 기술과 재정능력으로 감당하기 어려운 사무

(2) 지방자치단체 사무의 기준

우리나라 지방자치법(제9조)은 지방자치단체의 사무를 6개 영역의 57개 종류로 예시하고 있다. 이들 6개 영역은 지방자치단체 사무의 기준이라 할 수 있는바, 아래와 같다.

① 지방자치단체의 구역, 조직, 행정관리 등에 관한 사무

② 주민의 복지증진에 관한 사무

③ 농림 · 상공업 등 산업 진흥에 관한 사무

④ 지역개발과 주민의 생활환경시설의 설치 · 관리에 관한 사무

⑤ 교육 · 체육 · 문화 · 예술의 진흥에 관한 사무

⑥ 지역민방위 및 소방에 관한 사무

이러한 6가지 사무들을 더욱 포괄적으로 분류하면 대체로 지방자치단체의 존립유지사무, 주민복지사무 그리고 지역발전사무로 구분할 수 있을 것이다(아래 〈표 V-2〉 참조).

〈표 V-2〉 우리나라 지방자치단체 사무의 성격과 기준

성격	기준
존립유지사무	지방자치단체의 구역, 조직, 행정관리 등에 관한 사무
	지역민방위 및 소방에 관한 사무
주민복지사무	주민의 복지증진에 관한 사무
	교육 · 체육 · 문화 · 예술의 진흥에 관한 사무
지역발전사무	농림 · 상공업 등 산업 진흥에 관한 사무
	지역개발과 주민의 생활환경시설의 설치 · 관리에 관한 사무

그러나 이들 6가지 사무영역에 포함되는 사무들은 모두 배타적으로 지방자치단체의 사무가 된다는 것은 아니다. 이들 중에도 전국적 규모의 사무나 전국적 통일 · 조정을 요하는 사무는 국가사무가 된다.

2 지방자치단체의 사무

1) 지방자치단체 사무의 종류

위와 같은 사무배분의 기준에 따라 우리나라 지방자치단체에 배분된 6개 영역 57개 종류의 지방사무는 아래와 같다(지방자치법 제9조). 이미 지적한 바와 같이 이들 모든 사무는 더욱 포괄적으로 지방자치단체의 존립유지사무, 주민복지사무, 그리고 지역발전사무로 분류될 수 있다.

(1) 지방자치단체의 구역, 조직, 행정관리 등에 관한 사무

① 관할 구역 안 행정구역의 명칭 · 위치 및 구역의 조정
② 조례 · 규칙의 제정 · 개정 · 폐지 및 그 운영 · 관리
③ 산하(傘下) 행정기관의 조직관리
④ 산하 행정기관 및 단체의 지도 · 감독
⑤ 소속 공무원의 인사 · 후생복지 및 교육
⑥ 지방세 및 지방세 외 수입의 부과 및 징수
⑦ 예산의 편성 · 집행 및 회계감사와 재산관리
⑧ 행정장비관리, 행정전산화 및 행정관리개선
⑨ 공유재산관리(公有財産管理)
⑩ 가족관계등록 및 주민등록 관리
⑪ 지방자치단체에 필요한 각종 조사 및 통계의 작성

(2) 주민의 복지증진에 관한 사무

① 주민복지에 관한 사업
② 사회복지시설의 설치 · 운영 및 관리
③ 생활이 곤궁(困窮)한 자의 보호 및 지원
④ 노인 · 아동 · 심신장애인 · 청소년 및 부녀(婦女)의 보호와 복지증진
⑤ 보건진료기관의 설치 · 운영
⑥ 전염병과 그 밖의 질병의 예방과 방역
⑦ 묘지 · 화장장(火葬場) 및 납골당의 운영 · 관리
⑧ 공중접객업소의 위생을 개선하기 위한 지도
⑨ 청소, 오물의 수거 및 처리
⑩ 지방공기업의 설치 및 운영

(3) 농림 · 상공업 등 산업 진흥에 관한 사무

① 소류지(소유지) · 보(洑) 등 농업용수시설의 설치 및 관리
② 농산물 · 임산물 · 축산물 · 수산물의 생산 및 유통지원
③ 농업자재의 관리
④ 복합영농의 운영 · 지도
⑤ 농업 외 소득사업의 육성 · 지도
⑥ 농가 부업의 장려
⑦ 공유림 관리
⑧ 소규모 축산 개발사업 및 낙농 진흥사업
⑨ 가축전염병 예방
⑩ 지역산업의 육성 · 지원
⑪ 소비자 보호 및 저축 장려
⑫ 중소기업의 육성
⑬ 지역특화산업의 개발과 육성 · 지원
⑭ 우수토산품 개발과 관광민예품 개발

(4) 지역개발과 주민 생활환경시설의 설치 · 관리 사무

① 지역개발사업
② 지방 토목 · 건설사업의 시행
③ 도시계획사업의 시행
④ 지방도(地方道), 시군도의 신설 · 개수(改修) 및 유지
⑤ 주거생활환경 개선의 장려 및 지원
⑥ 농촌주택 개량 및 취락구조 개선
⑦ 자연보호활동
⑧ 지방1급하천, 지방2급하천 및 소하천의 관리
⑨ 상수도 · 하수도의 설치 및 관리
⑩ 간이급수시설의 설치 및 관리
⑪ 도립공원 · 군립공원 및 도시공원, 녹지 등 관광 · 휴양시설의 설치 및 관리
⑫ 지방 궤도사업의 경영
⑬ 주차장 · 교통표지 등 교통편의시설의 설치 및 관리
⑭ 재해대책의 수립 및 집행
⑮ 지역경제의 육성 및 지원

(5) 교육 · 체육 · 문화 · 예술의 진흥에 관한 사무

① 유아원 · 유치원 · 초등학교 · 중학교 · 고등학교 및 이에 준하는 각종 학교의 설치 · 운영 · 지도
② 도서관 · 운동장 · 광장 · 체육관 · 박물관 · 공연장 · 미술관 · 음악당 등 공공교육 · 체육 · 문화시설의 설치 및 관리
③ 지방문화재의 지정 · 보존 및 관리
④ 지방문화 · 예술의 진흥
⑤ 지방문화 · 예술단체의 육성

(6) 지역민방위 및 소방에 관한 사무

① 지역 및 직장 민방위조직(의용소방대를 포함한다)의 편성과 운영 및 지도 · 감독
② 화재예방과 소방

2) 지방자치단체 간의 사무배분

국가와 지방자치단체 사이의 국가사무와 지방사무의 배분이 이루어진 다음에는, 지방자치단체의 계층별로도 사무배분이 이루어져야 한다. 우리나라 지방자치법은 위 6개 영역 57개 종류의 지방사무를 다시 지방자치단체의 계층별로 배분하는 원칙과 기준을 설정해두고, 이에 의거 지방자치법 시행령(제8조)에서는 이들 사무를 더욱 세분화하여 광역자치단체의 사무 및 기초자치단체의 사무로서 각각 300여개씩 예시하고 있다.

(1) 사무배분의 원칙

지방자치법(제10조 제3항)은 위의 지방자치단체의 사무를 지방자치단체의 종류별로 배분하는 원칙으로 불경합의 원칙과 기초자치단체 우선의 원칙을 명문화하고 있다. 즉, 시 · 도와 시 · 군 · 자치구는 사무를 처리함에 있어 서로 경합되지 않도록 해야 하며, 만약 서로 경합하는 경우에는 기초자치단체인 시 · 군 · 자치구에서 우선적으로 처리하도록 하여 기초자치단체에 대한 사무배분의 우선권을 부여하고 있는 것이다.

(2) 사무배분의 기준

지방자치법(제10조)에 따르면 지방자치단체의 종류별 사무배분의 기준은 다음과 같다.

(가) 시 · 도(광역지방자치단체)의 사무 기준

① 행정처리 결과가 2개 이상의 시 · 군 및 자치구에 미치는 광역적 사무
② 시 · 도 단위로 동일한 기준에 따라 처리되어야 할 성질의 사무
③ 지역적 특성을 살리면서 시 · 도 단위로 통일성을 유지할 필요가 있는 사무
④ 국가와 시 · 군 및 자치구 사이의 연락 · 조정 등의 사무

⑤ 시 · 군 및 자치구가 독자적으로 처리하기에 부적당한 사무

⑥ 2개 이상의 시 · 군 및 자치구가 공동으로 설치하는 것이 적당하다고 인정되는 규모의 시설을 설치하고 관리하는 사무

이러한 사무들을 더욱 포괄적으로 분류해보면, 광역자치단체 사무의 성격은 2개 이상의 기초자치단체에 걸치는 광역적 혹은 대규모의 사무, 광역자치단체 차원의 통일적 사무, 중앙정부와 기초자치단체 사이 그리고 기초자치단체들 사이의 연락 · 조정사무 등으로 나눌 수 있다.

〈표 V-3〉 우리나라 광역지방자치단체 사무의 성격과 기준

성격	기준
광역적 사무	행정처리 결과가 2개 이상의 시 · 군 및 자치구에 미치는 광역적 사무
	2개 이상의 시 · 군 및 자치구가 공동으로 설치하는 것이 적당하다고 인정되는 규모의 시설을 설치하고 관리하는 사무
	시 · 군 및 자치구가 독자적으로 처리하기에 부적당한 사무
통일적 사무	시 · 도 단위로 동일한 기준에 따라 처리되어야 할 성질의 사무
	지역적 특성을 살리면서 시 · 도 단위로 통일성을 유지할 필요가 있는 사무
연락 · 조정사무	국가와 시 · 군 및 자치구 사이의 연락 · 조정 등의 사무

(나) 시 · 군 및 자치구(기초지방자치단체)의 사무 기준

시 · 군 및 자치구는 지방자치단체의 사무로 분류된 6개 영역 57개 종류의 지방사무 중 시 · 도가 처리하는 것으로 되어 있는 사무를 제외한 사무를 처리한다. 간단히 말해, 동일 영역의 동일 종류의 사무라 할지라도 공간적으로나 재정적으로 규모가 큰 광역적 사무는 광역자치단체가 처리하고, 소규모의 사무는 기초자치단체가 처리하게 되는 것이다. 어쨌든 시 · 도와 시 · 군 및 자치구는 사무를 처리할 때 서로 경합하지 아니하도록 하여야 하며, 사무가 서로 경합하면 시 · 군 및 자치구에서 우선적으로 처리한다.

(다) 공통사무

지방자치단체 사무의 6개 영역 중 '지방자치단체의 구역, 조직, 행정관리 등에 관한 사무' 즉 지방자치단체의 존립유지 사무는 광역자치단체와 기초자치단체 사이의 사무배분 없이 서로 경합적으로 처리하는 공통사무이다.

(3) 사무배분의 현황

위와 같은 원칙과 기준 하에 국가와 각급 지방자치단체 사이에 사무의 배분이 이루어지고, 이를 바탕으로 실제 사무처리가 수행된다. 우리나라의 국가 및 지방자치단체가 처리하는 단위사무의 수를 살펴보면 전체 단위사무 41,603개 중에서 국가사무가 30,240개로 73%, 지방사무가 11,363개로 27%를 차지하고 있다. 그리고 지방자치단체의 사무 중에서는 시도사무가 5,318개로 47%, 시군구사무가 2,950개로 26%, 그리고 시도 및 시군구의 공통사무가 3,095개로 27%를 점하고 있다(아래 〈표 V-4〉 참조).

〈표 V-4〉 우리나라 국가 및 지방자치단체의 단위사무 현황

구분	단위사무 수
총계	41,603(100%)
국가사무	30,240(73%)
지방사무	11,363(27%)
시도 사무	5,318(47%)
시군구 사무	2,950(26%)
시도/시군구 사무	3,095(27%)

자료: 한국지방행정연구원(2002), 『법령상 사무전수조사를 통한 지방이양대상사무발굴 연구』. (※ 지방이양추진위원회가 한국지방행정연구원과 한국행정연구원에 연구용역을 의뢰하여 2001년 현재 전체 법령 3,353개의 단위사무를 전수 조사한 연구임)

3 지방자치단체 사무의 법적 분류

지방자치단체의 사무는 위와 같이 종류별로 분류되기도 하지만, 그 법적 성질에 따라 분류되기도 한다. 전자의 경우에는 각급 지방자치단체의 사무를 명시함으로써 사무의 중복을 피하고 사무책임을 명확히 하는 효과가 있는 반면, 후자의 경우에는 중앙정부와 지방자치단체 간의 감독관계나 경비부담관계를 설정하는 기준이 된다.

지방자치단체 사무의 법적 분류는 지방자치법에 근거한다. 지방자치법 제9조(지방자치단체의 사무범위)는 "① 지방자치단체는 관할 구역의 자치사무와 법령에 따라 지방자치단체에 속하는 사무를 처리한다. ② 제1항에 따른 지방자치단체의 사무를 예시하

면 다음 각 호와 같다."고 규정한 후 위에서 소개한 6개 영역 57개 종류의 사무를 예시하고 있다. 이 법률규정에 의하면 지방자치단체의 사무에는 '관할구역의 자치사무'와 '법령에 따라 지방자치단체에 속하는 사무'의 2가지 성격의 사무가 있는 셈이다. 이 가운데 '관할구역의 자치사무'는 지방자치단체가 고유하게 소유하는 사무로서 '자치사무' 혹은 '고유사무'라 하고, '법령에 따라 지방자치단체에 속하는 사무'는 국가가 법령의 제정을 통해 지방자치단체에로 위임한 사무로서 '단체위임사무'라 한다. 따라서 지방자치법에 예시된 6개 영역 57개 종류의 사무들에는 자치사무와 단체위임사무가 혼합되어 있다. 그러나 지방자치법은 법적으로 자치사무와 단체위임사무를 구별하면서도 그 종류나 범위를 명시하지는 않고 있어 사실상 양자를 구별하기가 어렵다. 그래서 자치사무와 단체위임사무의 구별은 국법이 지방자치단체에 사무를 위임하는 경우 이를 포괄적으로 위임한 것이냐(자치사무), 아니면 법령의 규정이 사무를 개별적으로 위임한 것이냐(위임사무)하는 위임방법의 차이에서 구할 수밖에 없게 되었다.[7)]

한편 지방자치법 제102조는 '시 · 도와 시 · 군 및 자치구에서 시행하는 국가사무는 법령에 다른 규정이 없으면 시 · 도지사와 시장 · 군수 및 자치구의 구청장에게 위임하여 행한다.'고 규정하고, 또한 제103조는 '지방자치단체의 장은 그 지방자치단체의 사무와 법령에 따라 그 지방자치단체의 장에게 위임된 사무를 관리하고 집행한다.'고 규정하고 있다. 이 규정에 의거 지방자치단체의 장에게 위임된 사무는 '기관위임사무'라 한다.

이상과 같은 법률규정에 근거하여 볼 때 지방자치단체가 처리하는 사무는 자치사무, 단체위임사무, 기관위임사무의 3가지로 분류된다. 아래에서는 이들 3가지 사무의 특성에 대해 서술한다.

1) 자치사무(고유사무)

(1) 개념

자치사무는 일반적으로 지방자치단체의 존립과 지역주민의 일상생활에 직결되는 사

---

7) 최창호(1995), p. 255.

무가 해당된다. 이러한 사무는 지방자치단체가 자기의 책임과 부담으로 처리해야 한다는 의미에서 이를 '고유사무'라 부르기도 한다. 우리나라 지방자치법 제9조에 "관할 구역의 자치사무" 라고 규정되어 있는 사무가 이에 해당한다.

(2) 내용

자치사무는 지방자치단체에 포괄적으로 위인된 사무로, 법령에 특별한 규정이 없는 한 지방자치단체는 그 재량으로써 자유로이 사무를 취사선택하여 처리하는 것이 원칙이다.

(3) 감독

자치사무에 대한 중앙정부의 감독은 소극적 감독 즉 합법성에 관한 교정적 감독에만 한정되고, 적극적 감독 즉 예방적 감독과 합목적적 감독은 배제되는 것이 원칙이다. 왜냐하면 자치사무는 자치단체가 그 의사와 책임과 부담으로 이를 자율적으로 처리하는 사무이기 때문이다. 고유사무는 국회의 국정감사의 대상이 아니고, 감사원의 감사대상이다.

(4) 경비부담

자치사무의 처리에 소요되는 경비는 지방자치단체가 전액 부담하는 것이 원칙이고, 국고보조금을 받는 경우에는 그것은 장려적 보조금의 성격을 가지게 된다.

(5) 지방의회의 관여

자치사무는 지방자치단체의 고유사무이므로 그 사무의 처리에 주민의 대표기관인 지방의회가 당연히 관여하게 된다.

2) 단체위임사무

(1) 개념

단체위임사무는 법령에 의하여 중앙정부 또는 상급자치단체로부터 -지방자치단체의 장이 아니라- 지방자치단체에 개별적으로 위임된 사무를 말한다. 법령에 "…가 지방자치단체에 위임한다." 혹은 "지방자치단체는 …를 시행한다." 등으로 규정하고 있는 사무가 이에 해당된다.

(2) 내용

단체위임사무는 일단 위임되고 난 뒤에는 자치사무와 마찬가지로 지방의회와 집행기관의 상호협력을 통해 처리되며 자치사무와 구별이 지극히 곤란하다. 다만, 자치사무는 원칙상 자치단체의 자유재량으로 취사선택하여 처리하거나 하지 않을 수도 있지만, 단체위임사무는 개개의 법령에 의하여 지방자치단체에 위임된 사무이므로 의무적으로 처리해야 하는 사무이다. 따라서 단체위임사무는 일반적으로 그 처리에 국가의 통제가 가해지는 범위가 넓고, 경비의 일부를 국고에서 부담하는 등 자치사무와 차이가 있다. 이러한 단체위임사무로는 조세 등 공과금징수(지방세법, 지방세기본법 등), 하천관리(하천법), 국도유지 · 수선(도로법) 등등의 사무가 있다.

예를 들어, 지방세기본법(제5조)은 "지방자치단체는 지방세의 세목(稅目), 과세대상, 과세표준, 세율, 그 밖에 부과 · 징수에 필요한 사항을 정할 때에는 이 법 또는 지방세 관계법에서 정하는 범위에서 조례로 정하여야 한다."고 규정하여, 지방세의 부과 · 징수에 필요한 사무를 지방세 관련 법률의 범위 내에서 지방자치단체의 조례로 정해서 처리하도록 위임하고 있다. 그리고 하천법(제3조)은 "지방자치단체는 국가의 시책에 따라 필요한 조치를 하고 그 관할구역의 특성에 맞는 계획을 수립 · 시행하여야 한다." 고 규정하여, 지방자치단체가 그 관할구역의 하천관리에 관한 계획을 수립하고 시행하도록 위임하고 있다.

(3) 감독

단체위임사무에 대한 상급기관의 감독은 합법성과 합목적성의 교정적 감독에 한하고, 그 예방적 감독은 배제된다.

(4) 경비부담

단체위임사무는 지방적 이해관계와 전국적 이해관계를 동시에 가지고 있는 것이므로, 이 사무의 처리에 소요되는 경비는 해당 자치단체와 국가(혹은 상급자치단체)가 공동 부담하는 것을 원칙으로 하며, 이 경우 중앙정부가 교부하는 국고보조금은 부담금의 성격을 갖는다.

(5) 지방의회의 관여

단체위임사무는 중앙정부 또는 상급 자치단체로부터 위임된 사무이지만 해당 지방자치단체에 위임된 사무이기 때문에 해당 지방자치단체의 의결기관인 지방의회가 그 사무의 처리에 관여하게 된다.

〈참고〉 단체위임사무의 시행예

법률 : '체육시설의 설치 · 이용에 관한 법률'

제1조(목적) 이 법은 체육시설의 설치 · 이용을 장려하고, 체육시설업을 건전하게 발전시켜 국민의 건강 증진과 여가 선용(善用)에 이바지하는 것을 목적으로 한다.

제6조(생활체육시설) ① 국가와 지방자치단체는 국민이 거주지와 가까운 곳에서 쉽게 이용할 수 있는 생활체육시설을 대통령령으로 정하는 바에 따라 설치 · 운영하여야 한다.

명령 : '체육시설의 설치 · 이용에 관한 법률 시행령'

제1조(목적) 이 영은 「체육시설의 설치 · 이용에 관한 법률」에서 위임된 사항과 그 시행에 필요한 사항을 규정함을 목적으로 한다.

제4조(생활체육시설의 설치 · 운영) ① 법 제6조에 따라 국가와 지방자치단체가 설치 · 운영하여야 하는 생활체육시설은 다음 각 호와 같다.

1. 시 · 군 · 구 : 지역 주민이 고루 이용할 수 있는 실내 · 외 체육시설
2. 읍 · 면 · 동 : 지역 주민이 고루 이용할 수 있는 실외체육시설

② 제1항에 따른 생활체육시설의 설치기준은 문화체육관광부령으로 정한다.

조례 : '부산광역시 남구 국민체육센터 설치 및 운영 조례'
제1조(목적) 이 조례는 「체육시설의 설치·이용에 관한 법률」에 따라 부산광역시 남구에 설치한 부산광역시 남구 국민체육센터의 관리 및 운용에 필요한 사항을 규정함을 목적으로 한다.
제2조(위치) 부산광역시 남구 국민체육센터는 부산광역시 남구 용호동 895 -3번지에 둔다.
제17조(시행규칙) 이 조례 시행에 필요한 사항은 규칙으로 정한다.

규칙 : '부산광역시 남구 국민체육센터 설치 및 운영 조례 시행규칙'
제1조(목적) 이 규칙은 「부산광역시 남구 국민체육센터 설치 및 운영 조례」에서 위임된 사항과 그 시행에 필요한 사항을 규정함을 목적으로 한다.
제3조(개장시간) 국민체육센터의 개장시간은 06:00~22:00까지로 한다. 다만, 구청장이 국민체육센터의 효율적인 관리와 주민편의를 위하여 필요하다고 인정하는 경우에는 개장시간을 변경 운영할 수 있다.

3) 기관위임사무

(1) 개념

기관위임사무란 법령에 의하여 중앙정부 또는 상급 지방자치단체로부터 지방자치단체의 장에게 그 처리가 위임된 사무를 말한다. 우리나라의 경우 지방자치단체에서 시행되는 국가사무는 원칙상 자치단체의 장에게 위임하여 처리하도록 되어 있다. 법령에 "시·도지사, 시장, 군수가…를 시행한다" 또는 "…가 시·도지사, 시장, 군수에게 위임한다"고 규정되어 있는 사무가 이에 해당한다.

자치단체의 집행기관이 기관위임사무를 처리할 때에는 중앙정부(또는 상급 자치단체)의 하급기관의 지위에서 중앙정부(또는 상급 자치단체)의 엄격한 직무감독을 받게 된다.

(2) 내용

기관위임사무는 본래 국가사무로서 그 성질은 일반적으로 지방적 이해관계보다도 전국적 이해관계가 큰 사무이다. 우리나라의 경우 단체위임사무보다 기관위임사무의 양이 대단히 많아 자치단체의 장이 자치단체의 장이라기보다 중앙정부(또는 상급 자치단체)의 일선기관인 듯한 감마저 주고 있다. 기관위임사무에는 징병, 호적, 주민등록, 선거인명부작성, 인구조사, 국세조사 등등이 있다.

예를 들어, 주민등록법(제2조)은 "주민등록에 관한 사무는 시장·군수 또는 구청장이 관장(管掌)한다."고 규정하여 주민등록에 관한 사무를 기초자치단체의 장에게 기관위임하고 있다. 그리고 공직선거법(제37조)은 "선거를 실시하는 때마다 구 · 시 · 군의 장은 대통령선거에서는 선거일 전 28일, 국회의원선거와 지방자치단체의 의회의원 및 장의 선거에서는 선거일 전 19일 현재 그 관할 구역에 주민등록 또는 국내거소신고가 되어 있는 선거권자를 투표구별로 조사하여 선거인명부작성기준일부터 5일 이내에 선거인명부를 작성하여야 한다."고 규정하여 기초자치단체장에게 선거인명부작성의 사무를 기관위임하고 있다.

(3) 감독

위임기관은 거의 전면적인 직무감독을 할 수 있다. 이때의 감독은 합법성이나 합목적성의 교정적 감독 뿐 아니라 사무 처리의 잘못을 미연에 방지하기 위한 예방적 감독도 모두 가능하다.

(4) 경비부담

기관위임사무의 처리에 소요되는 경비는 그 전액을 위임기관이 부담하는 것이 원칙이다. 이 경우에 수임기관에 교부되는 보조금은 의무적인 교부금(交付金)으로서의 성격을 가진다.

(5) 지방의회의 관여

기관위임사무는 해당 자치단체에 위임된 게 아니라 그 집행기관에게만 위임된 사무이므로 그 처리는 집행기관의 전권에 속하는 것이며 따라서 이에 관해 지방의회가 관여할 바가 못된다. 다만 집행기관이 그 사무의 처리를 위해 자치단체의 경비를 부담할 때에는 이에 대해 지방의회가 관여할 수 있다.

아래 〈표 V-5〉에는 자치사무, 단체위임사무 및 기관위임사무의 특성을 요약해둔다.

〈표 V-5〉 법적 분류에 따른 사무의 특성

구분	감독	경비부담	지방의회의 관여
자치사무	합법성에 대한 교정적 감독	지방자치단체가 부담	관여
단체위임사무	합법성과 합목적성에 대한 교정적 감독	지방자치단체와 위임기관이 공동 부담	관여
기관위임사무	합법성과 합목적성에 대한 교정적 감독 및 예방적 감독	위임기관이 부담	불관여

4) 지방자치단체의 사무 구성

우리나라 지방자치단체의 자치사무, 단체위임사무 및 기관위임사무의 구성비에 대한 한 연구를 살펴보면 자치사무가 약 42%, 단체위임사무가 약 11% 그리고 기관위임사무가 약 47%를 차지하고 있다(아래〈표 V-6〉 참조).

〈표 V-6〉 법적 분류에 따른 지방자치단체의 사무 구성

단체별＼사무종류	자치사무	단체위임사무	기관위임사무	계
광역시(부산)	47.4	12.6	40.0	100.0
도(경남)	46.3	11.7	42.0	100.0
시(김해)	41.1	6.2	52.7	100.0
군(양산)	39.8	15.4	44.8	100.0
구(부산북구)	37.4.	6.9	55.6	100.0
평균	42.4	10.6	47.0	100.0

자료 : 한국지방행정연구원(1992), 『지방행정기능분석에 관한 연구(II)』. (* 관련 주제에 대한 근래의 연구자료가 없어 이를 소개하나, 현재의 여타 자치단체의 경우에서도 사무구성의 비율은 이와 크게 다르지 않다고 여겨진다. 왜냐하면 역대 정부중 오직 참여정부에서 149개의 국가(위임)사무를 지방서무로 이양한 적이 있으나 이 숫자는 전체 국가사무 및 지방사무에서 차지하는 비율이 미미하기 때문이다.)

Ⅵ 지방자치단체의 통치기관

1 지방자치단체의 기관구성형태

국가와 마찬가지로 지방자치단체도 통치적 단체로서의 기능을 수행하기 위해 그 기관을 필요로 한다. 지방자치단체의 통치기능은 지방자치단체의 의사를 결정하는 의결기능과 결정된 단체의사를 집행하는 집행기능으로 대별할 수가 있는바, 이러한 기능적 필요에 따라 지방자치단체의 통치기관 즉 지방정부는 의결기관과 집행기관의 2개 기관으로 구성된다. 이러한 기관을 구성하는 방법은 각국의 역사적 전통과 현실적 사정에 따라 다양하나, 대체로 의사의 결정기능과 집행기능을 단일기관에 귀속시키느냐 아니면 각각 다른 기관에 분립시키느냐에 따라 기관통합형과 기관대립형(혹은 기관분립형)으로 대별되며, 이 두 가지 형을 혼합한 절충형이 있을 수 있다.

1) 기관통합형

이것은 권력통합주의 원리에 입각해서 지방자치단체의 의사결정기능과 집행기능을 지방의회 하나에 모두 귀속시키는 형태를 말한다. 기관통합형의 대표적인 예로 영국의 의회형(Council System)과 미국의 위원회형(Commission Model)을 들 수 있다.

(1) 의회형

영국의 지방정부의 구조를 도식화하면 〈그림 VI-1〉과 같다. 영국에서는 지방의회가 지방자치단체의 최고의결기관인 동시에 각종 행정활동을 지휘·감독하고 행정집행에 대한 최종 책임을 지는 최고집행기관의 지위와 기능을 갖고 있다.

지방의회는 의장과 각종 위원회로 조직된다. 의장은 지방의원들에 의한 간접선거를 통해 선출되고, 지방의회를 주관하며, 지방자치단체장의 지위를 겸하고 있다. 그러나 집행권을 가지지 아니하며, 지방의회 및 지방자치단체를 대표하는 상징적 존재이다.

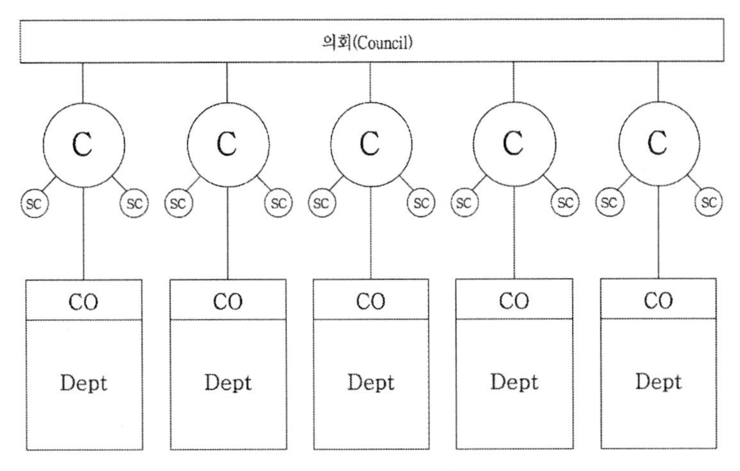

의회(Council)/위원회(Committees)/소위원회(Sub-Committees)/국장(CO : Chief Officers)/국 · 과(Departments)

〈그림 VI-1〉 영국의 의회형 기관구성형태

의원총회(본회의)는 지방정부의 기본운영과 주요정책에 대한 최고 결정기구로서 위원회의 심의 · 결정사항을 토의하여 투표로서 승인, 수정, 혹은 거부한다. 지방의회의 의원총회는 최소한 1년에 한 번 이상 개최하도록 규정되어 있으며, 매우 중요한 업무(지방세율의 결정이나 지방채의 발행 등 법률상 위원회에 위임할 수 없는 업무)를 제외하고는 대부분의 업무를 위원회에 위임하여 처리한다.

위원회는 상임위원회와 특별위원회가 있으며 그 아래에 소위원회가 있다. 위원회는 의회(의원총회)의 위임을 받아 소관사항에 대한 의사결정 및 집행의 중추적 역할을 한다. 모든 위원회는 원칙적으로 지방의원들로 구성되지만, 경찰위원회나 교육위원회와 같은 일부 위원회는 지방의원들을 포함하여 소수의 외부 전문가들이 위원으로 임명되고 있다. 특히 상임위원회는 행정기구의 국 단위와 병렬하여 구성하여 의결기능과 집행기능의 연계성을 유지한다.

행정기구의 조직은 지방정부마다 조금씩 다르다. 비교적 일반적인 조직형태를 서술하면, 행정기구를 총괄하는 수석행정관(CEO: Chief Executive Officer)이 있고, 그 밑에 행정분야별로 국이 있으며 국에는 국장(CO: Chief Officer)의 지휘 · 통솔을 받는 하부 행정기구들이 있다. 수석행정관 및 국장들은 지방의회에 대해 정책자문 및 사무보고를 하고, 지방의회의 결정사항을 집행하며 지방의회에 대해 책임을 진다.

이 의회형은 영국을 비롯한 캐나다, 호주, 뉴질랜드 등 과거 영연방의 여러 나라에서 채택하고 있다.

(2) 위원회형

위원회형이란 주민에 의해서 선출된 위원들이 지방자치단체의 의결권과 집행권을 동시에 행사하는 지방정부의 형태를 말한다. 이 지방정부형태는 1901년 미국 텍사스주 갈베스톤시가 처음 도입한 것으로 알려져 있으며, 그 지명을 붙여 갈베스톤 형(Galveston Plan)이라고도 일컫는다. 위원회형의 일반적 특징은 다음과 같다.

위원회는 대선거구 방식의 비정당 출신으로 선출된 3-9명의 위원(non partisan elected officials)으로 구성되며, 위원은 각자의 선거구를 대표하는 것이 아니라 시 전체를 대표한다. 위원들 중의 1인이 시장으로 지명되나 그 역할은 의전에 국한되고, 행정을 책임지는 1인의 장이 없다. 위원은 각각 담당 행정부서를 지휘 · 감독하고, 주요 의사결정은 위원회에서 집단적으로 행해진다. 즉 위원들은 각 행정부서의 책임자(재무국장, 건설국장 등)가 되면서, 위원회에서 조례나 예산안 등 주요안건을 의결한다.

위원회형은 지방정부기구의 간소화를 통한 경제적 이득이 있는 것으로 인식되어 1900년대 초에 많이 도입되었으나, 행정책임의 불분명, 행정통제의 부재 등으로 인한 결점이 노출되어 현재에는 미국의 중소도시 일부에서만 이 제도를 도입하고 있다.

(3) 기관통합형의 장단점

(가) 장점

① 의결기관과 집행기관 사이에 갈등과 대립이 생길 여지가 없으므로 지방정치의 안정성을 도모할 수 있다.

② 집행기관이 단독적인 경우와 달리 주민에 의해 선출된 다수의 의원(위원)으로 구성됨으로써 자치행정을 주민의 여러 의사에 따라 보다 공정하게 운영할 수 있다.

③ 정책결정과 집행 간에 유기적인 연관성이 유지되므로 정책의 효과를 극대화할 수 있다.

(나) 단점

① 지방행정을 총괄 · 조정할 단일한 집행책임자가 없어 집행의 전체적 통일성과 종합성을 확보하기 어려우며, 때로는 각 부서간의 분파주의가 심화될 우려가 있다.

② 하나의 기관이 정책을 수립, 결정, 집행, 평가를 모두 하므로 견제와 균형의 원리가 적용될 수 없으며 권력이 남용될 우려가 있다.

2) 기관대립형

이는 권력분립주의의 원칙에 입각하여 지방자치단체의 정책결정기능과 정책집행기능을 각각 다른 기관에 분담시켜 기관 간에 견제와 균형이 이루어지도록 하는 형태를 말한다. 기관대립형의 장단점은 기관통합형의 장단점과 상반된다.

기관대립형에서 지방의회 의원은 일반적으로 주민의 직접선거로 선출된다. 그러나 집행기관의 장의 선임방법은 선거형과 임명형으로 나누어지며, 선거형은 다시 직선형과 간선형으로, 임명형은 중앙정부임명형과 지방의회임명형으로 구분된다. 아래에서는 '지방자치의 전시장'이라는 미국에서 가장 보편적인 기관대립형의 지방정부형태인 시장-의회형(Mayor-Council Model)과 의회-관리인형(Council-Manager Model)을 소개하기로 한다.

(1) 시장-의회형

시장-의회형은 의결기관과 집행기관의 구성 방법, 상호 관계 및 권한 등에 따라 약시장-의회형(Weak Mayor-Council System)과 강시장-의회형(Strong Mayor-Council System)의 두 가지로 나누어진다.

(가) 약시장-의회형

이 유형은 의회우월주의에 입각하여 집행기관인 시장보다 의결기관인 의회에 우월적인 권능을 인정하는 형태로서, 정부권력에 대한 불신과 견제가 작용하여 시장 1인에게 권력을 집중시키지 않으려는 제도이다. 1870년대 이전까지만 해도 미국 시의 정부형태는 대체로 이 유형이었으며, 지금도 미국의 소규모의 시(municipalities)나 읍·면(towns and townships)에서 널리 채택되고 있는 지방정부의 한 형태이다.[8]

이 유형에 있어서 의회는 정책과 예산을 결정하고, 행정관리들을 임명하며, 행정관리들은 시장에게 보다 의회에 대해 책임을 진다. 다만 의회가 직접 집행기능을 담당하지는 않는다. 시장은 의회가 의원 중에서 간선하는 경우도 있고 주민이 직선하는 경우도 있으며, 지방자치단체를 의례적으로 대표한다. 그러나 시장은 재무관이나 보안관 등 여타 선거직 공무원과 집행권을 나누어 갖고 있어 행정을 총괄하지도 않으며, 의회와의 관계에 있어서도 의회의 의결사항에 대한 제한적 거부권조차도 없을 정도로 권한이 약하다.

(나) 강시장-의회형

이는 미국의 대도시에서 많이 채택하고 있으며, 우리나라도 이 유형에 속한다. 강시장-의회형에서 예산이나 정책 등에 관한 의결기능은 지방의회에 주어지지만, 집행권은 시장에게 집중되어 있다. 통상 주민이 직선하는 시장은 지방자치단체를 대표하고, 집행기관을 총괄한다. 시장은 폭넓은 공무원 임명권을 가지고, 의회에 정책을 발의할 수 있고 예산안을 제출하며, 의회가 의결한 입법에 대하여 거부권도 가진다.

강시장-의회형에 있어서는 시장 1인에게 행정업무와 정치적 역할이 집중되어 인간능력의 한계상 많은 문제를 노출하기도 한다. 이러한 까닭에 미국에서는 시장이 관리인(Manager) 혹은 최고행정관(Chief Administrative Officer)이라 칭하는 행정전문가를 임명하여 일상적인 행정집행을 총괄하도록 하기도 한다. 이러한 형태를 시장-관리인형(Mayor-Manager Model)이라고 한다.

---

8) 남유진(2005), pp.194-195.

(2) 의회-관리인형

의회-관리인형(Council-Manager Model)은 미국의 중규모의 시(인구 2만 5,000-25만 명)에서 많이 채택하고 있다. 이 유형에서 최고의결기관은 지방의회이고, 최고집행기관은 의회가 임명하는 행정전문가인 '시정 관리인(city manager)'이다.

지방의회는 주민 직선의 의원들로 구성되어 예산이나 지방세율 혹은 기타 주요 정책을 결정하는 의결기관의 역할을 한다. 시정 관리인은 행정집행에 대한 일체의 지휘·감독·책임을 떠맡아, 예산을 편성하고, 공무원을 채용·임명하며, 의회가 결정한 각종 정책을 집행한다. 시정 관리인은 시의회에 의하여 임명되고 시의회에 대해 책임을 지며 시의회의 재량에 따라 그 직위를 유지한다. 그러나 행정적 사항에 관해서만 권한을 가지며, 의회는 이에 관여하지 않는다. 이 유형 하에서 시장은 행정적 권한을 행사하지 않고 그 역할은 의전에 국한된다.

3) 절충형

이는 의결기관과 집행기관을 별도로 설치하고 있으나 상호 대립시키지는 않는 지방정부의 한 형태를 말한다. 즉 의결기관과 집행기관을 분리시키고 있는 점에서는 기관대립형의 요소를 갖고 있으나, 의결기관과 집행기관을 대립시키지 않는 점에서는 기관통합형의 요소를 갖고 있어 양자를 절충한 형태라 할 수 있다. 오스트리아, 이태리, 스웨덴, 노르웨이, 덴마크 등의 지방정부형태가 이에 해당된다.

대체로 절충형은 의회와 단체장 이외에 실제로 집행을 담당하는 기관을 따로 두는 것이 특징이다. 이 유형에서 단체장은 집행책임자인 경우도 있고 의례적 존재인 경우도 있다.

이 유형에서는 지방의회가 선출한 5-13명의 위원으로 구성되는 집행위원회를 지방의회 소속 하에 설치하고, 집행위원회로 하여금 의회의 의결사항에 대한 집행기능을 담당하게 하고 있다. 집행위원회 밑에 그 지시를 받는 행정기구들이 있다. 집행위원회는 의회와는 별개로 따로 구성되는 점에서 그리고 그 기능은 정책집행이라는 점에서 기관대립형의 모양을 갖고 있으나, 집행위원회는 의회의 소속 하에 설치되며 의회에 대해 책임을 지는 면에서 기관통합형의 모양을 띠게 된다.

예를 들어 오스트리아의 수도 비엔나를 보면 의회는 100명의 의원으로, 집행위원회는 9명의 위원으로 구성되어 있으며, 각 위원은 일정한 집행사무를 맡고 있다. 시장은 어떠한 행정사항에도 관여할 수 있으나, 정책집행의 모든 책무는 집행위원회의 권한으로 되어 있다.[9)]

2 입법기관: 지방의회

1) 개념

의회란 원칙적으로 국민 또는 주민이 직접 선출한 의원으로 구성된 합의체(合議體)로서 국가 또는 지방자치단체의 중요한 의사를 결정하는 기관을 말한다. 다만, 기관통합형 지방자치제 하에서 의회는 의사집행기관의 역할도 함께 한다.

의회의 의의는 국민 또는 주민이 직접 선출한 그들의 대표인 의원이 의회를 구성하고, 이러한 의회가 국가 또는 지방자치단체의 중요한 의사를 결정하며, 의회의 의사결정이 곧 국가 또는 지방자치단체의 의사(意思)가 된다는 점이다. 이 의사의 핵심사항으로는 국회에서는 국가이익(national interest), 지방의회에서는 지역이익(local interest)이 된다.

2) 지방의회의 지위

지방의회는 지방자치단체의 최고 의사결정 기관이다. 그리고 영국의 지방의회와 미국의 위원회형에 있어서의 위원회는 의결기관인 동시에 최고 집행기관이기도 하다. 그러나 기관대립형을 채택한 우리나라 지방의회는 의결기관일 뿐이다. 이 경우 지방의회는 주민의 대표기관으로서 집행기관과 대등한 지위에 있으며, 집행기관으로부터 독립하여 견제와 균형(checks and balances)의 원리에 입각하여 집행기관과 상호관련을 맺

9) 정세욱(1995), p.450.

게 된다.

3) 우리나라 지방의회의 연혁

우리나라는 1949년에 '지방자치법'이 제정되었으나 6 · 25동란의 발발로 인해 지방자치를 시행하지 못하고 있다가, 1952년에 최초로 지방선거를 실시함으로써 지방의회가 구성되었다. 그러나 1961년 5 · 16 군사혁명의 발발로 지방의회는 군사혁명위원회 포고 제4호에 의하여 해산되었으며, 그 이래 제5공화국까지 지방의회를 구성하지 않았다. 제5공화국 헌법은 지방의회의 구성시기에 관하여 "…지방자치단체의 재정자립도를 감안하여 순차적으로 구성하되, 그 구성시기는 법률로 정한다."고 규정하였으나, 그 구성시기에 관한 법률의 제정을 보지 못하고 지방의회의 구성은 미루어져 왔다.

제6공화국 헌법은 지방의회의 구성시기에 관한 제한을 없애고, 제118조 제2항에 지방의회 및 단체장의 선거를 법률에 위임했다. 이에 의거 1988년에는 기존의 '지방자치법'을 전면 개정하기에 이르렀다. 그 후 제8차 개정 법률은 모든 지방의회 의원선거를 1990년 6월 30일 이내에 실시하도록 하였다가, 제9차 개정 법률에 의하여 1991년 6월 30일 이내로 연기하였다. 이에 따라 기초의회의원 선거는 1991년 3월 26일에, 광역의회 선거는 1991년 6월 20일에 각각 실시되었다. 이어서 1995년 6월 27일 기초 · 광역의원 및 기초 · 광역 단체장 선거를 동시에 실시하고, 국회의원선거와의 간격을 고려하여 임기를 3년으로 하여 1998년 6월 30일 동시에 임기만료 했다. 이후 1998년 6월 4일, 2002년 6월 13일, 2006년 5월 31일, 그리고 2010년 6월 2일(5대 단체장 및 6대 의원) 4대 지방선거를 동시에 실시해왔다.

4) 지방의회의 구성과 조직

지방의회는 단원제로 할 수도 있고, 양원제로 할 수도 있으나 단원제로 하는 것이 일반적이다. 지방의회는 선거로 선출된 일정수의 의원으로 구성되며, 이들 의원들은 의장단, 의원총회(본회의) 및 위원회로 조직된다.

(1) 의원

지방의회는 의원으로 구성되는 회의체이므로 의원에 관한 사항들은 지방의회의 특성을 결정짓는 중요한 요소이다.

(가) 의원의 정수

지방의회의 의원정수는 국가에 따라 그리고 한 국가 안에서도 지방자치단체에 따라 차이가 있다. 대체로 유럽에서는 지방의회의 주민대표성을 중시하여 지방자치단체의 인구규모에 비하여 의원정수를 많이 두는 대의회형을 택하고, 미국에서는 지방의회의 전문성과 능률성을 중시하여 의원정수를 적게 두는 소의회형을 택하고 있다. 예를 들어 프랑스의 기초지방자치단체인 꼬뮌느(commune 시 · 읍 · 면) 의회의 의원정수는 9-69명이며, 특례로서 파리 시 의회는 163명, 마르세이유 시 의회는 101명이다. 한편 미국의 경우, 의원정수는 가장 많은 뉴욕 시 의회가 51명이고 여타 지방의회의 의원정수는 2-30명으로 상당히 다양하나, 모든 지방의회의 평균 의원정수는 5-6명 정도이다.

지방자치란 가급적 주민 다수가 참여하는 것을 이상으로 한다면 의원의 수는 되도록 많은 것이 바람직하다 할 것이다. 그 이유는 의원 수가 많을수록 지방정책을 공정하고 신중하게 심의 · 결정할 수 있고, 다양한 주민의 이익을 대표하는데 유리하며, 주민에게 참여의 기회를 넓혀줌으로써 지방정치에 민의의 반영을 꾀할 수 있어 지방자치의 민주화를 도모할 수 있기 때문이다. 그러나 의원수가 과다하면 정당간의 반목, 의원 개인 간의 의견이 다양하고 이해의 대립이 빈번해져 의회운영이 비능률적으로 흐르기 쉽고, 의회 내에서의 각 의원의 비중이 상대적으로 낮아짐에 따라 책임의식이 저하되며, 의회의 경비가 많이 드는 폐단이 있다.

우리나라에서는 '공직선거법'에 지방의회 의원의 정수를 규정하고 있다. 광역자치단체(시 · 도) 및 기초자치단체(시 · 군 · 구)의 의회는 지역구의원과 비례대표의원으로 구성되며, 각 의회의 의원정수의 산정은 다음과 같이 한다.

① 시 · 도의회의 의원정수: 지역구 시 · 도의원의 정수는 그 관할구역 안의 자치구 · 시 · 군 수의 2배수로 하되, 인구 · 행정구역 · 지세 · 교통, 그 밖의 조건을 고려하여 100분의 11의 범위에서 조정할 수 있다. 다만, 산정된 의원정수가 19명 미만이 되는 광역시 및 도는 그 정수를 19명으로 한다. 그리고 지역구 의원 정수의 10%를 비례대표

로 추가하며, 단수는 1로 본다. 산정된 비례대표 의원 정수가 3인 미만인 때에는 3인으로 한다.

② 자치구 · 시 · 군의회의 의원정수: 시 · 도별로 정해진 자치구 · 시 · 군의회의원의 총정수(전국2,922명/부산광역시 182명)의 범위 내에서, 시 · 도에 설치된 자치구 · 시 · 군의원 선거구획정위원회가 정한다. 자치구 · 시 · 군의회의 최소정수는 7인으로 한다. 그리고 이들 정수의 10%를 비례대표로 하고, 단수는 1로 본다.

참고로, 부산시의회 의원정수는 47명(지역구 의원 42명과 그 10%인 5명의 비례대표 의원의 합)이며, 여기에 교육의원 6명을 더할 경우에는 53명이 된다. 그리고 부산광역시 남구의회의 의원정수는 15명(13+2), 수영구의회의 의원정수는 8명(7+1)이다.

(나) 의원의 신분과 지위

지방의원의 지위는 지방의회의 구성원인 동시에 주민의 대표자이다. 그리고 그 신분은 우리나라의 경우 주민의 직접선거에 의하여 선출된 정무직 지방공무원이다.

(A) 의원의 임기

지방의원의 임기는 국가에 따라 다르다. 예컨데 영국은 4년, 미국도 대체로 4년, 프랑스는 6년 등이다. 우리나라의 경우는 4년이다.

(B) 의원의 보수

대체로 대의회형을 채택하는 국가에서는 명예직, 소의회형을 채택한 나라는 유급직으로 하는 경향이 있다. 예컨데 프랑스의 시 · 읍 · 면 의회 의원의 직무수행은 무보수이며, 특별한 임무를 수행하는데 소요되는 비용의 보상을 해줄 뿐이다. 다만 인구 40만 이상의 시에서는 시의회가 의원들에 대한 직무수당의 지급을 의결할 수 있다. 미국의 경우는 다양하나 대체로 보아 파트타임으로 근무하는 중소규모 지방자치단체의 의회의원은 미미한 보수를 받고, 풀타임으로 근무하는 대규모 지방자치단체의 의회의원은 높은 보수를 받는다.

우리나라의 경우, 1991년 이후 2005년까지 지방의회의원을 명예직으로 하였으나, 2006년 1월부터 유급직으로 전환하여 보수를 매월 지급하고 있다. 보수에는 의정자료의 수집 · 연구를 위한 의정활동비와 직무활동에 대해 지급하는 월정수당이 포함된다. 그 외에 본회의 또는 위원회의 의결이나 의장의 명으로 공무 여행을 할 때에는 경비가 지급된다.

(C) 의원의 겸직 허용 여부

지방의원의 겸직을 허용할 것인가, 금지할 것인가 하는 문제이다. 대체로 대의회형을 채택하여 지방의원을 명예직으로 하는 국가에 있어서는 지방의원의 겸직을 널리 허용하고, 소의회형을 채택하여 지방의원을 유급직으로 하는 곳에서는 다른 유급직을 겸할 수 없게 하고 있다.

예를 들어 프랑스의 지방의원을 보면, 도 의회 의원과 시 · 읍 · 면 의회 의원 간의 겸직은 물론 하원의원도 겸직할 수 있다. 다만 경찰서장 및 경찰관과 당해 자치단체의 유급직, 당해 자치단체와 거래하는 기업의 관리자를 겸할 수 없으며 동시에 2개 이상의 시 · 읍 · 면 의회의 의원이 될 수 없다. 미국의 경우, 지방의원들(council members)은 대부분 파트타임으로 근무하고 본업은 따로 갖고 있으며, 풀타임으로 근무하는 대도시의 유급직 의원의 경우에는 겸직을 금지하고 있다. 우리나라의 경우, 2006년 1월 이후 지방의회의원을 유급직으로 하였음에도 불구하고 다른 유급직을 겸할 수 있도록 하였다. 다만 겸직금지의 범위에 관하여 열거하고 있는데 그것의 대부분은 공무원직 또는 정부투자기관의 임 · 직원 등이다.

(2) 지방의회의 조직

지방의회는 의장단, 본회의 및 위원회로 조직된다. 그리고 지방의회는 그 사무를 처리하고 지방의원의 의정활동을 보조하기 위하여 그 소속기관으로 사무기구와 직원을 둔다.

(가) 의장단

지방의회 의장단은 의장과 부의장으로 구성된다. 의장은 지방의회를 대표하고, 의사를 관리하며, 회의장 내의 질서를 유지하고, 의회의 사무를 감독한다. 그리고 의장의 유고 시에는 부의장이 그 직무를 대리한다.

의장단의 선출방법에는 3가지가 있다. 첫째는 지방의회가 의원 중에서 호선(互選)하는 방법, 둘째는 지방의회의원 선거 시에 의장을 주민이 직접 선출하는 방법, 셋째는 주민 또는 지방의회가 선출한 자치단체의 장이 의장을 겸하는 방법 등이다. 첫째의 예로는 우리나라와 일본, 둘째의 예로는 미국의 Washington D. C와 New York 시, 셋째의 예로는 미국의 일부 시 및 프랑스의 시 · 읍 · 면을 들 수 있다. 한편 부의장은 이를 두는 나라도 있고 그렇지 않은 나라도 있다.

의장단의 임기에 관하여는 의원의 임기와 같게 하는 방식과 의원 임기의 1/2 또는 1/4로 짧게 하는 방식이 있다. 의장단의 임기를 의원의 임기와 같게 하면 의장단의 지위가 안정되고 직무의 전문화를 기할 수 있으나 의장단에 대한 의원 통제가 약화된다. 반면에 의장단의 임기가 짧으면 적정한 주기로 의원들의 신임을 물을 수 있어 의장단의 독선화 · 직권남용을 방지할 수 있으나 직무에 능숙하지 못하게 된다.

우리나라 지방자치법은 의장단의 임기를 2년 즉 의원임기의 1/2로 하고, 부의장을 시 · 도 의회는 2명, 시 · 군 · 구 의회는 1명으로 하여 지방의회에서 의원들이 의원 중에서 무기명 투표로 의장단을 선출토록 규정하고 있다.

(나) 본회의

본회의(plenary session)란 지방의회의원 전원을 구성원으로 회합하여 지방의회의 의사를 최종적으로 결정하는 회의를 말한다. 본회의는 의장이 주재하며, 의장의 유고 시에는 부의장이 주재한다.

지방의회의 의안 심의에 있어서, 모든 의안의 심의를 의원 전원이 참석하는 본회의에서 심의하는 것을 원칙으로 하는 제도를 '본회의 중심주의'라 하고, 소수의 의원들로 구성되는 위원회에서 의안의 예비심의를 거쳐 본회의에 상정 여부를 결정하는 제도를 '위원회 중심주의'라 한다. 의회가 본회의 중심주의로 운영되던 위원회 중심주의로 운영되던 지방의회의 의사는 최종적으로 본회의에서 결정된다. 위원회 중심주의로 운영되는 의회에서는 모든 안건을 위원회에서 일차로 예비심의를 거친 후 이를 본회의에 부의하거나 부의하지 않기로 결정한다. 위원회의 예비심의를 거쳐 본회의에 부의된 안건은 물론 최종적으로 본회의에서 가결, 수정 혹은 부결하게 된다. 그러나 위원회에서 본회의에 부의할 필요가 없다고 결정된 의안도 이를 일단 본회의에 보고하며, 이 의안에 대해 일정 수 이상의 의원들의 재심의 요구가 있을 때에는 그 의안을 본회의에 부의하여 재심의 할 수 있다.

(다) 위원회

의회는 의원 전원이 출석한 본회의에서 모든 의안을 심의하는 것이 이상적이지만, 다양하고 전문적인 수많은 의안을 본회의만으로는 도저히 능률적으로 처리하는 것이 불가능할 수가 있다. 위원회(committee)란 본회의에서의 의안 심의를 원활하게 할 목적으로 전문적 지식을 가진 일단의 소수 의원들로 하여금 의안을 예비적으로 검토하게 하는 소규모의 심의기구이다. 위원회는 상임위원회(standing committee)와 특별위원회(special committee) 두 종류가 있다. 상임위원회는 상시적으로 소관 의안을 심의 · 처리하는 상설기구이고, 특별위원회는 활동기한을 정하여 한시적으로 특정한 의안을 심의 · 처리하는 임시기구이다.

위원회의 조직 · 설치에 관해서는 그 내용을 법률로 규정해두는 나라도 있고, 조례에 위임하여 규정하는 나라도 있다. 우리나라의 지방자치법은 지방의회가 조례의 정하는 바에 의하여 필요한 위원회를 둘 수 있게 함으로써 조례에 포괄 위임하였다.

위원회의 수는 1개만 두는 나라 또는 다수의 위원회를 두는 나라 등 매우 다양하다. 대체로 유럽 나라들의 지방의회 중에는 위원회를 설치하지 않거나 설치하더라도 1개만 설치하는 곳이 많으나, 미국의 지방의회는 의원 수에 비해 위원회를 다수 설치하는 점이 특징이다.

우리나라의 경우, 광역지방자치단체의 지방의회에는 5-10개, 기초지방자치단체의 지방의회에는 대개 3-5개의 상임위원회를 두고 있으며, 의원수 13인 이하의 의회에는 상임위원회를 둘 수 없도록 규정하고 있어 이 경우에는 특별위원회만 한시적으로 설치하여 운영하고 있다.

(라) 소속기관

지방의회의 사무를 처리하기 위하여 지방의회 소속의 사무기구를 둔다. 우리나라의 경우 광역지방자치단체의 지방의회의 소속기관으로 사무처를, 기초지방자치단체의 지방의회의 소속기관으로는 사무국 혹은 사무과(인구 10만 미만의 지방자치단체의 경우)를 둔다. 사무처장(국장 · 과장)은 의장의 지휘 · 감독을 받아 의회의 사무를 통활하고 소속 직원을 지휘 · 감독한다. 사무처장(국장 · 과장)의 업무를 보좌하기 위하여 그 하부조직으로 의정 · 의사 · 의안을 담당하는 직원을 두고, 특히 위원회의 자치입법활동을 지원하기 위하여 의원이 아닌 전문지식을 가진 전문위원을 둔다.

5) 지방의회의 권한

지방의회의 권한은 지방의회의 유형에 따라 다양할 뿐 아니라 나라에 따라 혹은 같은 나라에서도 지방자치단체의 계층에 따라, 심지어는 같은 계층의 각 지방자치단체마다 다른 경우도 있다.

우리나라의 경우, 지방자치단체의 기관구성형태는 기관대립형을 채택하고 있고 모든 지방자치단체의 의회에 그 권한을 일률적으로 통일하고 있다. 지방의회는 자치단체장의 기관위임사무와 법령에 의하여 자치단체장의 전속사항으로 된 사무를 제외하고는 원칙적으로 해당 자치단체의 사무전반에 걸쳐 관여할 수 있다. 다시 말해 지방의회는 지방자치단체의 자치사무와 단체위임사무에 대하여 그 권한을 행사하게 된다.

우리나라 지방의회의 권한을 의결권, 재정권, 행정감시권, 청원 수리 · 처리권, 자율권으로 나누어 고찰하기로 한다.

(1) 의결권

의결이란 질의 · 토론 · 표결 등의 심의절차를 거쳐 얻어지는 의사결정을 뜻하는데, 의결권이란 이러한 의사결정의 권한을 말한다. 지방의회의 의사결정은 크게 3가지 종류로 나눠볼 수 있는데, 첫째는 지방자치단체의 의사를 결정하는 단체의사결정, 둘째는 의회 내부의 의사를 결정하는 의회내부의사결정, 그리고 셋째는 집행기관의 집행에 대한 동의나 승인으로서의 의사결정이 그것이다.

(가) 의결권의 행사형식

의결권은 문자 그대로의 "의결" 외에도 결의, 제정, 개폐, 승인, 동의, 선언, 건의, 권고, 촉구, 요구, 회부, 이송, 선임, 해임, 결정, 처리 등 다양한 명칭으로 행사된다.

① 의결 또는 결의

지방의회의 의결권은 문자 그대로 의결 또는 결의의 형식으로 행사되는 경우가 대부분이다. '의결'과 '결의'의 차이는 구분이 명확하지는 않으나, 전자는 법령(法令) 상의 권한에 근거한 의사결정일 때 주로 사용하고, 후자는 법령상의 권한은 아니나 사실상의 의사결정 행위에 사용한다.(의안의 의결, 예산안의 의결, 선언결의, 촉구결의 등)

② 승인 · 동의 · 의견(표명)

이러한 행위들은 지방의회가 다른 기관의 행위에 대하여 승낙, 허락, 효력부여 또는 인지의 뜻을 표시하는 필수적인 절차를 의미하는데 공통점이 있다. (결산의 승인, 선결처분의 승인, 재산처분동의, 단체장의 집행에 대한 의견표명 등)

③ 제정 · 개폐

이러한 행위들은 지방자치 운영의 기준이 되는 규범을 정립하는 경우이다. (조례의 제정, 회의규칙의 제정, 조례의 개폐 등)

④ 선언 · 선포 · 촉구 · 건의 · 권고

이러한 행위들은 대체로 법적인 것이 아니고 제도에는 없으나, 상대방의 의사와 관계없이 지방의회의 일방적인 주장이나 의사를 표시하는데 공통점이 있다. 이러한 의사표시는 전술한 '결의'(권고결의, 선언결의 등)의 절차를 거치는 것이 일반적이다. (미관도시 선언, 차 없는 거리 선포, 철거촉구, 지원촉구, 해임건의, 사퇴권고 등)

⑤ 요구 · 회부 · 위임 · 이송

이러한 행위들은 다른 기관에 일정한 행위의 의무를 부과하여 해당 사안에 대한 보다 책임있는 처리를 도모하는데 그 공통점이 있다. 이러한 형식의 권한을 행사하는 데는 '의결'의 절차를 거치는 경우가 많으며, 경우에 따라서는 의회의 의장이 직권으로 이를 행하는 경우도 있다. (서류제출요구, 질의응답요구, 징계위원회의 회부, 분과위원회에의 위임, 자치단체장에의 청원 이송 등)

⑥ 선임 · 해임

이러한 행위들은 토론을 거치지 않고 표결하는 점, 그 행위의 대상이 사람이라는 점 등 일반적인 의결이나 결의와 다른 특수성이 있다.(의장 · 부의장의 선출, 위원회 위원의 선출, 의장 · 부의장의 불신임 결의 등)

⑦ 결정 · 처리

결정은 주로 지방의회의 내부문제를 자율적으로 해결하는 것과 관련되고, 처리는 지방의회가 일정한 사안을 직접 실행하는 것과 관련된다. (위원회의 결정, 청원의 처리 등)

(나) 의결권의 범위

의결권의 행사범위는 지방자치단체의 소관사무(자치사무와 단체위임사무)에 한정되며, 소관사무 중에서도 특히 지방자치법에 열거한 사항들에 대해 의결권을 행사한다. 또한 법적 측면에서도 의결권의 행사범위는 일정한 한계가 있다. 의결권의 범위를 넘는 의결은 월권(Ultra Vires)으로, 위법이 된다.

(A) 소관사무

지방의회는 지방자치단체의 소관사무의 범위 안에서만 의결권을 행사할 수 있다. 이러한 소관사무에는 자치사무와 단체위임사무가 포함되는데, 우리나라의 지방자치법은 지방자치단체의 소관사무로서 6개 분야 57개 종류의 사무를 예시하고, 지방자치법 시행령에는 이에 속하는 더욱 구체적인 사무들을 광역자치단체와 기초자치단체에 예시적으로 배분하고 있다. 그리고 지방자치법이 아닌 다른 법령에 의해 지방자치단체에 위임되는 단체위임사무가 있을 경우, 이는 지방자치단체의 소관사무가 된다.

한편 지방의회는 기관위임사무와 자치단체장의 전속권한 사항(자치단체 대표권, 의회의 소집요구, 직원의 임면 · 지휘 · 감독 등)에 관하여는 의결권을 행사할 수 없다.

(B) 의결의 열거 사항

원칙상 지방의회는 지방자치단체의 모든 소관사무에 관해 의결권을 행사할 수 있으나, 사실상 지방의회는 소관사무의 범위 한도 내에서도 특히 중요한 사항만을 심의 · 의결하고, 구체적이고 일상적이며 경미한 사항은 집행기관에 일임하는 것이 일반적이다. 따라서 지방의회가 의결해야 할 기본적이고 중요한 사항의 범위나 종류를 설정하게 된다. 우리나라 지방자치법은 지방의회의 이러한 의결사항을 열거해 두고 있으며, 그 결과 지방의회의 의결은 그 열거사항에 한정되게 된다. 다시 말해 지방의회는 소관사무 중에서도 주로 열거사무를 의결한다. 우리나라의 지방의회의 의결사항으로 열거된 것은 아래와 같으며, 이외의 의결사항은 조례를 통해 따로 정할 수 있다.

① 조례의 제정·개정 및 폐지

② 예산의 심의·확정

③ 결산의 승인

④ 법령에 규정된 것을 제외한 사용료·수수료·분담금·지방세 또는 가입금의 부과와 징수

⑤ 기금의 설치·운용

⑥ 대통령령으로 정하는 중요재산의 취득·처분

⑦ 대통령령으로 정하는 공공시설의 설치·처분

⑧ 법령과 조례에 규정된 것을 제외한 예산외 의무부담이나 권리의 포기

⑨ 청원의 수리와 처리

⑩ 외국 지방자치단체와의 교류협력에 관한 사항

⑪ 기타 법령에 의하여 그 권한에 속하는 사항

(C) 법적 한계

지방의회의 의결은 국가의 법령을 위반해서는 안 되며, 기초자치단체의 지방의회의 의결은 상급자치단체의 조례나 규칙을 위반해서는 안 된다.

(2) 재정권

지방자치단체의 재정에 관한 행위는 주민의 부담과 직결되는 것이므로 주민의 대표로 구성된 지방의회의 의결이나 승인·동의 등을 받도록 하고 있다. 지방의회의 재정에 관한 권한에는 다음과 같은 것이 있다.

① 예산안의 심의·확정권

② 결산승인권

③ 지방채발행 동의권

④ 예산 외의 재정부담행위 등에 관한 동의권

⑤ 중요 재산의 취득·처분에 대한 승인권

⑥ 공공시설의 설치·처분에 대한 승인권

⑦ 지방재정에 관한 조례제정권

- 지방세의 부과 · 징수에 관한 조례
- 사용료 · 수수료 또는 분담금의 징수에 관한 조례
- 재산의 보유 · 관리 · 처분에 관한 조례
- 기금의 설치 · 운용에 관한 조례

(3) 행정감시권

기관통합형의 경우에는 지방의회가 직접 집행권을 행사하지만, 기관대립형의 경우에는 집행을 담당하는 기관이 별도로 있고 지방의회는 그 집행기관의 집행행위에 대하여 감시권을 행사하게 된다. 지방의회는 다음과 같은 권한을 통해 행정감시를 할 수 있다.

① 행정사무의 감사 · 조사권

지방의회는 집행기관의 행정사무 전반에 관한 감사와 특정 사무에 대한 조사를 할 수 있는 권한을 가진다. 이러한 감사 · 조사를 통해 집행기관의 행정사무의 실태를 정확히 파악함으로써 지방의회의 의사결정의 자료로 삼고, 집행기관의 행정을 감시 · 비판하고 그 오류를 적발 · 시정하는 기능을 한다.

② 자료제출 요구권

지방의회는 의안의 심의와 관련된 정보 · 자료를 집행기관에 요구할 수 있다. 이러한 자료를 통해 의회는 집행의 실태를 파악할 수 있게 된다.

③ 단체장 및 관계공무원의 의회출석 요구 및 질문권

지방자치단체의 장이나 관계 공무원은 지방의회나 그 위원회가 요구하면 출석 · 답변하여야 한다. 이 역시 지방의회가 집행기관의 행정실태를 파악하고, 집행기관에 대한 통제와 감시를 하는 기능을 한다.

(4) 청원 수리 · 처리권

청원이란 주민이 지방자치단체에 대하여 불만 또는 희망을 진술하고 그 시정 또는 실현을 요구하는 것을 말한다. 지방의회는 청원을 접수 · 처리한다.

(5) 자율권

지방의회는 그 의사(議事)와 내부사항을 집행기관 등 외부의 간섭을 받음이 없이 독자적으로 결정하고 운영할 권한을 가진다.

① 내부조직권

지방의회는 의장단, 위원회, 사무처 등의 내부조직을 자율적으로 구성한다.

② 의사자율권

지방의회는 회의일정 및 의사진행을 자율적으로 한다. 즉 회의규칙의 제정, 회기결정, 회의의 개회나 폐회 등의 의사진행은 지방의회의 결정에 의한다.

③ 의원신분 사정(査定)권

법원의 판결로 확정되는 경우를 제외하고는 의원의 자격유무, 징계, 사직허가 등 의원의 신분에 관하여는 지방의회가 자율적으로 심의 · 의결한다.

④ 의회경찰권(의회질서유지권)

지방의회는 자율적으로 원내의 질서와 안녕을 유지하기 위하여 필요한 조치를 취할 수 있다. 이 경찰권은 의장을 통하여 행사된다.

6) 지방의회의 운영

지방의회의 운영이란 지방의회가 그 권한을 행사하는 절차적 방법을 말한다. 의회운영의 기본적인 절차나 방법은 법령으로 정하나, 그 구체적인 운영에 있어서는 지방의회의 자율성을 최대로 보장하는 것이 원칙이다.

(1) 지방의회의 성립과 집회의 절차

지방의회의 성립과 그 후의 집회절차를 아래 〈그림 VI-2〉와 같이 간추려두고, 이를 설명하기로 한다.

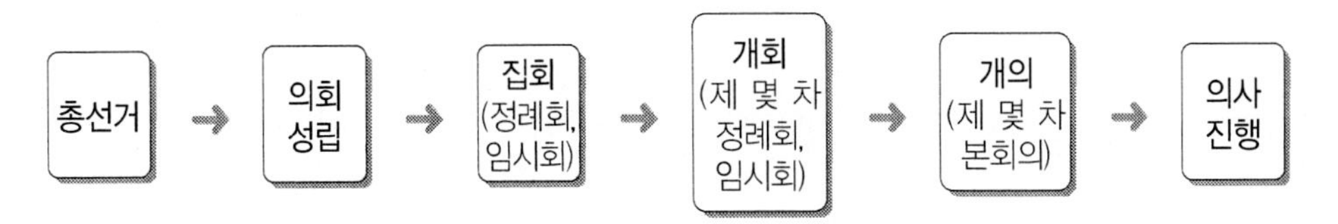

〈그림 VI-2〉 지방의회의 성립과 집회절차

① 의회의 성립

총선거에 의해서 의원의 당선이 확정되면 당선된 의원으로 지방의회가 성립된다. 지방의회는 의원정수의 과반수가 재적함으로써 성립한다고 일반적으로 인정되고 있다.

② 집회의 소집

집회(convocation)란 의회의 고유권능인 의사활동을 위하여 일정한 일시에 일정한 장소에서 의원들이 회합하는 것을 말한다. 우리나라 지방의회의 집회에는 매년 2회 정기적으로 여는 정례회(regular session)와 필요한 경우 수시로 여는 임시회(special session)가 있다. 모든 집회의 소집은 의회의장이 하나, 다만 총선거 후 최초로 집회되는 임시회는 지방의회 사무처장(혹은 사무국장 · 사무과장)이 지방의회의원 임기 개시일부터 25일 이내에 소집한다.

지방의회는 연중 계속 회의하는 것이 아니라 일정한 기간을 정해놓고 그 기간만 회의를 하며 회의하는 일정한 기간을 '회기'(session)라 하고, 회의를 하지 않는 기간은 '폐회중'이라 한다. 우리나라에 있어서 지방의회의 연간 회의총일수와 전체 정례회 및 임시회의 회의일수는 해당 지방자치단체의 조례로 정하고, 당해 정례회 및 임시회의 개회 · 휴회 · 폐회와 회기는 지방의회의 의결로 정한다. 각 정례회 혹은 임시회의 당해 회기는 집회 후 즉시 의회의 의결로 정하는데, 집회한 날로부터 기산하여 보통 "오늘부터 ○월 ○일까지 ○일간이다."는 형식으로 결정한다.

예를 들어 부산광역시 의회의 경우, '부산광역시의회 회의운영 기본 조례'에 따르면 연간 회의총일수는 120일 이내로 하고, 다만, 의장은 교섭단체대표의원과 협의하여 회의총일수를 추가할 수 있다. 그리고 정례회는 매년 2회 개회하며, 제1차 정례회는 6월, 제2차 정례회는 11월에 집회한다. 1차 정례회는 결산안의 승인이 주요안건이고, 2차 정례회는 예산안의결과 행정사무감사가 주요안건이다. 1, 2차 정례회에서는 물론 기타 부의안건도 다룬다. 임시회는 시장 또는 재적의원 3분의 1이상의 요구가 있을 때 의장이 소집한다.

③ 개회

지방의회가 집회되어 정례회 혹은 임시회의 회기를 개시하는 것을 개회라고 한다. 개회는 그 회기 중 한번만 선포한다. “제○○차 정례회를 개회합니다” 등으로 개회선포를 하게 된다. 의회는 개회선포가 있어야 법적으로 유효한 의회활동이 가능하다. 통상 개회식을 개최하고 의장이 개회인사를 한다.

특히 총선거 후 의회의 최초 집회(임시회)를 여는 것을 개원이라 한다. 성립된 의회가 적법하게 활동하기 위해서는 먼저 의회의 내부구성을 해야 하는데, 개원집회에서는 의장, 부의장 및 상임위원장을 선출하고 상임위원을 배정하는 등 의회구성을 하게 된다.

정례회 또는 임시회는 개회(開會)로써 그 회기를 개시하고, 휴회(休會)로써 일시 중지하며, 폐회(閉會)로써 종료한다. 휴회란 국회 또는 지방의회가 결의에 의해 회기 중의 일정한 기간 그 활동을 쉬는 것을 말하고, 폐회란 회기 전체의 회의를 끝내는 것을 말한다.

④ 개의

정례회 혹은 임시회의 개회식이 끝난 후 개회 중에는 매일 회의를 하게 되는데, 그날의 회의(본회의 혹은 위원회회의)는 개의(開議)로써 개시하고, 정회(停會)로써 일시 중지하며, 산회(散會)로써 회의를 마친다. 개의란 회의를 개시한다는 말이다. 회의를 열 때마다 매일 개의를 선포하며, “오늘의 회의를 열겠습니다.” 등으로 선포한다. 의회는 재적의원 3분의 1 이상의 출석으로 개의한다. 회의 중 이 의사정족수에 달하지 못한 때에는 의장은 회의의 정회 또는 산회를 선포한다. 정회는 휴식 등을 위해 당일의 제 몇 차 회의 중에 잠시 그 활동을 멈추는 것을 말하고, 산회는 그날의 회의를 끝내고 해산하는 것을 말한다. ‘1일 1차 회의 원칙’에 따라 하루 1번의 회의만 열게 되어, 매일 매일의 본회의는 제1차 본회의, 제2차 본회의, 제3차 본회의…로 칭한다. 제1차 본회의, 제2차 본회의, 제3차 본회의…를 끝낼 때 산회라 한다.

한편, 모든 회의 시에는 회의록을 작성해야 하는데 회의록에는 회의의 진행내용 및 결과와 출석의원의 성명을 기록해야 한다.

(2) 지방의회의 회의 절차

지방의회의 회의의 절차를 아래 〈그림 VI-3〉에 간추려 두고, 이에 대해 설명을 하기로 한다.

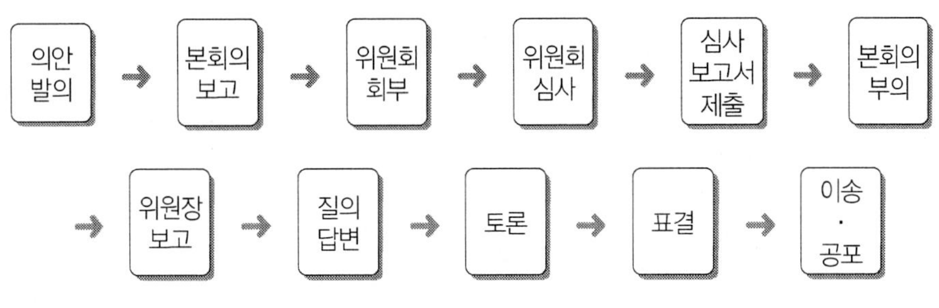

〈그림 VI-3〉 지방의회의 회의 절차

① 의안의 발의 · 제출

의회에서 심의 · 의결할 안건을 의안이라 하고, 의안을 회의체(의회)에 제출하는 것을 발의 또는 발안이라 한다. 지방의회에서 의결할 의안은 지방자치단체의 장이나 재적의원 5분의 1 이상 또는 의원 10명 이상의 연서로 발의한다. 또한 위원회는 그 직무에 속하는 사항에 관하여 의안을 제출할 수 있다. 의안은 그 안을 문서화하여 의장에게 제출하여야 한다.

② 본회의 보고(의안 상정)

제출된 의안을 의장이 본회의에 부의(附議)하는 것을 본회의 보고라 한다. 통상 이것을 '의안의 상정(上程)' 혹은 '의제의 선포'라 한다. 부의란 토의에 붙인다는 말이다.

③ 위원회 회부

의장은 제출된 의안을 본회의에 보고한 다음, 이 의안을 소관 위원회에 회부하여 예비심사를 하게 한다.

④ 위원회 심사

위원회는 안건을 심사함에 있어서 먼저 제안자의 취지설명과 전문위원의 검토보고를 듣고 질의, 토론, 축조심의를 거쳐 표결한다. 위원회의 의결로 축조심의는 생략할 수 있다.

⑤ 위원회의 심사보고서 제출

위원회는 안건의 심사를 마치면 심사 경과와 결과 등을 서면으로 의장에게 보고해야 한다. 보고서가 제출되면 의장은 본회의에서 의제가 되기 전에 인쇄하여 의원에게 배부해야 한다.

⑥ 본회의 부의

위원회보고서가 제출되면 의장은 이를 의사일정에 넣어 본회의의 의제로 한다.

⑦ 위원장의 본회의보고

소관 위원장은 심사과정, 제안이유, 주요골자, 심사결과 등을 본회의에서 보고한다.

⑧ 질의와 답변

질의란 의제가 된 안건에 대하여 의문점을 묻는 것을 말한다. 의안의 발의자나 그 관계자는 의원들의 질의에 답변한다. ('질문'은 행정전반에 관해서 집행기관에게 설명을 구하거나 소신을 묻는 것을 말한다.)

⑨ 토론

질의가 끝난 후, 토론을 한다. 토론이란 의안에 대하여 찬반의 의견을 표명하고 자기 의견에 찬동할 것을 목적으로 하는 발언들이다.

⑩ 의결(표결)

토론이 끝난 후 표결을 한다. 표결이란 의회의 의사를 결정하기 위하여, 찬성 또는 반대의 의사를 표명하는 것을 말한다. 의안은 통상 재적의원 과반수 출석과 출석의원 과반수 찬성으로 의결한다. 의장은 표결권을 가지며, 가부동수인 때에는 부결된 것으로 본다.

⑪ 이송 · 공포

가결된 안건은 의장이 단체장에게 이송하고, 단체장이 이를 공포한다.

(3) 위원회의 운영

위원회는 그 소관에 속하는 의안과 청원 또는 지방의회가 위임한 특정한 안건을 심사한다.

① 위원회의 설치

지방의회는 조례로 정하는 바에 따라 위원회를 둘 수 있다. 위원회의 종류는 소관

의안과 청원 등을 심사 · 처리하는 상임위원회와 특정한 안건을 일시적으로 심사 · 처리하기 위한 특별위원회 두 가지로 한다.

② 위원의 선임

위원회의 위원은 본회의에서 선임한다.

③ 전문위원

위원회에는 위원장과 위원의 자치입법활동을 지원하기 위하여 의원이 아닌 전문지식을 가진 '전문위원'을 둔다. 전문위원은 위원회에서 의안과 청원 등의 심사, 행정사무감사 및 조사, 그 밖의 소관 사항과 관련하여 검토 · 보고 및 관련 자료의 수집 · 조사 · 연구를 한다.

④ 위원회의 개회

위원회는 회기 중 위원장이 필요하다고 인정하거나 재적위원 3분의 1 이상의 요구가 있으면 개회한다. 특히 위원회는 의회의 폐회 중에도 개회할 수가 있는데, 이 경우에는 본회의의 의결이 있거나 의장이 필요하다고 인정할 때, 재적위원 3분의 1 이상의 요구나 지방자치단체의 장의 요구가 있을 때에만 개회할 수 있다.

여타 위원회의 회의방식은 전술한 지방의회(본회의)의 회의방식을 준용한다.

(4) 조례의 제정절차

지방의회에서 제정하는 지방법인 조례는 다음의 절차를 통해 제정된다.

① 발안(發案)

조례안은 일정한 수의 지방의회의원(재적의원의 1/5 또는 10인 이상)의 연서, 또는 지방자치단체의 장(단, 교육 및 학예에 관한 것은 교육위원회)이 지방의회 의장에게 제출한다. 지방의회의 위원회에서 본회의에 부의할 필요가 없다고 결정된 조례안은 원칙적으로 본회의에 보고만 하고 부의되지 않고 폐기된다.

② 의결(議決)

조례안은 지방자치법에 특별히 규정된 경우를 제외하고는 재적의원 과반수의 출석과 출석의원 과반수의 찬성으로 의결한다.

③ 이송(移送)

의결된 조례안은 의결된 날로부터 5일 이내에 그 지방자치단체의 장에게 이송하여야 한다.

④ 공포(公布)

지방자치단체의 장은 조례안에 이의가 없을 때에는 20일 이내에 공포해야 한다.

⑤ 재의(再議)

그러나 이의가 있을 때에는 자치단체장은 20일 이내에 이유를 붙여 지방의회로 환부하고 그 재의를 요구할 수 있다. 다만, 조례안의 일부에 대하여 또는 조례안을 수정하여 재의를 요구할 수는 없다. 지방의회의 재의에 붙여진 조례안은 재적의원 과반수의 출석과 출석의원 2/3 이상의 찬성으로 의결하면 조례로 확정된다. 그러나 2/3 이상의 찬성을 얻지 못하면 그 조례안은 폐기된다.

⑥ 보고(報告)

조례는 그것을 제정 또는 개폐하는 경우 지방의회에서 이송된 날로부터 5일 이내에 시·도지사는 행정안전부장관에게 시장·군수·자치구청장은 시·도지사에게 그 전문(全文)을 첨부하여 각각 보고하여야 하며, 보고 받은 행정안전부장관은 이를 관계중앙행정기관의 장에게 통보하여야 한다. 이때 행정안전부장관이나 광역단체장은 하급 자치단체의 장에게 재의를 요구하게 할 수 있다.

⑦ 효력(效力)

이렇게 해서 제정된 조례는 특별한 규정이 없는 한 공포한 날로부터 20일이 경과하면 효력을 발생한다.

3 집행기관

1) 집행기관의 개념과 유형

(1) 집행기관의 개념

지방자치단체의 집행기관이란 '의결기관이 결정한 의사에 따라 지방자치단체의 사무를 구체적으로 시행하는 기관'을 말한다.

오늘날 지방자치단체의 집행기관의 조직은 양적으로 확대된 집행업무를 수행하기 위하여 대체로 거대화하고 있으며, 또한 질적으로 복잡해진 업무를 전문적으로 처리하기 위하여 많은 단위기관으로 분화되고 있다. 그리고 많은 단위기관들의 업무수행이 통일성 있게 종합되고 조정되게 하기 위하여 각 단위기관들은 계층제로 조직되어 있는 것이 특징이다.

지방자치단체의 집행기관이 처리하는 사무에는 해당 자치단체의 사무(고유사무 및 단체위임사무) 뿐만 아니라 국가 또는 상급 자치단체의 사무(기관위임사무)도 있다. 따라서 지방자치단체의 집행기관은 해당 자치단체의 집행기관으로서의 지위와 국가 또는 상급자치단체의 하급집행기관으로서의 지위를 동시에 가지고 있다.

(2) 집행기관의 유형

앞에서 보았듯이 지방자치단체의 기관구성형태 즉 지방정부형태는 대별하여 기관대립형과 기관통합형이 있다.

기관통합형에서는 의결기관과 대립되는 집행기관이 따로 존재하지 아니한다. 기관통합형을 채택하고 있는 영국의 지방자치단체에서는 의회가 입법권과 행정권을 모두 관장하고 있고, 미국의 일부 지방자치단체에서는 위원회가 역시 입법권과 행정권을 관장하고 있다. 한편, 의회제의 경우에는 의회의 의장을, 위원회제의 경우에는 위원 중의 1인을 지방자치단체의 대표자로 선임하는 것이 일반적이다. 이때 이 대표자는 해당 지방자치단체를 대외적 · 의례적으로 대표하는 역할만 하는 경우도 있고, 이러한 역할뿐만 아니라 집행업무를 총괄하는 집행책임자의 역할을 동시에 겸하는 경우도 있다.

기관대립형에서는 의결기관과 집행기관을 엄격히 분리한다. 따라서 기관대립형을 채택하고 있는 국가들의 지방자치단체에서는 의결기관과는 별도로 집행기관을 두고 있다. 그런데 기관대립형에서도 한 사람의 집행기관 책임자가 해당 지방자치단체의 대표자의 지위를 겸하기도 하고, 집행기관의 책임자와 지방자치단체의 대표자를 따로 분리할 수도 있다. 다만 지방자치단체의 여러 가지 기관구성형태 가운데 가장 보편적인 것이 집행기관의 책임자가 동시에 지방자치단체의 대표자가 되는 수장제(首長制)가 일반적이다. 우리나라에서도 이 제도를 채택하고 있는바, 우리나라의 수장제를 중심으로 지방자치단체의 집행기관에 관한 사항들을 알아보기로 한다.

2) 지방자치단체의 장(長)

우리나라에서는 기관대립형 아래 수장제가 채택되어 있다. 한 사람의 수장 즉 지방자치단체의 장(단체장)이 지방자치단체를 대표하는 동시에 행정사무를 통할하도록 하고 있다. 아래에서는 지방자치단체의 장의 신분, 지위 및 권한에 대해 먼저 알아보고, 다음으로는 단체장이 통할하는 지방행정기구에 대해 살펴보기로 한다.

(1) 신분

지방자치단체의 장의 신분은 주민직선의 정무직 지방공무원이다. 정무직이란 선거에 의해 취임하거나 임명에 국회나 지방의회의 동의를 필요로 하는 공무원을 말한다. 임기는 4년이고, 재임은 3기에 한한다.

(2) 지위

지방자치단체의 장은 지방자치단체의 목적을 구체적으로 그리고 적극적으로 실현하는 최고 집행기관으로서, 해당 자치단체를 대표하며, (교육·과학·체육사무를 제외한)[10] 지방자치단체의 모든 집행업무를 통할한다. 지방자치단체의 장은 또한 중앙정부 또는 상급 지방자치단체의 지방행정사무를 위임받아 처리하고 있는바, 그 한도 안에서는 중앙정부 또는 상급 지방자치단체의 하급지방행정기관으로서의 지위도 가진다. 따라서 지방자치단체의 장의 지위는 다음과 같이 크게 둘로 나누인다.

(가) 지방자치단체의 수장으로서의 지위

지방자치단체의 수장으로서의 지위는 두 가지로 구분될 수 있다.

① 지방자치단체의 대표자로서의 지위

지방자치단체의 장은 외부에 대하여 그 자치단체를 대표하는 지위에 있다.

② 지방자치단체의 행정수반으로서의 지위

10) 우리나라에서는 교육자치를 시행하고 있는바, 교육, 과학, 체육에 관한 행정사무는 해당 지방자치단체의 교육감이 총괄한다.

지방자치단체의 장은 그 자치단체의 사무(고유사무 및 단체위임사무)를 집행하는 최고 책임자로서의 지위에 있다. 즉 지방자치단체의 장은 교육 · 과학 · 체육 사무를 제외한 자치단체의 전반적인 행정사무를 통할하며 처리한다. 이러한 행정수반으로서 단체장은 해당 지방자치단체의 행정기관을 지도 · 감독하고 행정사무를 위임하여 처리하며, 소속 직원을 임명 · 지휘 · 감독한다.

(나) 중앙정부 또는 상급자치단체의 하급행정기관으로서의 지위

지방자치단체의 장은 국가의 기관위임사무를 중앙정부 또는 상급자치단체로부터 위임받아 처리하는 한도 안에서는 상급기관에 종속되는 하나의 하급 행정기관이다.

(다) 양 지위의 관계

지방자치법의 기본정신에 비추어 볼 때 지방자치단체의 장은 어디까지나 지방자치단체의 수장으로서의 지위가 고유한 지위이고, 상급정부의 기관위임사무를 처리하는 하급행정기관으로서의 지위는 부가적인 지위로 볼 수 있다.

(3) 권한

(가) 권한

지방자치단체의 장의 권한은 지방의회의 경우와는 달리 열거주의에 의하지 않고 개괄주의에 의거하기 때문에 광범위하다. 우리나라 자치단체장의 주요 권한은 다음과 같다.

① 지방자치단체의 대표 및 사무통할권

지방자치단체의 장은 그 자치단체를 대표하고 사무를 통할한다. 여기서의 대표란 단체장의 행위가 대외적으로 그 지방자치단체의 행위로서 효과를 갖는 것을 말하고, 사무통할이란 지방자치단체의 집행사무 전반에 대하여 기본방향을 설정하고 지도 · 감독하며 통일성을 확보하는 것을 말한다.

② 사무 집행권

자치단체장은 자치단체의 사무(고유사무) 와 법령에 의하여 그 단체에 위임된 사무(단체위임사무)를 처리한다. 아울러 법령에 의하여 중앙정부 또는 상급자치단체로부터 위임받은 사무(기관위임사무)를 처리한다.

③ 사무 위임권

자치단체장은 산하의 보조기관 · 소속행정기관 및 하부행정기관에 사무를 위임하여 처리케 한다.

④ 소속직원에 대한 임면 및 지휘 · 감독권

자치단체장은 소속직원을 지휘 · 감독하고, 법령이 정하는 바에 의하여 그 임면 · 교육훈련 · 복무 · 징계 등에 관한 권한을 갖는다. 또한 지방의회의 추천에 의하여 해당 지방의회 사무직원을 임명한다.

⑤ 지방의회에의 발안권

자치단체장은 지방의회에 조례안 · 예산안을 제출하며, 기타 지방의회의 의결사항에 관하여 제안권을 갖는다.

⑥ 규칙제정권

법령 또는 조례가 위임한 범위 안에서 그 권한에 속하는 사무(지방사무 및 국가사무)에 관하여 규칙을 제정할 수 있다.

⑦ 지방의회에 대한 견제권

- 의회 임시회의 소집 요구
- 의안 및 예산안의 발의
- 조례의 공포
- 재의 요구 및 제소
- 선결처분

(나) 권한의 한계

① 법령과 조례에 의한 규제

단체장은 법령과 조례의 범위 안에서 그것이 정하는 절차에 따라서 사무를 처리해야 한다.

② 상급감독기관에 의한 통제

위법 또는 현저히 부당한 명령과 처분에 대하여 상급기관으로부터 시정명령 및 취소 · 정지 조치를 당한다. 그리고 자치사무에 있어서는 상급기관(군수와 구청장은 시장과 도지사, 시장과 도지사는 중앙행정기관의 장)의 조언 · 권고 및 지도를 받고, 기관위임사무에 있어서는 그 위임기관의 지도 · 감독 및 감사를 받으며, 특히 기관위임사무의 관리 및 집행을 게을리 할 경우 직무이행명령 및 대집행 조치를 당한다.

③ 지방의회에 의한 견제

지방의회의 조례 · 예산 · 결산의 의결, 중요정책의 심의 · 의결, 행정감사 및 조사, 질문, 자료제출요구 등에 의하여 견제를 받는다.

(다) 겸직 및 거래 금지

자치단체장은 여타 다른 공무원의 직이나 공기업의 임직원을 겸할 수 없다. 그리고 재임 중에 해당 자치단체와 영리를 목적으로 하는 거래를 할 수 없고 또한 해당 자치단체와 관계있는 영리사업에 종사할 수도 없다. 이는 지방의회 의원의 경우와도 비슷하나, 단체장의 경우는 거래 금지 뿐 아니라 자치단체와 관계있는 영리사업에의 종사도 금지하고 있다.

3) 행정기관

자치단체장의 통할 하에 사무를 처리하는 행정기관은 '보조기관', '소속행정기관', '하부행정기관'으로 대별된다.

(1) 보조기관

지방자치단체의 행정기관에는 그 단체장의 직무를 내부적으로 보조하여 지방자치단체의 목적을 구체적 · 적극적으로 실현하기 위한 조직이 마련되어 있다. 이를 자치단체장의 보조기관이라 하며 우리나라의 경우 부단체장, 행정기구(본청) 및 그 소속 공무원이 이에 해당된다.

(가) 부단체장

지방자치단체의 장을 보좌하여 사무를 총괄하고 소속직원을 지휘 · 감독하며, 자치단체장의 유고시 그 직무를 대리하기 위하여 특별시 · 광역시에 부시장, 도에 부지사, 시에 부시장, 군에 부군수, 자치구에 부구청장을 둔다.

부단체장의 정수는 특별시에 있어서는 3인 이내, 광역시와 도에 있어서는 2인 이내, 시 · 군 · 자치구에서는 1인이다.

(나) 행정기구

지방자치단체의 행정사무를 분장하기 위하여 필요한 행정기구를 두되, 시 · 도에 있어서는 대통령령이 정하는 범위 안에서 해당 자치단체의 조례로 정하고, 시 · 군 · 자치구에 있어서는 대통령령이 정하는 기준에 따라 시 · 도지사의 승인을 얻어 해당 자치단체의 조례로 정한다.

(다) 공무원

(A) 지방공무원

지방자치단체는 그 사무를 분장하기 위하여 지방공무원을 두되, 그 정원은 대통령령이 정한 기준에 따라 해당 자치단체의 조례로 정한다. 지방공무원의 임용과 시험 · 자격 · 보수 · 복무 · 신분보장 · 징계 · 교육훈련 등에 관하여는 따로 법률로 정하는 바에 따른다. 지방공무원에 관해서는 뒤에 좀 더 구체적으로 살펴보기로 한다.

(B) 국가공무원

지방자치단체에는 지방공무원 외에, 법률이 정하는 바에 의하여 국가공무원을 둘 수 있는바, 주로 자치단체의 중요 직위에 국가공무원을 배치하고 있다.

(2) 소속행정기관 – 기능적 사무분담

소속행정기관들은 대체로 전문기능분야의 사무를 담당하는 특별지방행정기관들이다. 특별지방행정기관이란 '국가 또는 지방자치단체의 특정한 행정부서에 소속하여 특수한 전문분야의 행정사무를 처리하기 위해 지방에 설치된 행정기관'을 말한다. 현행 지방자치법에 따른 소속행정기관은 '직속기관', '사업소', '출장소', '합의제행정기관' 등이다.

(가) 직속기관

지방자치단체는 그 소관 사무의 범위 안에서 필요하면 대통령령이나 대통령령으로 정하는 바에 따라 지방자치단체의 조례로 자치경찰기관(제주특별자치도에 한한다), 소방기관, 교육훈련기관, 보건진료기관, 시험연구기관 및 중소기업지도기관 등을 직속기관으로 설치할 수 있다.

(나) 사업소

지방자치단체는 특정 업무를 효율적으로 수행하기 위하여 필요하면 대통령령으로 정하는 바에 따라 그 지방자치단체의 조례로 사업소를 설치할 수 있다.

(다) 출장소

지방자치단체는 원격지 주민의 편의와 특정지역의 개발 촉진을 위하여 필요하면 대통령령으로 정하는 바에 따라 그 지방자치단체의 조례로 출장소를 설치할 수 있다.

(라) 합의제행정기관

지방자치단체는 그 소관 사무의 일부를 독립하여 수행할 필요가 있으면 법령이나 그 지방자치단체의 조례로 정하는 바에 따라 합의제행정기관을 설치할 수 있다. 합의제행정기관은 각급 행정기관에서 설치·운영하고 있는 위원회가 대표적인 예로서, 정치적 및 사회경제적 이해의 대립을 중립적인 입장에서 전문성에 입각하여 신중하게 처리할 필요가 있을 때에 요구되는 것이다.

(3) 하부행정기관 – 지역적 사무분담

하부행정기관은 지방자치단체의 사무를 지역별로 담당하는 이른바 일반지방행정기관이다. 일반지방행정기관이란 '지방자치단체의 관할 구역 안에서 시행되는 공공사무를 종합적으로 처리하며, 지방자치단체의 일반적인 지휘·감독을 받는 행정기관'을 말한다. 지방자치단체 내에서 자치구가 아닌 구, 그리고 읍, 면, 동, 리의 행정기관이 이에 해당된다.

(4) 우리나라의 지방행정구역

참고로 아래 〈표 VI-1〉에는 현재 우리나라의 지방행정구역을 소개해둔다.

〈표 VI-1〉 우리나라 지방행정구역

<table>
<tr><th colspan="2">광역시</th><th colspan="2">도</th><td rowspan="4">시-인구 5만 이상
읍-2만 이상
면-2만 미만</td></tr>
<tr><th>자치 구</th><th>자치 군</th><th>자치 시</th><th>자치 군</th></tr>
<tr><td rowspan="2">동</td><td>읍·면</td><td>구</td><td>읍·면</td></tr>
<tr><td>리</td><td>동</td><td>리</td></tr>
</table>

4) 지방공무원

공무원이란 국가 또는 지방자치단체의 공무에 종사하는 모든 자를 말한다. 따라서 행정에 종사하는 자에 한하지 아니하고, 입법과 사법에 종사하는 자도 포함된다. 공무원은 그 소속에 따라 우선 국가공무원과 지방공무원으로 분류된다. 다음으로 국가공무원과 지방공무원은 각각 경력직공무원과 특수경력직공무원으로 구분된다. 국가공무원과 지방공무원은 소속과 업무는 구분이 되지만, 공무원으로서의 신분은 국가공무원이나 지방공무원이나 대동소이하다. 여기에서는 지방공무원에 대해 알아보기로 한다.

(1) 지방공무원의 구분

지방공무원이란 곧 지방자치단체의 소속으로서 지방자치단체가 경비를 부담하는 공무원을 말한다. 국가공무원과 마찬가지로 지방공무원은 크게 경력직공무원과 특수경력직공무원으로 구분한다.

(가) 경력직공무원

경력직공무원이란 실적과 자격에 따라 임용되고 그 신분이 보장되는 공무원을 말하며, 그 종류는 다음 각 호와 같다.

① 일반직공무원: 기술 · 연구 또는 행정 일반에 대한 업무를 담당하며 직군 · 직렬별

로 분류되는 공무원을 말한다.

② 특정직공무원: 공립 대학 및 전문대학에 근무하는 교육공무원, 자치경찰공무원 및 지방소방공무원과 그 밖에 특수 분야의 업무를 담당하는 공무원으로서 다른 법률에서 특정직공무원으로 지정하는 공무원을 말한다.

③ 기능직공무원: 기능적인 업무를 담당하며 그 기능별로 분류되는 공무원을 말한다.

(나) 특수경력직공무원

특수경력직공무원이란 경력직공무원 외의 공무원을 말하며, 그 종류는 다음과 같다.

① 정무직공무원: 선거로 취임하거나 임명할 때 지방의회의 동의가 필요한 공무원, 그리고 고도의 정책결정업무를 담당하거나 이러한 업무를 보조하는 공무원으로서 법령 또는 조례에서 정무직으로 지정하는 공무원을 말한다.

② 별정직공무원: 특정한 업무를 담당하기 위하여 별도의 자격기준에 따라 임용되는 공무원으로서 법령 또는 조례에서 별정직으로 지정하는 공무원을 말한다.

③ 계약직공무원: 지방자치단체와의 채용계약에 따라 전문지식 · 기술이 요구되거나 임용에 신축성 등이 요구되는 업무에 일정 기간 종사하는 공무원을 말한다.

④ 고용직공무원: 단순한 노무에 종사하는 공무원을 말한다.

(2) 지방공무원의 임용

임용이란 특정인에게 일정한 공무원의 직위를 부여하는 행위를 총칭한다. 그러므로 임용이란 공무원의 신분을 부여하는 임명뿐만 아니라 이미 공무원의 신분을 취득한 자에게 일정한 직무를 부여하는 보직행위를 포함하는 용어이다. 임용행위에는 신규채용, 승진임용, 전직, 전보, 복직 등이 있다. 정무직공무원 이외의 지방공무원의 임용에 관해 알아보기로 한다.

(가) 임용 기준

공무원의 임용은 시험성적, 근무성적, 경력평정, 그 밖의 능력의 실증(實證)에 따라 한다.

(나) 임용 시험

공무원의 신규임용은 공개경쟁시험으로 하되, 경우에 따라서는 제한된 응시자격자들을 대상으로 하는 특별임용시험으로 임용할 수 있다. 시험의 실시는 다음과 같이 한다.

① 5급 이상 공무원의 각종 임용시험은 대통령령으로 정하는 기관에서 실시한다.

② 6급 및 7급 공무원의 신규임용시험은 시 · 도 단위로 해당 시 · 도인사위원회에서 실시한다.

③ 8급 및 9급 공무원의 신규임용시험, 6 · 7 · 8급 공무원에의 승진시험, 6 · 7 · 8 · 9급 공무원의 전직시험, 기능직공무원의 신규임용 · 승진 및 전직시험은 해당 지방자치단체의 인사위원회에서 실시한다. 다만, 기초지방자치단체의 경우 그 장은 우수 인력의 확보 또는 시험관리 상 필요하다고 인정하면 시 · 도인사위원회에 시험의 실시를 위탁할 수 있다.

(3) 공무원의 금지 사항

국가 및 지방자치단체의 공무원은 다음의 행위를 할 수 없다.

(가) 영리업무 및 겸직 금지

공무원은 공무 외에 영리를 목적으로 하는 업무에 종사하지 못하며, 소속 기관의 장의 허가 없이 다른 직무를 겸할 수 없다.

(나) 정치운동의 금지

공무원은 정당이나 그 밖의 정치단체의 결성에 관여하거나 가입할 수 없고, 선거에서 특정정당 또는 특정인을 지지하거나 반대하기 위한 선거운동을 해서는 안 된다.

(다) 집단행위의 금지

공무원은 노동운동이나 그 밖에 공무 외의 일을 위한 집단행위를 하여서는 아니 된다. 다만, 사실상 노무에 종사하는 공무원은 예외로 하며 그 공무원의 범위는 조례로 정한다.

(4) 공무원의 신분보장

국가 및 지방자치단체의 공무원은 형의 선고·징계 또는 공무원법에서 정하는 사유가 아니면 본인의 의사에 반하여 휴직·강임 또는 면직을 당하지 아니한다. 다만, 1급 공무원은 그러하지 아니하다.

Ⅶ 지방자치단체의 재정

지방자치단체의 사무수행에는 경비가 소요되는바, 지방자치단체가 그 사무수행을 위한 재원을 조달 · 관리 · 지출하는 일련의 경제활동을 지방재정이라 한다. 이 장에서는 먼저 지방재정의 의의와 특성, 국가재정과의 관계 등 지방재정에 관한 기본적인 사항들을 이해하고, 다음으로는 지방재정의 핵심을 이루고 있는 지방예산과 그 세입 · 세출의 내용들을 살펴보며, 끝으로 지방기금, 지방공기업 및 지방재정력의 측정방법 등 지방재정과 관련된 여타 주요사항들에 대해 알아보기로 한다.

1 지방재정

1) 지방재정의 의의

(1) 지방재정의 개념

재정(public finance)이란 국가 또는 지방자치단체가 그 사무를 수행하는데 필요한 재원을 조달 · 관리 · 지출하는 활동을 총칭한다. 지방재정은 국가재정에 대비하여 사용하는 개념으로서, 지방자치단체가 그 기능을 수행하기 위해 필요한 재원을 조달 · 관리 · 지출하는 일련의 경제활동을 의미한다. 지방재정활동의 중심은 물론 예산이지만, 그 외에도 지방재정활동에는 회계, 결산, 재산의 보유, 기금의 설치 · 운용, 지방공기업의 설치 · 운영 등이 포함된다.

(2) 지방재정과 지방자치

지방재정은 지방자치단체의 공공경제(public economy)로서 지역의 경제개발과 지역주민의 기본적인 욕구충족 및 복지증진에 그 목표를 두고 있다. 따라서 지방재정은 지방자치 및 지역경제와 불가분의 관계에 있다.

(가) 지방재정과 지방자치의 관계

지방자치는 지방자치단체가 해당 지역의 사무를 자신의 부담으로 처리하는 것을 원칙으로 하고 있다. 따라서 지방자치단체가 독립적인 재원을 가지고 독자적인 재정활동을 하는 것은 지방자치의 기본조건에 해당한다.

(나) 지방재정과 지역경제의 관계

지역경제는 지역의 민간경제와 공공경제인 지방재정으로 구성되는바, 지방재정은 해당 지역 내에서 사업투자나 경비지출, 물자나 인력의 구매 등을 통하여 지역의 산업 및 경제활동에 영향을 주고 이를 통해 지역 민간경제의 성장과 변화를 유도할 수 있으며, 거꾸로 지역 민간경제는 지방세나 세외수입의 원천으로서 지방재정에 영향을 준다.

2) 지방재정의 특성

(1) 공공성

지방재정은 지방자치단체의 공공수요에 충당할 공공재를 생산 · 공급하기 위하여 재원을 확보하고 지출한다. 이러한 공공성으로 말미암아 지방재정에서는 단순한 이윤추구나 시장원리의 적용이 제한된다.

(2) 다양성

국가재정은 단일주체의 재정인데 반해, 지방재정은 상호 독립적인 다수 지방자치단체의 재정의 총칭이다. 각각의 지방자치단체들은 계층이나 규모, 산업구조나 경제상황 등에 있어서 서로 다르기 때문에 이들 사이의 재정의 내용이나 규모 등은 매우 다양한 것이 특징이다. 이러한 까닭에 지방재정을 고려할 때에는 모든 지방자치단체에 대한 총체적 고찰이나 각 단체별 고찰의 어느 한 쪽만 가지고 그 진상을 규명할 수가 없다.

(3) 제약성(제한적 독립성)

지방재정은 중앙정부로부터 일정한 제약을 받는 것이 또 하나의 특징이다. 지방자치단체는 그 재정의 자율성을 누리는 것이 원칙이지만, 지방자치단체의 재원부여의 결정권이 중앙정부에 있고, 지방자치단체 사이의 경제력의 불균형을 중앙정부가 조정하고 있는 점 등은 중앙정부의 지방재정에 대한 관여를 강화시켜 지방재정의 독립성을 제약하는 요인이 된다.

3) 지방재정과 국가재정

(1) 지방재정과 국가재정의 관계

지방재정은 국가재정과는 별개의 것인 동시에 또한 국가재정과 밀접한 관계를 맺고 있다. 국가재정과 지방재정은 서로 독립된 법인체의 재정이므로, 지방재정은 국가재정에 대해 상대적인 독립성과 자율성이 보장되어야 한다. 그러나 지방재정은 국가재정의 지원 아래에서만 그 원활한 운용이 가능하고, 국가재정과 지방재정은 궁극적으로 국민복지의 실현이라는 목표를 위해 상호 긴밀한 협조 속에 운용되지 않으면 안된다.

한편 지방재정은 지방사무를 처리하기 위한 경제적 수단인 까닭에, 국가와 지방자치단체 상호간의 사무배분 여하에 따라 각각의 사무처리를 위한 재원의 배분이 달라지고, 이러한 재원배분을 바탕으로 국가재정과 지방재정의 관계가 설정된다.

(2) 국가와 지방자치단체 간 재원배분

앞에서 언급했듯이 지방재정은 지방자치단체가 그 사무를 수행하기 위해 필요한 재원을 조달 · 관리 · 지출하는 일련의 경제활동을 말한다. 지방자치단체가 그 사무를 수행하기 위해서는 먼저 재원을 조달해야 하는데, 지방자치단체의 재원 조달은 일차적으로 국가와 지방자치단체 간의 재원의 배분을 통해 이루어진다. 이에는 조세의 배분과 국가의 지방재정조정제도가 있다.

(가) 조세의 배분

조세란 국가 또는 지방자치단체가 그 사무수행에 필요한 경비를 조달하기 위해 국민으로부터 강제로 징수하는 수입이다. 국가와 지방자치단체 간의 조세 배분상황을 보면, 아래 〈표 VII-1〉에서 보는 바와 같이 국가가 징수하는 국세는 소득세 등 14개 세목, 지방자치단체가 징수하는 지방세는 취득세 등 11개 세목으로 구성되어 있다.

〈표 VII-1〉 국세와 지방세의 세목

구분		세목
국세		소득세, 법인세, 상속세, 증여세, 부가가치세, 개별소비세, 주세(酒稅), 인지세, 증권거래세, 교육세, 농어촌특별세, 종합부동산세, 교통・에너지・환경세, 관세
지방세	보통세	취득세, 등록면허세, 레저세, 담배소비세, 지방소비세, 주민세, 지방소득세, 재산세, 자동차세
	목적세	지역자원시설세, 지방교육세

자료: 국세기본법(시행 2011. 1. 1), 지방세기본법(시행 2011. 1. 1)

아래 〈표 VII-2〉에서 보는 바와 같이, 국세와 지방세를 합해 2010년도 우리나라 세수총액은 226조 9천억원으로서, 조세부담률은 GDP 대비 19.3%이다. 세수총액 중 국세로 징수한 금액은 177조 7천억원이고 지방세로 징수한 금액은 49조 2천억원으로서, 각각 78%와 22%의 비중을 차지하고 있다.

〈표 VII-2〉 국세와 지방세 총액(2010년도)

(단위: 조원)

명목 GDP	조세총액	조세부담률	국세	지방세
1172.8	226.9	19.3%	177.7(78%)	49.2(22%)

주: GDP는 2010년 명목GDP, 세액은 2010년 결산전망액
자료: 기획재정부, 디지털예산회계시스템, '조세수입 및 조세부담률'

참고로 외국의 조세부담률 및 국세・지방세의 비율은 아래 〈표 VII-3〉과 같다. 우리나라의 조세부담률은 독일과 비슷하고, 국세・지방세의 비율은 프랑스나 이탈리아와 비슷하다.

〈표 VII-3〉 OECD 주요국가의 조세부담률, 국세 · 지방세 비율(2008년 기준)

구 분	조세부담률	국세 · 지방세 비율	
		국 세	지 방 세
한 국	20.8	78.6%	21.4%
일 본	17.3	53.7%	46.3%
미 국	19.5	51.9%	48.1%
독 일	23.1	50.4%	49.6%
영 국	28.9	89.8%	10.2%
프 랑 스	27.0	75.0%	25.0%

주: 1) 조세부담률은 GDP 대비 사회보장기여금 등을 제외한 총 조세수입비율
2) 국세지방세비율에서, 연방형국가의 경우 州정부의 세입을 지방세에 포함하고, Social Security Funds를 제외했을 때의 중앙 · 지방간 상대적 비중임

자료: OECD Revenue Statistics 2010(행정안전부, 재정고, '2011년도 지방자치단체 예산개요' 참조)

(나) 지방재정조정제도

지방재정조정제도란 지방자치단체 간의 재정력 격차를 조정하고 지방자치단체의 부족 재원을 보충하기 위해 국가가 지방자치단체에게 또는 광역지방자치단체가 기초지방자치단체에게 재원을 지원하는 제도를 말한다. 특히 국가가 지방자치단체에게 재원을 지원해주는 지방재정조정제도에는 지방교부세와 국고보조금이 있다. 지방교부세는 국가가 지방자치단체의 재정수요의 부족재원을 전반적으로 보전할 목적으로 지방자치단체에게 교부하는 일반재원이다. 그리고 국고보조금은 국가가 해야 할 사업을 지방자치단체로 하여금 하게 할 때나, 국가의 입장에서 특정사업을 장려할 때에 그 필요한 경비의 일부나 전부를 교부하는, 용도가 지정된 특정재원이다. 지방교부세와 국고보조금에 관해서는 아래의 '지방수입'에 관한 단원에서 상세히 다루기로 한다.

(3) 우리나라 국가재정과 지방재정의 규모

아래 〈표 VII-4〉에서는 우리나라의 2012년도 국가재정, 지방재정 및 지방교육재정의 규모를 비교해보고 있다. 우선 예산 규모 기준으로는 국가예산 : 지방예산 : 지방교육예산의 비율은 55.5 : 33.8 : 10.7이다. 그러나 국가예산 중 일부는 교부세나 국고보조금의 명목으로 지방예산 혹은 지방교육예산으로 이전되고, 지방예산 중에서도 일부가

지방교육예산으로 이전되어, 실제 사용액 기준으로는 국가재정 : 지방재정 : 지방교육재정의 비율은 42.8 : 42.2 : 15.0이 된다.

〈표 VII-4〉 국가재정과 지방재정 규모 비교(2012년도)

(단위: 억원)

예산			사용액		
국가재정	지방재정	지방 교육재정	국가재정	지방재정	지방 교육재정
2,486,125 (55.5%)	1,510,950 (33.8%)	477,034 (10.7%)	1,460,915 (42.8%)	1,440,069 (42.2%)	509,792 (15.0%)

주: 2012년도 당초예산 순계규모 기준
자료: 행정안전부, '2012년도 지방자치단체 예산개요'

한편, 광역자치단체가 기초자치단체에게 재원을 지원해주는 지방재정조정제도에는 조정교부금, 재정보전금, 시 · 도비 보조금이 있으며, 2012년도 당초예산에 반영된 총규모는 15조 1,216억원이다(행정안전부, '2012년도 지방자치단체 예산개요' 참조).

참고로, 아래 〈표 VII-5〉에는 일본과 한국의 국가재정/지방재정의 일반회계 예산규모를 비교해 소개해둔다.

〈표 VII-5〉 한국과 일본의 일반회계 재정규모 비교

(단위 : 억원, 억엔)

구분	한 국			일 본		
	중앙정부	지 방 자치단체	지방예산 구성비	중앙정부	지 방 자치단체	지방예산 구성비
2006	1,448,076	997,542	40.8%	796,860	831,508	51.9%
2007	1,565,177	1,105,636	41.4%	829,088	831,261	50.1%
2008	1,795,537	1,260,500	41.2%	830,613	834,014	50.1%
2009	1,968,713	1,406,077	41.7%	885,480	825,557	48.2%
2010	2,012,835	1,466,618	42.2%	922,992	821,200	47.1%
2011	2,099,303	1,495,965	41.6%	924,116	825,054	47.2%

주: 한국은 일반회계 당초예산 총계, 일본은 지방재정계획상의 보통회계 총계를 기준
자료: 행정안전부, '2011년도 지방자치단체 예산개요'.

(4) 지방재정에 대한 국가의 관여

(가) 국가관여의 이유

지방재정은 자주적으로 운영되고 국가의 간섭이나 통제 즉 국가관여는 가급적 배제해야 하지만, 지방재정의 취약성과 국가적 필요성으로 인해 국가관여가 발생한다. 지방재정에 대한 국가관여의 이유는 다음과 같다.

① 자치단체에 대한 재원부여의 권한을 국가가 가지고 있기 때문에 원천적으로 국가관여가 이루어진다.

② 지방재정은 궁극적으로 국가 전체 재정의 한 부분이며, 따라서 지방재정은 국민경제와의 관련 속에서 국가재정정책과 일치하지 않으면 안 되기 때문이다.

③ 국가는 모든 국민이 건강하고 문화적인 생활을 유지하기 위한 최저생활(최소한도의 국민생활 수준)을 보장해야 하는데, 전국적으로 이를 보장하기 위해 관여한다.

④ 자치단체간의 재정적 격차를 해소 내지 완화시키기 위해 관여한다.

(나) 국가의 재정적 관여방식

국가가 지방자치단체에 관여하는 방식에는 입법적 · 사법적 · 행정적 · 재정적 관여의 네 가지가 있다. 그 중 재정적 관여방식에 관해 살펴보기로 한다. 재정적 관여방식은 지방세입에 대한 것과 지방세출에 대한 것 두 가지로 대별할 수가 있다.

(A) 지방세입에 대한 국가관여

(a) 지방세에 대한 관여

지방세의 세목과 세율은 국가의 법률(지방세법)로 정한다. 이를 통해 국가는 지방자치단체의 재정자립도를 좌우한다.

(b) 국고보조금을 통한 관여

국고보조금은 국가가 특정한 용도를 지정하여 지방자치단체에 재원을 공여함으로써 특정 사무의 시행을 의무화하는 제도로서, 그 교부를 통하여 국가정책은 지방행정 · 재정에 깊이 침투하게 된다. (관련법: '보조금의 예산 및 관리에 관한 법률')

(c) 지방교부세를 통한 관여

지방교부세는 국고보조금과는 달리 용도를 지정하지 않고 지방자치단체에 일반재원을 공여하는 방식으로서, 그 교부의 적정을 기하기 위하여 여러 가지 국가관여 조치가 인정되고 있다. 예를 들어, 지방자치단체가 교부세 산정에 필요한 자료를 과장 또는 허위기재함으로써 부당하게 교부세를 교부받거나 받으려 하는 때, 혹은 지방자치단체가 법령의 규정에 위반하여 현저하게 과다한 경비를 지출하였거나 확보하여야 할 수입의 징수를 태만히 한 때에는 중앙정부는 해당 지방자치단체에 교부할 교부세를 감액하거나 이미 교부한 교부세의 일부의 반환을 명할 수 있다. (관련법: '지방교부세법')

(d) 기채에 대한 관여

지방자치단체는 지방채를 발행할 수 있다. 그러나 지방채는 대통령령이 정하는 한도액의 범위 안에서 발행해야 하며, 지방채 발행 한도액의 범위 안이라도 외채를 발행하는 경우에는 중앙정부의 승인을 얻어야 한다. (관련법: '지방재정법')

(B) 지방세출에 대한 국가관여

우리나라 지방자치단체의 세출예산의 편성과 운영의 기본방향은 중앙정부가 시달하는 지침에 의해서 많은 제약을 받는다. 지방재정이 국가재원에 의존하면서 국가재정정책에 관계되는 이상 세출예산의 편성은 중앙정부의 지침에 따라야 하는 것이다.

중앙정부는 지방자치단체의 재정운용에 필요한 정보로 구성된 회계연도별 '지방자치단체 재정운용 업무편람'을 작성하여 지방자치단체에 보급하고, 지방재정의 건전한 운영과 지방자치단체 간 재정운영의 균형을 확보하기 위하여 회계연도별 '지방자치단체 예산편성 · 운영기준'을 정하여 하달한다. 또한 지방정부는 매년 '중기지방재정계획'을 수립해야 하는데, 이는 중앙정부가 정하는 국가계획 및 지역계획과 연계되도록 하여야 한다. (관련법: '지방재정법')

4) 지방재정의 운영원리

지방자치단체는 궁극적으로 국가의 통치조직의 일환이므로, 지방재정의 운영은 해당 지방자치단체의 입장뿐만 아니라 다른 지방자치단체나 국가와의 관계를 고려하여 운영되어야 한다. 우리나라 지방자치법(제2조)은 "지방자치단체는 그 재정을 건전하게 운영하여야 하며, 국가의 정책에 반하거나 국가 또는 다른 지방자치단체의 재정에 부당한 영향을 미치게 하여서는 아니된다."고 지방재정의 운영원칙을 규정하고 있다. 이러한 원칙들을 정리해보면 다음과 같다.

(1) 건전재정의 원칙

지방재정을 건전하게 운영하여야 한다는 것은 첫째로 수지균형을 이루어야 할 뿐만 아니라, 둘째로 최소의 경비로써 최대의 서비스를 행할 수 있도록 재정을 보다 합리적 · 능률적으로 운영하여야 한다는 것이다.

(2) 국가정책 준수의 원칙

지방자치단체는 국가시책의 구현을 위해 노력하며, 국가정책과 조화되는 한도 안에서 그 재정을 운영하여야 한다.

(3) 재정질서 유지의 원칙

중앙정부 또는 다른 지방자치단체에 부당한 영향을 미치는 재정운영을 하여서는 안된다. 첫째로 중앙정부와 지방자치단체간, 지방자치단체 상호간, 그리고 자치단체와 주민간의 경비부담 관계는 법령의 규정에 따라야 하고, 둘째로 한 지방자치단체의 재정운영이 중앙정부 또는 다른 지방자치단체의 경비를 증가하게 하거나 수입의 감소를 초래하는 등의 부당한 처리는 허용되지 않는다.

(4) 장기적 재정안전의 원칙

장기적인 재정안정을 고려하여 재정을 운영하여야 한다. 즉, 예산의 편성 · 집행의 경우 또는 수지증감의 원인이 될 행위 등을 하고자 할 경우에는 해당 연도는 물론 그 익년도 이후의 재정사정을 충분히 고려하여 재정의 장기적인 안정이 유지되도록 하여야 한다.

5) 중 · 장기 지방재정계획

우리나라에서는 모든 지방자치단체가 매년 중기지방재정계획을 수립하고, 이를 기초로 예산 등 지방재정을 운영하도록 하고 있다. 먼저 관련 법규를 소개하면 다음과 같다.

지방재정법 제33조(중기지방재정계획의 수립 등) ① 지방자치단체의 장은 재정을 계획성 있게 운용하기 위하여 매년 중기지방재정계획을 수립하여 지방의회에 보고하고, 이를 행정안전부장관에게 제출하여야 한다. ② 지방자치단체의 장은 중기지방재정계획을 수립하는 때에는 행정안전부장관이 정하는 계획수립절차 등에 의하여 당해 중기지방재정계획이 관계 법령에 의한 국가계획 및 지역계획과 연계되도록 하여야 한다. ③ 행정안전부장관은 제1항의 규정에 의한 각 지방자치단체의 중기지방재정계획을 기초로 관계 중앙행정기관의 장과의 협의를 거쳐 매년 종합적인 중기지방재정계획을 수립하고, 이를 국무회의에 보고하여야 한다.

이제 그 의미를 살펴보기로 한다.

(1) 중 · 장기 지방재정계획의 의의

(가) 개념

중 · 장기 재정계획이란 단년도 예산의 원칙을 벗어나 예산의 시계를 다년간으로 하여 지방자치단체의 발전계획과 수요를 중장기적으로 반영한 재정계획을 수립하고, 이를 기초로 재원배분 및 예산편성의 방향을 설정함으로써 지방자치단체의 재정운용과 예산편성의 합리화를 기하려는 제도이다. 우리나라에서는 5년간의 연동화 계획(Rolling Plan)으로 수립하도록 하고 있다. 연동화계획이란 중 · 장기계획의 운용과정에서 매년 계획내용을 수정 · 보완하며 계획기간을 계속하여 1년씩 늦추어 가면서 동일한 연한의 계획을 유지해 나가는 제도를 말한다. 우리나라의 경우, 계획수립시점에서 전망한 당해 연도의 최종예산안을 기준으로 하고 향후 4년간의 발전계획을 매년 수정 · 보완하며 수립해나가도록 하고 있다.

(나) 주요 내용

중기지방재정계획의 내용은 자치단체 현황, 중기 재정운용 여건, 재정운용 목표 및 재원배분 방향, 그리고 분야별 정책방향 및 투자계획 등을 포함하고 있다.

① 자치단체 현황: 지방자치단체의 일반현황 및 과거 재정운용에 대한 성과평가

② 중기 재정운용 여건: 경제사회 전망(재정수요전망) 및 중기 세입 전망

③ 재정운용 목표 및 재원배분 방향: 중기재정운용 목표, 지역발전방향 및 재원배분 · 투자 방향

④ 분야별 정책방향 및 투자계획: 각 분야(일반행정, 공공질서 및 안전, 교육, 문화 및 관광 등 세출예산의 기능별 13개 분야)의 정책방향 및 투자계획

(다) 필요성

① 지방자치단체의 예산은 1년을 단위로 편성 · 집행되므로, 중 · 장기적 개발사업을 추진하는 데는 많은 제약을 가하게 된다. 따라서 통제목적 위주의 단년도 예산제도의 제약성을 보완하여 중 · 장기에 걸친 재정운용정책을 먼저 수립하고, 이에 따라 재원동원 및 재원배분의 방향을 계획함으로써 단년도 예산편성 과정에서 놓치기 쉬운 전략적 재원배분 기능을 강화하여, 한정된 재원을 효율적으로 사용할 수 있다.

② 중 · 장기적 시계에서 지방재정을 계획적으로 운용하여 지방재정 운용의 예측가능성을 제고하고, 경제 · 사회적 여건의 변화를 반영한 연동화계획(rolling plan)으로 운영하여 예산편성을 합리화할 수 있다.

③ 중앙정부의 국가재정운용계획에서 제시하는 중 · 장기 중점재원 투자방향이나 주요 사업계획을 지방재정운용의 기본틀로 활용하여, 국가와 지방의 재정적 연계성을 확보할 수 있다.

(2) 중 · 장기 지방재정계획의 연혁

중앙정부는 경제개발 5개년계획과 1년 단위예산이 상호 연계되지 않았기 때문에 중기재정계획의 필요성을 인식하고, 1982년부터는 예산요구서를 제출할 때에 중기재정수요를 첨부토록 함으로써 중기재정계획의 도입을 시도하였다. 정부의 중기재정계획 도

입과 병행하여 지방자치단체도 1982년부터 지방중기재정계획을 도입하였다. 당시 내무부는 1981년 12월 각 시 · 도에 지방중기재정계획 수립지침을 시달하고 1982년부터 1986년까지의 5개년을 계획기간으로 하여 최초의 중기재정계획을 수립토록 하였다. 그리고 1988년 지방재정법을 개정하여 중기지방재정계획의 수립을 법제화한 후, 1990년도부터는 국가정책과 국내외 경제여건 및 투자환경 등 지방재정의 여건 변화를 중기재정계획에 적절히 반영하기 위해 매년 중기지방재정계획을 수정 · 보완하는 연동화계획을 도입 · 운영하고 있다.

(3) 중 · 장기 지방재정계획의 기능

(가) 국가정책의 실현기능

국민경제의 포괄적 상황에 대처해야 하는 국가의 재정정책은 국가와 지방간의 연계성과 통일성을 확보해야 한다. 이러한 까닭에 중 · 장기 지방재정계획의 수립 시 지방자치단체는 '국가재정운용계획 시안'을 참조하여 국가경제성장 추이와 전망, 재정여건 변동 등 국가의 재정 · 경제 운용방향을 고려하고, 국가정책 방향의 큰 틀 속에서 지방자치단체의 실정과 특성에 부합하고 비전과 정책을 실현할 수 있는 재정계획을 수립하도록 하고 있다.

(나) 지방재원의 확보기능

중 · 장기 지방재정계획은 국가가 지방자치단체에 대한 지방교부세나 국고보조금의 지원, 혹은 지방채 발행에 대한 계획을 수립하는 데에 영향을 주고 있다. 따라서 지방재원을 지속적 · 안정적으로 확보하려면, 중 · 장기 지방재정계획을 수립 · 실시해야 한다.

(다) 지방자치단체의 행 · 재정지표

지방재정의 수요변동과 수지상황을 분석 · 예측하여 중장기적 지방재원조치의 내용과 방법을 담은 중 · 장기 지방재정계획은 지방자치단체가 매년도 사업계획을 수립하고 예산을 편성할 때 보다 확실한 준거기준을 제공한다.

(라) 지방자치단체에 대한 재원 지원조치의 지표

중·장기 지방재정계획은 국가가 각 지방자치단체에 대한 재원 지원조치를 강구하기 위한 구체적인 지표의 역할을 한다.

2 지방예산

여기에서는 지방재정의 핵심인 지방예산에 대해 알아본다.

1) 지방예산의 의의

(1) 지방예산의 개념

지방예산이란 지방자치단체가 주민복지, 지역개발, 기관유지 등 본연의 기능을 수행하기 위해 경비를 조달하고 지출하는 계획으로서, 간단히 말해 지방자치단체의 1회계년도에 있어서 세입과 세출의 예정적 계획이다. 회계연도라 함은 수입·지출의 관리·운용을 위한 단위 년도로서, 일반적으로 예산의 회계연도는 예산1주년주의(예산단년주의)에 따라 1년을 하나의 회계연도로 한다. 우리나라 지방자치단체의 회계연도는 매년 1월 1일에 시작하여 그 해 12월 31일에 종료한다.[11)]

원칙상 모든 지방재정작용은 예산을 통해 이루어져야 하므로, 지방예산은 지방재정의 운영지침이 된다. 또한 지방자치단체의 모든 활동은 어떠한 형태이든 재정수지를 수반하기 때문에, 재정수지를 일정한 체계 하에 표시한 지방예산에는 지방자치단체 활동의 전모가 투영되어 있다.

(2) 지방예산의 기능

① 지방예산은 지역경제의 중요한 요소로서 지역경제의 안정과 성장 또는 소득재분

---

11) 각국의 회계연도: 1.1.~12.31.(한국, 프랑스, 독일), 4.1.~3.31.(일본, 영국, 캐나다), 10.1.~9.30.(미국)

배 등의 기능을 수행하고 있다.

② 지방예산은 지방정치과정의 중심을 이룬다. 이는 주민, 이익단체, 정당 등의 이해관계가 얽혀 있을 뿐만 아니라 지방의회의 의결을 거쳐야 하기 때문이다.

③ 지방예산은 1회계년도의 재정계획으로서 지방자치단체의 활동이 계획적으로 추진되도록 한다.

2) 예산의 원칙

예산원칙은 예산의 편성 · 심의 · 집행 및 회계검사 등 모든 예산운영과정에서 지켜져야 할 준칙이다. 이러한 원칙은 나아가 주민 및 주민의 대표기관인 지방의회가 집행기관의 예산 편성과 집행을 감시 · 감독하는 행정통제수단으로 작용한다.

(1) 공개의 원칙

공개의 원칙은 예산 운영의 모든 상태가 공개되어야 한다는 원칙이다. 이는 예산운영의 투명성을 확보할 뿐만 아니라, 주민의 알 권리의 보장, 주민의 조세저항의 최소화 등을 목적으로 한다. 우리나라의 경우, 지방자치단체의 예산과 결산은 물론 지방채 · 일시차입금 등 채무의 현재액, 채권관리 현황, 기금운용현황, 공유재산 현황, 통합적인 재정정보, 기타 재정에 관한 중요사항을 주민에게 공개하도록 법률(지방자치법, 지방재정법)로 규정하고 있다.

(2) 회계연도 독립의 원칙

회계연도 독립의 원칙이란 각 회계연도의 경비는 해당 연도의 세입으로 충당해야 하며, 매 회계연도의 세출예산은 다음 연도에 사용할 수 없다는 원칙이다(지방재정법 제7조). 이 원칙은 일정기간(회계연도)의 회계를 다른 기간과 구분하여 정리함으로써 그 기간에 해당하는 회계내용을 명확하게 하기 위한 것이다. 이 원칙이 없으면 자칫 적자예산이 편성되어 운용될 가능성이 있기 때문에 세입을 초과하여 경비를 지출할 수 없도록 하기 위한 원칙이라고 할 수 있다. 회계연도 독립의 원칙의 예외로는 익년도 수입의 조상충용(繰上充用), 계속비, 이월비, 세계잉여금의 세입이입, 과년도 수입, 과년도 지출 등이 있다. 조상충용이란 부득이한 세출의 지출을 위하여 적자결산이 불가피한 경우에 다음 연도의 세입재원을 앞당겨 충당 · 사용하는 제도(지방재정법 제7조 제2항)로서, 미리 의회의 의결을 얻어야 하며 조상충용한 금액은 다음 연도의 세입 · 세출예산에 편입해야 한다.

(3) 건전재정 운용의 원칙

이는 지방재정은 수지균형의 원칙에 따라 건전하게 운영되어야 한다는 것이다. 수지균형은 예산상의 수지균형과 결산상의 수지균형으로 나누어 살펴볼 수 있다. 예산상의 수지균형은 세입과 세출간의 균형이 유지되어야 하는 것을 말한다. 세입의 범위 내에서 세출이 이루어져야 하며, 세입을 초과하는 지출은 금지된다. 따라서 세입과 세출 사이의 차액이 발생하는 예산의 편성은 허용되지 않는다. 결산상의 수지균형이란 예산집행의 결과인 결산에 있어서도 당연히 결산상의 수지균형이 확보되어야 한다는 것이다.

초과지출 금지의 원칙에 따라 지방재정은 적자재정을 인정하지 않고 있으나, 이에 대한 예외로는 지방채와 일시차입금 등이 있다.

(4) 예산총계주의 원칙

이는 한 회계연도의 모든 수입을 세입으로 하고 모든 지출은 세출로 하며, 세입과 세출은 모두 예산에 편입되어야 한다는 원칙이다(지방재정법 제34조 제1항, 제2항). 이렇게 함으로써 지방자치단체의 재정전반을 용이하게 파악할 수 있다. 이에 대한 예외로, 공익상 필요에 의한 재산의 보유, 특정한 목적을 위한 기금의 운영, 그리고 계약보증금 따위와 같이 사무관리상 필요에 의하여 일시 보관하는 현금이나 유가증권은 이를 세입 · 세출예산에 편입하지 않을 수 있다.

(5) 예산 사전 의결의 원칙

예산은 예정적 계획이기 때문에 회계연도가 개시되기 전에 지방의회의 의결을 거쳐 성립되어야 한다는 원칙이다. 지방자치법에서는 시 · 도의회에서는 회계연도 개시 15일

전, 시 · 군 · 구의회에서는 회계연도 개시 10일 전까지 해당 자치단체의 예산을 의결하도록 하고 있다. 그러나 이 원칙에 대한 예외로 준예산제도(지방자치법 제131조 및 지방재정법 제46조)가 있다. 준예산제도란 예산심의가 지체되어 회계연도가 시작되어도 예산이 의결되지 않는 경우 지방자치단체의 장은 지방의회에서 의결될 때까지 ① 법령이나 조례에 따라 설치된 기관이나 시설의 유지 · 운영, ② 법령상 또는 조례상 지출의무의 이행, ③ 이미 예산으로 승인된 사업의 계속 등의 경우에 전년도 예산에 준하여 집행할 수 있도록 한 제도를 말한다. 본예산이 의결 · 성립되면 준예산은 본예산에 의한 집행으로 간주된다.

(6) 예산의 목적 외 사용금지 원칙

예산은 의회의 의결대로 집행해야 한다는 원칙으로, 집행기관이 임의로 변경하여 집행하는 것이 불가하다는 것이다. 이 원칙이 지켜지지 않으면 집행기관의 재량권이 확대되어 지방의회의 예산 심의 · 의결권이 침해받게 된다. 따라서 지방재정법 제47조에서는 "지방자치단체의 장은 세출예산에 정한 목적 외에 경비를 사용하거나 세출예산이 정한 각 장 · 관 · 항 사이에 상호 이용할 수 없다"고 규정하고 있다. 다만 각 항 내의 예산액 범위 안에서 각 세항 또는 목의 금액을 전용할 수 있다(지방재정법 제49조).

그러나 이 원칙에 대한 예외로 ① 예산집행상의 필요에 의하여 미리 예산으로서 지방의회의 의결을 얻은 때에는 이용할 수 있고, ②지방자치단체의 기구 · 직제 또는 정원에 관한 법령이나 조례의 제정 또는 개폐로 인하여 관계 기관 사이에 직무권한 그 밖의 변동이 있는 때에는 그 예산을 상호 이체(移替)할 수 있다(지방재정법 제47조).

3) 예산의 종류

예산의 종류는 회계의 성질이나 예산의 성립시기에 따라 분류해볼 수 있다.

(1) 회계성질별 분류

회계란 재산 및 수입 · 지출의 관리와 운용에 관한 계산제도를 뜻하는데, 예산은 회계를 기준으로 일반회계예산과 특별회계예산으로 구분한다. 그리고 특별회계와 비슷한 성격을 갖고 있으나 예산에는 포함되지 않고, 국가나 지방자치단체가 예산과는 별개로 운용하는 자금인 여러 가지 종류의 '기금'을 따로 구분해볼 수 있다.

(가) 일반회계예산

일반회계예산이란 지방자치단체의 일반적인 활동에 관한 세입 · 세출을 망라하여 편성한 예산으로서 범위가 포괄적이다. 이는 지방자치단체 예산의 중심회계로서 통상 예산이라고 하면 일반회계예산을 지칭한다.

(나) 특별회계예산

특별회계는 지방자치단체가 ① 공기업을 운영할 때, ② 기타 특정사업을 운영할 때, ③ 특정자금이나 특정한 세입 · 세출로서 일반회계의 세입 · 세출과 구분하여 정리할 필요가 있을 때에 한하여 법률 또는 조례로 설치한다. 예를 들어 상하수도 사업을 위한 상하수도 특별회계, 주택이나 토지개발 사업을 위한 특별회계, 주차장 특별회계 등이 있다. 이러한 특별회계에 대한 예산이 특별회계예산이다.

(2) 성립시기별 분류

예산은 성립시기를 기준으로 본예산 · 수정예산 · 추가경정예산으로 분류된다. 모두 단체장이 편성 · 제출하고 지방의회가 심의 · 의결한다.

(가) 본예산

본예산은 지방자치단제의 장이 회계연도 전에 편성하여 지방의회에 제출한 예산안을 지방의회가 심의 · 의결하여 성립된 예산을 말한다. 이를 당초예산이라고도 부른다. 한마디로 본예산은 새로운 회계연도를 위해 최초로 성립된 예산이다.

(나) 수정예산

수정예산이란 예산안이 편성되어 의회에 제출된 후, 이 예산안이 의회에서 의결되기 전에 그 내용의 일부를 수정하여 의회에 다시 제출한 예산안을 말한다.

(다) 추가경정예산

추가경정예산은 예산이 성립되고 회계연도가 개시되어 이미 집행되고 있는 예산의 내용을 변경할 필요가 있을 때 지방자치단체의 장이 다시 예산을 편성하여 의회의 심의·의결을 거쳐 성립된 예산을 말한다. 추가경정예산은 본예산의 내용을 추가하거나 변경하는 것이므로 일단 지방의회의 의결을 얻어 성립되면 본예산과 하나로 통합하여 운영한다. 추가경정예산을 통해 본예산(당초예산)에 대한 추가나 경정이 이루어진 후, 당해 회계연도에 최종적으로 확정된 예산을 최종예산이라고 한다.

4) 예산의 내용

지방재정법 제40조(예산의 내용) 제1항은 "예산은 예산총칙, 세입·세출예산, 계속비, 채무부담행위 및 명시이월비를 총칭한다."라고 예산의 내용을 규정하고 있다. 이에 의거 예산의 내용을 살펴보기로 한다.

(1) 예산총칙

지방재정법 제40조 제2항은 "예산총칙에는 세입·세출예산, 계속비, 채무부담행위 및 명시이월비에 관한 총괄적 규정과 지방채 및 일시차입금의 한도액 그 밖에 예산집행에 관하여 필요한 사항을 정하여야 한다."고 규정하고 있다. 이에 따라 예산총칙에는 일반회계 및 각 특별회계의 세입·세출예산 총액, 회계연도 독립의 원칙을 벗어난 계속비, 채무부담행위 혹은 명시이월비의 총액, 그리고 지방자치단체의 채무인 지방채 및 일시차입금의 한도액 등 지방예산의 총괄적 사항들을 간추려 제시하고, 아울러 예산집행과 관련된 필요사항을 간략히 언급하고 있다. 이외에 예산총칙에는 예비비 총액도 제시하는데, 예비비는 예측할 수 없는 예산 외의 지출이나 예산초과지출에 충당하기 위한 경비를 말한다. 예비비는 총액으로 세출예산에 계상하여 지방의회의 의결을 얻어야 하며, 그 지출은 다음 연도 지방의회의 승인을 받아야 한다.

(2) 세입 · 세출예산

세입 · 세출예산은 1회계년도에 있어서 수입과 지출(계속비, 예비비, 채무부담행위 및 명시이월비 포함)을 추정 계산하여 지방자치단체의 재정활동계획을 구체적으로 표시하고 있다. 세입 · 세출예산은 세입예산과 세출예산으로 구분하여 편성되며, 세입예산은 예산의 재원 동원방법을 표시해주고, 세출예산은 재원의 지출용도를 나타내 준다. 그러나 세입예신과 세출예산의 총규모는 동일하다. 세입예산의 수치는 추정에 바탕을 둔 임의적 성격을 갖는 까닭에 구속력을 갖지 않지만, 세출예산의 수치는 지출목적(목적 외 사용금지의 원칙), 지출금액(초과지출 금지의 원칙), 지출시기(회계연도 독립의 원칙)의 면에서 구속력을 갖는다. 세입예산과 세출예산의 구조나 내용에 관해서는 아래의 '지방수입'과 '지방경비'의 단원에서 구체적으로 소개하기로 한다.

(3) 계속비

계속비는 회계연도 독립의 원칙에 대한 예외로, 수년의 회계연도를 거쳐 완성되는 사업의 총경비 및 연도별 지출액을 정하여 미리 의회의 의결을 얻어 놓고 수년에 걸쳐 지출하는 경비를 말한다. 지출 경비는 원칙적으로 회계연도마다 지방의회의 의결을 얻어야 하지만 도로의 건설, 항만의 축조나 관청의 건축 등과 같이 수년이 걸리는 사업에 적용하면 불편이 많기 때문에 이런 때는 계속비를 설정한다.

(4) 채무부담행위

채무부담행위란 말 그대로 빚을 갚아야 할 의무(채무)를 지는(부담) 행위를 말한다. 말하자면 외상사업을 시행하는 행위로서, 예산원칙을 벗어나 예외적으로 사용하는 제도이다. 사업의 필요성은 높으나 세입이 부족할 경우 또는 사업의 조기 착수가 필요한 경우에 당해연도의 세출예산의 확보 없이 당해연도 내에 사업을 우선 발주하고 그 사업대금을 다음 연도에 지불하는 행위이다. 채무부담행위는 비록 예산으로서 미리 의회의 의결을 받아야 하지만 채무부담액은 당해연도의 세출예산 규모에는 산입되지 않으며, 다만 다음 연도의 세출예산에는 반드시 계상하고 변제되어야 한다. 따라서 채무부담행위는 다음 연도의 재정압박요인이 되므로 최소 범위 내에서 운영되어야 한다.

(5) 명시이월비

명시이월비란 세출예산 중 당해 회계연도 내에 그 지출을 끝내지 못할 것이 예측될 때 미리 지방의회의 의결을 얻어 다음 연도에 이월하여 사용하는 경비를 말한다. 이는 회계연도 독립의 원칙에 대한 예외이다. 명시이월비는 익년에 한하며 2년 또는 3년에 걸쳐 이월할 수 없다(예산회계법 제27조). 명시이월비와 계속비의 차이를 살펴보면 계속비는 이행에 수년을 요하지만 명시이월비는 다음연도 1년의 이월에 한정된다.

5) 예산의 과정

국가와 마찬가지로 지방자치단체의 예산도 일반적으로 예산의 편성, 심의의결, 집행, 결산 등의 과정으로 진행된다. 아래에서는 '지방자치법' 및 '지방재정법'에 의거 우리나라 지방예산의 과정을 소개한다.

(1) 예산의 편성

예산안은 지방자치단체장이 편성하여 지방의회에 제출하며 지방의회의 의결을 거쳐 확정된다. 지방자치단체의 장은 회계연도마다 예산안을 편성하여 시 · 도는 회계연도 시작 50일 전까지, 시 · 군 및 자치구는 회계연도 시작 40일 전까지 지방의회에 제출해야 한다.

(2) 예산의 심의의결

제출된 예산안을 시 · 도의회에서는 회계연도 시작 15일 전까지, 시 · 군 및 자치구의회에서는 회계연도 시작 10일 전까지 의결하여야 한다. 그리고 지방의회는 지방자치단체의 장의 동의 없이 지출예산 각 항의 금액을 증가하거나 새로운 비용항목을 설치할 수 없다. 지방자치단체의 장은 예산안을 제출한 후 부득이한 사유로 그 내용의 일부를 수정하려면 수정예산안을 작성하여 지방의회에 다시 제출할 수 있다.

지방의회에서 새로운 회계연도가 개시될 때까지 예산안을 의결하지 못할 때에는 자치단체의 장은 법령 · 조례에 의해 설치된 기관이나 시설의 유지 · 운영, 법령 · 조례상 지출의무이행, 이미 예산으로 승인된 사업의 계속에 대하여는 전년도 예산에 준하여 집행할 수 있다.

(3) 예산의 집행

예산집행계획에 의거하여 예산을 집행한다. 예산이 성립되면 지방자치단체의 장은 세입 · 세출 · 계속비 · 채무부담행위와 명시이월비를 포함한 예산배정계획서를 작성하고, 이에 의하여 지방의회의 사무기구, 보조기관, 소속행정기관 및 하부행정기관에 예산을 월별 또는 분기별로 배정하여야 한다.

(4) 예산의 결산

결산이란 1회계년도에 있어서 세입과 세출의 집행실적을 계수로서 표시하는 행위를 말한다. 결산은 예산과 동일한 구분에 의하여 작성한다. 지방자치단체의 장은 출납폐쇄 후 80일 이내에 결산서와 증빙서류를 작성하고 지방의회가 선임한 검사위원의 검사의견서를 첨부하여 다음 연도 지방의회의 승인을 받아야 한다. 그 승인을 받으면 지방자치단체의 장은 5일 이내에 시 · 도에서는 행정안전부장관에게, 시 · 군 및 자치구에서는 시 · 도지사에게 각각 보고하고 그 내용을 고시하여야 한다.

참고로, 출납폐쇄란 수입과 지출을 마감하는 것을 말한다. 회계년도 독립의 원칙에 의거 한 회계연도에 속하는 세입과 세출은 당해연도 내에 완결되어야 하나, 사실상 12월 31일까지 모든 수입과 지출을 마감하는 것이 불가능하기 때문에 당해 회계연도에 속하는 세입과 세출의 출납에 관한 사무를 다음 연도의 일정기한까지 완결하도록 하고 있다. 지방재정법에 따르면 지방자치단체의 출납은 회계연도 종료 후 2월로 폐쇄한다.

〈참고〉

예산총계와 예산순계

예산은 일반회계와 특별회계 간 또는 같은 회계 내의 계정 간에 전입금 또는 전출금, 예탁금 또는 예수금의 형태로 이전되는 경우가 많다. 이때 이전된 금액은 양쪽에서 중복 계산된다. 이렇게 이중 계산된 규모로 예산을 파악하는 것을 예산총계라고 하며, 중복 계산 부분을 제외한 것을 예산순계라고 한다. 즉 예산순계는 예산총계에서 회계간 및 회계 내의 계정간, 부문간 지출을 모두 차감한 규모를 말한다. 실질적인 정부의 예산규모를 파악하는 데에는 예산순계가 더 유용하다.

ㅇ 예산총계 = 일반회계 + 특별회계
ㅇ 예산순계 = 예산총계 – 중복부분

총계예산과 순계예산

총계예산은 총계예산주의를 반영하여 모든 수입을 세입으로 계상한 예산을 말하며, 순계예산은 징세비를 공제한 순수입을 세입으로 계상한 것을 의미한다. 총계예산주의에서는 순계예산주의와는 달리 수입과 지출의 상계를 허용하지 않는다. 예를 들면 조세수입을 예산에 계상하는 경우, 징세비를 공제한 순세입만을 계상하는 순계예산을 사용해서는 안되며 조세수입 총액을 계상해야 한다는 원칙이라 할 수 있다. 즉 1000원을 징수하면서 100원의 징수비용이 발생하는 경우, 징수비용을 제외한 순수입 900원만 이전시켜서는 안되며, 1000원을 보고하고 사후적으로 100원을 보상받는 방식을 채택해야 한다는 것이다. 재정의 전반을 파악하는 것이 용이하고 예산의 책임을 명확히 할 수 있다는 장점 때문에 현재 우리나라 및 대부분의 국가들은 총계예산주의를 채택하고 있다.

ㅇ 총계예산 = 모든 수입을 세입으로 계상
ㅇ 순계예산 = 징세비를 공제한 순수입을 세입으로 계상

5) 우리나라 지방자치단체별 예산규모

아래 〈표 VII-5〉에는 2012년도 우리나라 지방자치단체 전체 및 지방자치단체 종류별 예산순계의 규모를 소개해두었다. 지방자치단체 전체의 예산순계는 151조 950억원이며, 그 중 일반회계 예산이 122조 2,957억원으로 80.9%를 차지하고 나머지는 특별회계 예산이다. 지방자치단체 전체의 예산순계에 대한 지방자치단체 종류별 예산순계의 비중을 살펴보면, 특별시 13.2%, 광역시 18.2%, 제주특별자치도 1.9%, 도 31.0%, 시 21.3%, 군 9.8% 그리고 자치구 4.6%로 구성된다.

〈표 VII-5〉 우리나라 지방자치단체별 예산순계규모(2012년도)

(단위: 억원, %)

단체별	예산규모		일반회계		특별회계	
	금액	구성비	금액	구성비	금액	구성비
총계	1,510,950	100	1,222,957	80.9	287,994	19.1
소계	970,664	64.2	782,710	51.8	187,954	12.4
특별시	198,902	13.2	151,533	10.0	47,369	3.1
광역시	274,837	18.2	202,265	13.4	72,572	4.8
특별자치도	29,279	1.9	24,250	1.6	5,030	0.3
도	467,646	31.0	404,663	26.8	62,983	4.2
소계	540,286	35.8	440,247	29.1	100,040	6.6
시	322,196	21.3	242,801	16.1	79,395	5.3
군	148,679	9.8	136,918	9.1	11,761	0.8
자치구	69,412	4.6	60,527	4.0	8,884	0.6

주: 당초예산 순계규모
자료: 재정고, '2012년도 지방자치단체 예산개요'

3 지방수입

1) 지방수입의 의의

(1) 지방수입의 개념

지방수입이란 지방자치단체가 필요한 경비의 재원으로 충당하기 위하여 취득하는 일체의 수입을 말한다. 1회계연도의 지방수입은 지방세입이라고 한다. 지방수입은 지방세·세외수입·지방교부세·국고보조금·지방채 등으로 구성된다. 이러한 수입에는, ① 법령 또는 공권력에 입각하여 강제 징수하는 것, ② 사용의 대가 또는 반대급부로서 수납하는 것, ③ 재산을 처분해서 수납하는 것, ④ 상급기관으로부터의 이전에 의한 것 등이 있다.

(2) 지방수입의 분류

지방수입은 그 성격에 따라 첫째, 자주재원과 의존재원, 둘째, 일반재원과 특정재원, 셋째, 경상수입과 임시수입으로 분류할 수 있다.

(가) 자주재원(자체수입)과 의존재원(의존수입)

지방수입의 조달방법에 따라 자주재원과 의존재원으로 구분할 수 있다. 자주재원과 의존재원을 자체수입과 의존수입이라는 용어로 쓰기도 한다.[12)]

① 자주재원이란 문자 그대로 지방자치단체가 스스로 그 기능을 직접 행사해서 조달할 수 있는 재원으로서, 지방세와 세외수입이 이에 속한다.

② 의존재원이란 수입의 원천을 국가 또는 상급 자치단체에 의존하고 있는 것으로서, 국가의 국고보조금과 지방교부세, 그리고 광역자치단체의 조정교부금, 재정보전금, 시·도비보조금 등이 이에 속한다.

③ 자주재원이 전체 세입규모에서 차지하는 비중이 클수록 자치단체의 세입구조는 '안정성'이 높다.

(나) 일반재원과 특정재원

지방수입을 그 지출 용도의 범위를 기준으로 분류할 때에는 일반재원과 특정재원으로 나누어진다.

① 일반재원이란 지방자치단체가 어떠한 경비로서도 지출할 수 있는 수입을 뜻하며, 대체적으로 지방세·세외수입·지방교부세가 여기에 속한다.

② 특정재원이란 지출해야 하는 용도가 특정되어 있는 수입을 뜻하며, 국고보조금이 여기에 속한다. 그리고 세외수입 중에도 일부는 특정재원인 것도 있다.

③ 지방자치단체의 재원 중에서 일반재원이 차지하는 비중이 클수록 재정운영의 '탄력성'이 제고되어 재정수요의 변동에 대한 적응력이 증대된다. 반면에 특정재원의 구

---

12) 참여정부 이후 우리나라 중앙정부에서는 지방재정분석시 자주재원과 의존재원 대신 자체수입과 의존수입이라는 용어를 사용하는 경향이 있다. 이 경우 지방세와 세외수입을 자체수입으로 분류하는 것은 마찬가지이나, 과거에 의존재원으로 분류하던 지방교부세, 조정교부금 및 재정보전금을 '자주재원'이라는 명목으로 분류하여 자체수입과 자주재원이 지방세입총액에서 점하는 비율을 '재정자주도'라는 명칭의 재정지표로 사용하고 있다. 그러나 이러한 분류나 용어사용은 통상의 학술적 관행을 벗어난다.

성비가 높을수록 사업선택의 여지가 축소되고 탄력성이 감소되며 지방재정의 경직도는 높아진다.

(다) 경상수입과 임시수입

지방재정의 수입을 그 규칙성을 기준으로 분류할 때에는 경상수입과 임시수입으로 나눌 수 있다.

① 경상수입이란 매년 규칙적으로 확보할 수 있는 수입을 뜻하며 지방세, 사용료·수수료, 보통교부세 등이 있다.

② 임시수입이란 매년 불규칙적·임시적으로 확보되는 수입을 의미하며 특별교부세·부동산 매각수입·지방채수입 등이 있다.

③ 경상수입과 임시수입을 분류하는 실익은 지방재정의 '건전성'을 판단하기 위한 기준으로 사용하려는 데 있다. 경상적 경비가 경상수입의 범위 내에서 충당되는 경우에는 재정이 건전하다고 할 수 있다.

2) 지방수입의 종류

지방수입 전체를 자주재원, 의존재원, 그리고 지방채로 분류하여 지방수입의 종류를 구체적으로 살펴보기로 한다.

(1) 자주재원

자주재원이란 지방자치단체가 스스로 그 기능을 직접 행사해서 조달할 수 있는 재원으로서 지방세와 세외수입이 있다.

(가) 지방세

(A) 지방세의 의의

(a) 지방세의 개념

지방세는 지방자치단체가 그 재정수입을 조달하기 위하여 자치재정권에 의거하여 그 주민 또는 이와 동일한 지위에 있는 자로부터 강제적으로 징수하는 금전이다.

(b) 지방세의 특징

① 징수의 주체는 지방자치단체이다.(국세는 국세청 산하의 세무서에서 징수)

② 자치재정권에 의하여 강제적으로 징수한다.

③ 주민 또는 이와 동일한 지위에 있는 자로부터 징수한다.

④ 지방자치단체의 경상수입이다.

(B) 지방세의 구조

2011년 1월 1일부터는 종전의 지방세법이 지방세기본법, 지방세법 및 지방세특례제한법 등 3개 법으로 분법되어 시행되게 되었다. 개정 지방세법에서는 종전의 유사한 세목들을 통폐합하여 16개 세목을 11개 세목으로 간소화하였다. 이에 따라 지방세는 보통세 9개 세목과 목적세 2개 세목 등 11개 세목이 있다. 보통세란 지방자치단체가 일반적인 경비를 충당하기 위해 부과하는 조세이고, 목적세란 특정한 사업의 예산을 확보하기 위해 한시적으로 운용하는 조세이다. 이들 세목을 징수 주체별로 구분하면 아래 〈표 VII-6〉과 같이 특별시·광역시세, 도세, 시·군세, 자치구세로 분류된다.

〈표 VII-6〉 지방세의 구조

<table>
<tr><td rowspan="6">지방세</td><td rowspan="2">특별시세·광역시세</td><td>보통세</td><td>취득세, 레저세, 담배소비세, 지방소비세, 주민세, 지방소득세, 자동차세</td></tr>
<tr><td>목적세</td><td>지역자원시설세, 지방교육세</td></tr>
<tr><td rowspan="2">도세</td><td>보통세</td><td>취득세, 등록면허세, 레저세, 지방소비세</td></tr>
<tr><td>목적세</td><td>지역자원시설세, 지방교육세</td></tr>
<tr><td colspan="2">구세</td><td>등록면허세, 재산세</td></tr>
<tr><td colspan="2">시·군세(광역시의 군세 포함)</td><td>담배소비세, 주민세, 지방소득세, 재산세, 자동차세</td></tr>
</table>

자료: '지방세기본법'(시행 2011. 1. 1)

(C) 지방세목

① 취득세

취득세는 부동산, 차량, 기계장비, 항공기, 선박, 광업권, 어업권, 골프회원권, 승마

회원권, 콘도미니엄 회원권 또는 종합체육시설 이용회원권을 취득한 자에게 부과한다.

② 등록면허세

'등록'이란 재산권과 그 밖의 권리의 설정 · 변경 또는 소멸에 관한 사항을 공부에 등기하거나 등록하는 것을 말하고, '면허'란 각종 법령에 규정된 면허 · 허가 · 인가 · 등록 · 지정 · 검사 · 검열 · 심사 등 특정한 영업설비 또는 행위에 대한 권리의 설정, 금지의 해제 또는 신고의 수리(受理) 등 행정청의 행위를 말한다. 자격의 면허가 아니고 영업 관련의 면허이다. 등록면허세의 납세의무자는 그러한 등록을 하거나 면허를 받은 자이다.

③ 주민세

주민세는 다수의 주민에게 부담시켜, 세제를 통해서 부담 분임의 정신을 구현시키고자 하는데 의의가 있다. 주민세는 균등분 및 재산분으로 과세된다.

균등분은 당해 지방자치단체 내에 주소를 두고 있는 개인(세대주)에게 부과하는 개인균등분과 사무소 · 사업소를 두고 있는 법인에게 부과하는 법인균등분으로 나누어진다. 세대주에게만 과세하는 개인균등분은 해당 지방자치단체의 장이 1만원을 초과하지 아니하는 범위에서 조례로 정하는 세액으로 정해지고, 법인균등분은 자본금과 종업원 수에 따라 50만원~5만원 사이에서 다양하다.

재산분의 납세의무자는 과세대장에 등재된 사업주이며, 재산분의 과세표준은 과세기준일 현재의 사업소 연면적으로 한다.

④ 재산세

재산세는 토지, 건축물, 주택, 항공기 및 선박을 과세대상으로 하여, 이러한 재산을 소유하고 있는 자가 납세의무자가 된다.

⑤ 레저세

레저세란 경륜 · 경정 · 경마 및 기타 사행행위에 대한 과세이다. 해당 사업을 하는 자가 납세의무자가 된다.

⑥ 자동차세

자동차세는 자동차에 대하여 그 소유자에게 부과하는 조세이다. 자동차란 자동차관리법의 규정에 의하여 등록된 차량과 건설기계관리법의 규정에 의하여 등록된 덤프트럭 및 콘크리트믹서트럭을 말한다.

⑦ 담배소비세

담배소비세는 담배의 제조자나 수입판매업자에게 부과되는 조세로 담배의 개비수나 중량을 기준으로 부과된다. 제조자는 제조장으로부터 반출(搬出)한 담배에 대하여, 수입판매업자는 보세구역으로부터 반출한 담배에 대하여 담배소비세를 납부할 의무가 있다. 다만 담배소비세의 납세지는 담배가 매도된 소매인의 영업장 소재지로 한다.

⑧ 지방소비세

국세인 부가가치세의 5%를 지방소비세로 전환하여, 지방자체단체에 교부금 개념으로 재원을 이전해 주는 세목으로, 일종의 교부세(나누어주는 세금)의 일종이다. 부가가치세의 납세의무자가 부가가치세를 신고 · 납부하면 국가에서 지방소비세 분을 해당 지방자치단체에 이전한다. 징수의무자는 부가가치세의 납세지를 관할하는 세무서장이나 세관장이 된다.

⑨ 지방소득세

지방소득세란 소득분과 종업원분으로 나누어지는데, 소득분은 국세인 소득세와 법인세의 납세의무자에게 부과하고, 종업원분은 종업원에게 급여를 지급하는 사업주에게 부과한다. 소득분의 표준세율은 소득세액 · 법인세액의 10%이고, 종업원분은 종업원급여총액의 0.5%이다.

⑩ 지역자원시설세

지역자원시설세의 과세대상은 1. 발전용수, 지하수, 지하자원, 컨테이너를 취급하는 부두를 이용하는 컨테이너 및 원자력발전, 2. 소방시설, 오물처리시설, 수리시설, 그 밖의 공공시설로 인하여 이익을 받는 자의 건축물, 선박 및 토지이다. 목적세인 지역자원시설세는 기존의 목적세 중 공동시설세와 지역개발세가 통합된 것이다.

⑪ 지방교육세

지방교육세는 지방교육의 질적 향상에 필요한 지방교육재정의 확충에 드는 재원을 확보하기 위하여 부과하는 목적세로서, 취득세, 등록면허세, 레저세, 담배소비세, 재산세 등의 지방세에 부가하여 과세한다.

(나) 세외수입(稅外收入 nontax receipts)

(A) 세외수입의 의의

(a) 세외수입의 개념

세외수입은 일반적으로 지방재정수입 중 지방세 이외의 자체수입을 말하는 것으로 지방세에 대응하는 개념으로 사용하고 있다. 그러나 용어 사용의 경우에 따라 아래의 3가지 의미로 통용되고 있다.

① 광의: 지방재정수입 중에서 지방세수입, 지방교부세와 국고보조금을 제외한 일체의 수입을 의미한다. 따라서 광의의 세외수입에는 전입금, 이월금, 지방채도 포함된다. 자치단체의 세입구조를 지방세, 세외수입, 지방교부세, 보조금의 네 가지로 분류할 때의 세외수입이 바로 광의의 의미이다.

② 협의: 광의의 세외수입 중에서 전입금, 이월금과 같은 명목적인 수입과 특별한 사유로 당해연도에 한해서만 발생하는 지방채 · 기부금 · 부동산매각수입과 같은 임시적 수입을 제외한 수입을 의미한다. 즉, 협의의 세외수입은 명목적 · 임시적 수입을 제외한 실질적 · 경상적 수입만을 지칭하는 개념이며 세외수입의 증대라고 하는 경우의 세외수입이 바로 협의의 의미이다.

③ 최협의: 협의의 세외수입에서 특별회계의 영업수입을 제외한 수입, 즉 일반회계에 있어서의 협의의 세외수입을 의미한다.

광의의 세외수입에는 장래 일정기간에 걸쳐 상환해야 할 채무인 지방채수입도 포함되기 때문에 통상 세외수입이라고 할 때에는 협의나 최협의의 의미로 사용한다.

(b) 세외수입의 특징

① 세외수입은 그 종류가 매우 많으며, 징수근거나 형태 등에 있어서도 매우 다양하다.

② 세외수입은 지방자치단체에 따라 세입분포가 불균형하고, 또 연도 간에도 그 신장률이 불안정한 경향을 보이고 있다.

③ 세외수입의 징수형태를 보면 현금으로 징수하는 것 이외에 수입증지의 형태로 징수하는 것도 있다.

④ 세외수입은 일반재원인 것도 있고 특정재원인 것도 있다.

⑤ 세외수입은 징수근거에 따라 사용용도가 지정된 경우(특정재원)도 있는데, 사용용도의 지정은 대부분 세출예산과 연결되고 있다. 예를 들자면 다음과 같다.

- 하천 점·사용료수입 - 하천관리에 사용(하천법)
- 공원사용료수입 - 공원의 개발·관리에 충당(자연공원법)
- 자동차운수사업과징금 - 교통안전시설 등 확충(자동차운수사업법)
- 주정차위반과태료 - 주정차시설확충(주차장법)

⑥ 지방세수의 확충은 조세저항이나 경기침체로 인해 그리 쉽지 아니한 반면, 각종 공기업의 확대나 사업수입의 개발 등으로 세외수입의 영역과 규모는 계속 확대되어 가고 있다.

(B) 세외수입의 종류

세외수입은 회계에 따라 일반회계수입과 특별회계수입으로 구분되고, 수입의 안정성에 따라 경상적 수입과 임시적 수입으로 구분된다. 경상적 수입은 매년 정기적으로 거두어지는 수입, 임시적 수입은 특정한 회계연도에 한해 일시적으로 발생하는 부정기적 수입을 말한다.

(a) 일반회계수입

① 경상적 세외수입

㉠ 재산임대수입

지방자치단체가 국·공유재산을 관리·운영하는 과정에서 발생하는 수입으로, 소유주체에 따라 국유재산임대수입과 공유재산임대수입(지방자치단체 소유재산)으로 구분되나 모두 지방수입이 된다. 재산임대수입에는 국·공유재산을 매각·처분하여 발생하는 수입은 제외된다.

㉡ 사용료

사용료는 국가나 지방자치단체가 소유하는 공공시설의 이용이나 재산의 사용에 대한 반대급부로 이용자에게 부과·징수하는 수입이다. 사용료에는 도로, 하천, 하수도, 가축시장, 도축장, 운동장, 공연장, 복지회관, 시민회관 등 공공시설에 대한 사용료 및 입장료가 있다.

㉢ 수수료

수수료는 국가나 지방자치단체가 특정인에게 제공한 특정 역무에 대하여 그 비용의 전부 또는 일부를 당해 역무에 대한 반대급부로 징수하는 금전 또는 금전적 가치를 말한다. 수수료 수입에는 호적, 주민등록, 인감 등 제증명에 관한 수수료 수입과 각종 시험에 대한 증지수입 등이 있다.

㉣ 사업수입

지방자치단체가 각종 사업을 직접 운영하면서 얻어지는 수입으로, 생산물 및 부산물 매각수입, 주차장 요금수입, 도로 통행료수입, 공사완료지구 분담금수입, 주택 · 택지 · 공업용지 · 생산품 등의 매각수입 등이 있다.

㉤ 징수교부금수입

국세 · 도세 · 시세 또는 하천사용료 · 도로사용료 등을 시 · 군 · 구가 징수할 경우 징수위임기관인 국가 또는 시 · 도에서 교부하는 것으로, 징수사무에 소요되는 경비를 보상하는 것이다.

㉥ 이자수입

지방자치단체가 그 세입금(자금)을 예치 · 관리하는 과정에서 발생하는 과실수입을 말한다.

② 임시적 세외수입

㉠ 재산매각수입

지방자치단체의 재산매각계획에 따라 각종 공유재산을 매각하여 얻는 수입을 말한다.

㉡ 순세계잉여금

세계(歲計)란 한 회계연도나 한 해의 세입 · 세출의 총계를 말한다. 그리고 세계잉여금(歲計剩餘金)은 재정운용 결과 세입이 예산보다 초과 징수되거나, 세출이 당초 세출예산보다 적게 집행되어 불용액이 발생된 경우 초과세입과 세출불용액의 합계를 말한다. 즉 정부가 1년 동안 거둬들여 쓰고 남은 돈이며, 이는 다음 해의 세입에 이월된다. 이 세계잉여금 중 이월금으로 충당되고 남는 금액을 순세계잉여금이라 한다. 우리나라 예산회계법에 의하면, 건전재정의 원칙에 입각해서 순세계잉여금액을 차입금상환에 충당한다고 규정하고 있다.

㉢ 이월금

동일 회계에서 전년도의 결산결과 생긴 세계잉여금 중 당년도로 이월된 분을 말한다.

㉣ 전입금

지방자치단체 내부의 다른 회계 또는 기금으로부터의 자금의 이동으로 발생한 수입을 말한다. 이는 단순히 장부상의 자금이동으로 소위 회계조작상의 수입이라 할 수 있는 것이다.

㉤ 예탁금(예수금)

일반회계와 특별회계 상호간 및 특별회계 내의 계정간의 예탁금을 말하며, 예탁금상환금은 그 예탁금의 상환금과 이자수입을 포함한다.

㉥ 융자금 원리금수입

민간 또는 다른 지방자치단체에 융자한 금액을 회수하는 원리금 수입을 말한다.

㉦ 기부금

기부금이란 일반시민 등으로부터 임의의 발의에 의해서 그 용도를 지정하거나 또는 지정하지 않고 일정금액이 지방자치단체에 납입되는 것을 말한다.

㉧ 과년도 수입

징수결정된 수입금이 당해년도의 출납폐쇄기한(2월말)이 만료될 때가지 수납되지 않고 그 후에 수납되었을 때에는 그 납부된 날이 속하는 연도의 수입으로 하고 이를 과년도수입이라는 명목으로 정리하는 것을 말한다.

㉨ 부담금

세외수입으로 취급하는 부담금에는 다음의 2종류가 있다.

ⓐ 국가 또는 지방자치단체가 시행하는 특정 사업에 대하여 특별한 이해관계가 있는 자에게 그 사업에 필요한 경비의 전부 또는 일부를 부담시키기 위해 국가 또는 지방자치단체가 일방적으로 부과하는 금액으로, 특별부과금이라고도 한다. 경비의 일부씩을 나누어 부담시키는 경우에는 분담금(分擔金)이라고도 한다. 강제적 · 일방적으로 부과되므로 법률상 근거가 필요하다.

ⓑ 국가와 지방자치단체 사이 및 지방자치단체 상호간에 볼 수 있는 일로서, 일정한 사업에 대하여 그 경비의 부담비율이 정해져 있을 때 그에 따라서 지출해야 할 금전 급부이다. 국가의 직할사업에 대한 지방자치단체의 부담금, 지방자치단체 또는

그 기관이 시행하는 사무에 대한 국가의 부담금, 시 · 구 · 읍 · 면이 행하는 사무에 대한 광역시 · 도 · 시 · 군의 부담금, 광역시 · 도 · 시 · 군이 시행하는 토목 및 기타 건설사업에 대한 시 · 구 · 읍 · 면의 부담금 등이 있다.

㉧ 분담금

분담금이란 지방자치단체의 재산 또는 공공시설의 설치로 인하여 주민의 일부가 특히 이익을 받을 때, 그 이익을 받는 자로부터 그 이익의 범위에서 징수하는 공과금을 말한다. 현행 지방자치법에서는 분담금이라 표현하고 있으나 통상 부담금이라고 한다.

㉨ 잡수입

각종 수입 이외의 수입을 총괄해서 말하는 것으로, 잡수입으로는 불용품 매각대, 변상금 · 과태료 · 체납처분비 · 보상금 등을 포함한 위약금, 예금이자, 사용 잔액반환금 등이 있다.

(b) 특별회계수입

특별회계수입은 사업수입과 사업외 수입을 총칭한다.

① 사업수입

사업수입이란 지방자치단체가 특별회계를 설치하여 상 · 하수도, 공영개발, 주택 등의 사업을 운영하여 발생하는 경상적 수입을 말한다.

② 사업외 수입

사업외 수입이란 일반회계의 임시적 수입과 같이 전년도 결산결과 발생한 잉여금, 이월금, 융자금회수금, 전입금, 이자수입, 과년도수입 등의 잡수입을 말한다.

(2) 의존재원

지방재정의 의존재원은 지방재정조정제도에 의해 지방자치단체가 국가에게, 그리고 기초자치단체가 광역자치단체에게 그 재원을 의존하고 있는 것이다. 기본적으로 지방자치단체가 필요로 하는 비용은 지방세나 세외수입과 같은 자체재원으로 조달하는 것이 바람직하나, 현실적으로는 세원 편재로 인한 지역 간의 재정력 격차가 발생함으로써 자치단체별 재정불균형 현상이 나타나고 있다. 그러나 모든 지방자치단체에서 일정 수준 이상의 재원이 보장되어야 지역 복지의 달성과 나아가서는 국가적 통합을 도모할 수 있다. 이러한 지역 간 불균등한 재정 상태를 시정하고 지역 간 형평성이 있는 행정을 도모하기 위한 국가와 지방간의 재원이전 장치가 바로 지방재정조정제도이다. 우리나라 현행 지방재정조정제도는 국가와 지방자치단체 간, 광역자치단체와 기초자치단체 간으로 구분하고 있다. 우선 국가가 지방자치단체의 재원을 보전하고 지방자치단체간의 재정격차를 조정하거나 국가시책사업이나 권장사업을 추진하기 위해 국고를 지원하는 제도로는 지방교부세 및 국고보조금('광역 · 지역발전특별회계' 포함)이 있다. 그리고 광역지방자치단체가 기초자치단체에 지원하는 제도로는 조정교부금, 재정보전금 및 시 · 도비보조금이 있다.

(가) 지방교부세(exchequer equalization grants)

(A) 지방교부세의 의의

(지방)교부세는 국가가 지방자치단체의 재정수요의 부족재원을 전반적으로 보전할 목적으로 지방자치단체에게 교부하는 일반재원이다. 이는 지방자치단체 간의 경제적 격차로 인한 재정 격차를 완화하고 사무수행에 필요한 경비의 부족을 보전하여 공공서비스 수준을 향상시키려는 목적을 가진다. 지방교부세의 법적 근거는 지방자치법과 지방재정법이고, 지방교부세의 운영관리는 지방교부세법에 의거하고 있다.

(B) 지방교부세의 특징

지방교부세는 다음의 특징을 갖는다.

① 경상적 재원

지방교부세는 매년 경상적으로 수입되는 이른바 경상재원임을 그 특질로 한다.

② 일반재원

지방교부세는 형식적으로는 국가의 일반회계에서 지출되지만 그 실질적 성격은 국고보조금과는 판이하다. 즉, 국고보조금이 국가에 의해 비도가 정해진 데 비해 지방교부세는 비도가 정해지지 않고 지방자치단체가 독자적으로 사용방법을 결정하는 일반재원이며, 이점에 있어 보통세로서 징수되는 지방세와 같은 성격을 가지고 있다.

③ 지방자치단체 공유의 독립재원

지방교부세는 국가로부터 교부되는 의존재원이긴 하나, 국가수입의 단순한 이전이 아니고 법률적으로 본래 모든 지방자치단체가 공유하는 독립재원으로서 일종의 간접과세형태의 지방재원이다. 이러한 점에서 지방교부세의 교부율이 법령으로 고정되어 있다.

(C) 지방교부세의 종류

지방교부세법 제3조에 의하면 지방교부세의 종류는 보통교부세 · 특별교부세 · 분권교부세 및 부동산교부세 4종류가 있다. 이를 살펴보기로 한다.

(a) 보통교부세

보통교부세는 지방자치단체의 일반재원으로 사용되는 교부재원이며, 매년도 기준재정수입액이 기준재정수요액에 미달하는 지방자치단체에 대하여 그 미달액(재정부족액)을 기초로 하여 교부하는 것이다. 다만, 자치구에 대하여는 기준재정수요액과 기준재정수입액을 각각 당해 특별시 또는 광역시의 기준재정수요액 및 기준재정수입액에 합산하여 산정하고, 이를 당해 특별시 또는 광역시에 교부한다. 보통교부세는 기준재정수입액이 기준재정수요액을 초과하는 재정이 양호한 지방자치단체에는 배분되지 않는다. 이러한 불교부 지방자치단체로는 2010년 현재 서울특별시, 그리고 수원, 성남, 고양, 과천, 용인, 화성, 창원 등 7개 시가 해당된다.

(b) 특별교부세

특별교부세는 교부세 제도의 신축성을 보장하기 위한 조치이다. 따라서 여타 교부세는 연 4기로 나누어 교부하나 특별교부세는 교부해야 할 사유가 발생하면 수시로 교부하게 되어 있다. 교부세의 설치목적과 그 배분상의 원칙에서 볼 때 특별교부세는 예외적 조치이며 보통교부세의 보완기능을 갖고 있는 것이다.

특별교부세는 다음의 두 경우에 각각 특별교부세 재원의 2분의 1에 해당하는 금액을 교부한다 : ① 보통교부세의 산정에 사용된 기준재정수요액의 산정방법으로서는 포착할 수 없는 특별한 재정수요가 있을 때, ② 보통교부세의 산정기일 이후에 발생한 재해로 인하여 특별한 재정수요가 있거나 또는 재정수입의 감소가 있을 때.

(c) 분권교부세

그 동안 국고보조금으로 지원되던 149개의 국가위임사무를 2005년부터 지방사무로 이양하고 이를 분권교부세로 지원하게 되었다. 분권교부세는 사업을 이양 받은 자치단체에 대하여 교부한다. 분권교부세는 내국세 총액의 0.83%로 정하고(2005년 0.94%로 개정), 2005년부터 2009년까지 5년간 한시적으로 운용한 후 2010년부터는 보통교부세로 전환하도록 하였으나, 다시 기한을 2014년까지 연장하기로 하였다.

(d) 부동산교부세

부동산교부세의 재원은 '종합부동산세법'에 의한 종합부동산세 총액이며 이는 지방자치단체에 전액 교부하여야 한다. 종합부동산세는 시 · 군 · 구세인 종합토지세와 재산세의 일부(재산세 중 건물분은 지방세, 토지분은 국세임)가 국세인 종합부동산세로 전환되면서 2005년 1월 탄생했다. 부동산교부세는 세출 목적을 지정하지 않고 지방자치단체의 정책 의지에 따라 자율편성 및 집행하는 일반재원이고, 국고보조금과 달리 국가와 결산 · 정산 하지 않는 지방세적 성격을 갖고 있는 재원이다. 일차적으로 주택거래세 인하에 따른 지방자치단체의 세수감소분을 보전하고, 남은 재원은 전액 지방자치단체의 일반재원으로 배분하여 지방자치단체의 균형발전을 위해 사용토록 한다.

(D) 지방교부세의 재원

① 교부세(부동산교부세를 제외한다)의 재원은 당해연도의 내국세 총액의 19.24%에 해당하는 금액이다. (단, 이 내국세 총액 중 목적세 및 종합부동산세와 다른 법률에 의하여 특별회계의 재원으로 사용되는 세목의 당해 금액은 제외한다.)

② 분권교부세의 재원은 위 내국세총액의 0.94%에 해당하는 액으로 하고, 보통교부세의 재원은 분권교부세액을 제외한 교부세총액의 96%에 해당하는 액으로 하며, 특별교부세의 재원은 분권교부세를 제외한 교부세총액의 4%에 해당하는 액으로 한다.

③ 부동산교부세의 재원은 종합부동산세법에 의한 종합부동산세 총액으로 한다.

(나) 국고보조금(grants-in-aid)

(A) 의 의

국고보조금은 국가가 해야 할 사업을 지방자치단체로 하여금 하게 할 때나, 국가의 입장에서 특정사업을 장려할 때에 그 필요한 경비의 일부나 전부를 교부하는 용도가 지정된 특정재원이다. 이것은 지방세 · 세외수입 · 지방교부세 등의 일반재원과는 달리 사용용도가 특정될 뿐만 아니라 보조사업의 세부에까지 국가의 감독을 받는다. 따라서 국고보조금제도는 국가의 의도를 지방자치단체에 실현하기 용이하나, 지방자치단체의 자율성을 헤칠 수 있다. 그리고 실제로는 국고보조금이라는 명칭 외에 부담금, 교부금, 보조금 등의 명칭으로 지원되고 있다.

한편, 2003년에 제정된 '국가균형발전특별법'은 과거 각 중앙부처들이 개별적으로 추진하던 다양한 지역발전 사업들을 '광역 · 지역발전특별회계'(구 '국가균형발전특별회계')로 통합하고 이들 사업수행을 위한 보조금을 지방자치단체에 지원하도록 하고 있다. 이 보조금을 '광역 · 지역발전특별회계 보조금'이라 하는데, 중앙정부가 설정한 '지방자치단체 세입예산 과목구분과 설정' 기준에 의하면 이 보조금은 '국고보조금'항 아래 하나의 목으로 분류되어 있다. 이 분류에 의거, 광역 · 지역발전특별회계 보조금은 국고보조금의 일종으로 간주할 수 있다.

(B) 국고보조금의 특성

① 특정재원

국고보조금은 비도가 정해져 있는 특정재원임을 그 특질로 한다. 따라서 지방자치단체의 수입 중에서 지방세 · 지방교부세(특별교부세 제외)와 같이 그 비도에 여하한 제약도 없는 일반재원과 구별된다.

② 의존재원

국고보조금은 국가로부터 교부되는 의존재원임을 그 특질로 한다. 따라서 지방세 · 사용료 · 수수료 등과 같이 지방자치단체 자신이 징수하는 자주재원과 구별된다.

③ 경상재원

국고보조금은 매년 경상적으로 수입되는 경상재원임을 그 특질로 한다. 지방자치단체의 수입 중 재산매각수입 · 기부금 · 이월금과 같은 임시수입과 구별된다.

(C) 국고보조금의 종류

국고보조금은 지방자치단체가 국가위임사무와 국가시책사업 등을 추진하도록 그 사용 범위를 정하여 필요 경비의 전부 또는 일부를 보조하거나, 재정상의 원조를 하기 위하여 교부하는 제도이다. 국고보조금은 지출목적이나 경비의 성질에 따라 부담금, 교부금, 보조금으로 구분된다.

① 부담금

부담금은 지방자치단체 또는 그 기관이 법령에 의하여 처리하여야 할 사무로서 국가와 지방자치단체 상호간에 이해관계가 있는 경우에, 그 원활한 사무 처리를 위하여 국가가 그 전부 또는 일부를 부담하는 경비로 생활보호, 의료보호, 전염병 예방, 직업 안정, 재해복구 사업 등의 사업 운영에 부담되는 경비이다.

② 교부금

교부금이란 국가가 스스로 수행하여야 할 사무를 지방자치단체 또는 그 기관에 위임하여(단체위임사무 및 기관위임사무) 수행하는 경우에 그 소요되는 경비를 전부 국가가 당해 지방자치단체에 교부하는 금액이다(지방재정법 제21조②). 국민투표, 대통령 또는 국회의원 선거, 외국인 등록, 징병사업 등에 교부되는 것이다.

③ (협의의) 보조금

보조금이란 지방자치단체가 그 경비의 전액을 부담하여야 할 사무(자치사무)에 대하여 국가가 시책상 필요하다고 인정되거나(장려적 보조금), 또는 자치단체의 재정형편상 지원이 필요한 경우에(지방재정 보조금) 경비의 일부나 전부를 국가가 교부하는 금액이다(지방재정법 제23조). 국가와 자치단체 간에 이해관계가 있을 때에 국가가 그 경비를 부담하는 부담금과 구별된다. 그러나 국가와 자치단체 상호간에 이해관계가 상대적 · 유동적이기 때문에 이해관계가 없는 사무란 별로 없다. 따라서 협의의 보조금과 부담금의 엄격한 구분은 곤란하다.

(다) 조정교부금, 재정보전금, 시 · 도비보조금

조정교부금, 재정보전금, 시 · 도비 보조금 등은 기초지방자치단체의 재정을 조정하거나 보충하기 위해 광역자치단체에서 기초자치단체로 이전되는 재원이다. 각 제도의 그 특성을 아래 〈표 VII-7〉에 요약해 두고, 이를 설명하기로 한다.

〈표 VII-7〉 광역지방자치단체의 기초지방자치단체에 대한 재정조정제도

구 분	조정교부금	재정보전금	시 · 도비보조금
목 적	자치구의 재원보장 및 재정불균형 완화	시 · 군 · 구의 세입보전 및 시책추진 지원	시 · 도의 시책상 필요한 특정 사업 지원
재 원	특별 · 광역시세인 취득세의 세수 중 조례로 정하는 일정액	도세 또는 광역시세 중 조례로 정하는 일정액	시 · 도의 일반회계 또는 특별회계 예산
재원성격	일반재원	일반재원	특정 재원
배분방법	재정부족액을 기준으로 배정	인구, 징세실적, 시 · 군 · 구 재정사정 등 감안	사업별 용도지정, 지방비 확보의무

(A) 조정교부금

조정교부금 제도는 각 특별시 · 광역시별로 자치구 간 세원 분포의 불균형으로 인한 재정 불균형을 해소하고 자치구 간 행정의 일정한 수준을 확보하기 위해 시세(市稅) 중 일부 세목을 일정한 기준에 따라 자치구에 교부하는 제도이다.

조정교부금의 재원은 특별시 · 광역시의 시세인 취득세 중 조례로 정하는 일정 비율이며, 이 비율은 2012년 현재 서울특별시 50%, 부산 55%, 대구 56%, 인천 50%, 광주 70%, 대전 68%, 울산 58%이다.

(B) 재정보전금

광역자치단체에서 기초자치단체에 교부되는 재정보전금은 3가지 유형이 있다.

첫째, 광역시 · 도에서 관할 구역 안의 시 · 군에 교부하는 재정보전금이다. (관련법: 지방재정법 제29조 및 동법 시행령 제36조)

둘째, 특별시 · 광역시에서 관할 구역 안의 자치구에 교부하는 재정보전금이다. (관련법: 지방세법 제6조의 3 및 지방세법 부칙 제8조 제2항)

셋째, 위의 두 경우 이외에도 광역자치단체에서 기초자치단체의 재정보전을 위하여 교부되는 금액을 재정보전금이라고 한다.

(C) 시·도비 보조금

지방재정법 제23조(보조금의 교부) 제2항에는 “시 · 도는 시책상 필요하다고 인정되는 때 또는 시 · 군 및 자치구의 재정사정상 특히 필요하다고 인정되는 때에는 예산의

범위 안에서 시 · 군 및 자치구에 보조금을 교부할 수 있다"고 규정하고 있다. 이 규정에 의거 광역자치단체에서 기초자치단체에 교부하는 보조금을 시 · 도비 보조금이라 한다.

(3) 지방채

(가) 지방채의 의의

지방자치단체는 지역발전과 주민복리증진을 위하여 각종 사업을 수행하게 되는데 이에는 자금이 소요된다. 이러한 자금을 통상의 수입으로써는 조달할 수 없는 경우에는 차입에 의하게 되는데, 이러한 지방자치단체의 차입금(일시차입금 제외)을 지방채라고 한다. 과거에는 지방채를 세외수입의 일종으로 취급하였으나, 그 수입의 성격이 부채인 까닭에 근래에는 세외수입과 별도로 취급하여 분류한다.

(A) 지방채의 개념

지방채란 지방자치단체가 부족한 재원을 충당하기 위하여 과세권을 담보로 정부 또는 민간부문(금융기관 · 자본시장)으로부터 증서차입 또는 채권(債券)발행의 방법에 의하여 조달하는 차입자금으로서, 그 상환기간이 1회계년도를 넘는 장기차입금을 의미한다.

(B) 지방채의 특성

지방채는 2년 이상에 걸쳐 상환되는 지방자치단체의 채무이다. 따라서 회계연도 내에서 일시적인 자금의 부족을 보전하기 위해 차입하여 해당 회계연도의 수입으로 상환하는 일시차입금과 다르다.

지방채는 지방자치단체의 채무부담행위로서 엄격한 통제 아래 발행한다. 즉 대통령령이 정하는 지방채 발행 한도액의 범위 안에서 발행해야 하며, 한도액을 넘는 경우에는 행정안전부장관의 승인을 받아야 한다. 그리고 지방자치단체의 채무부담행위는 궁극적으로 주민의 채무부담으로 귀결되는 까닭에 지방채의 발행은 주민의 대표기관인 지방의회의 의결을 거쳐야 한다. 이는 일시차입금의 차입의 경우에도 마찬가지이다.

(나) 지방채의 종류

지방채의 종류는 그 발행주체나 발행방식 등에 따라 여러 가지로 나눌 수 있다.

(A) 일반(회계)채와 공기업채

① 일반(회계)채는 일반회계의 각종 사업에 필요한 자금을 조달하기 위해 발행하는 지방채이다. 일반채는 주로 당해 지방자치단체의 과세권을 그 담보로 하여 발행하며, 그 원리금은 주로 지방세와 지방교부세 등의 일반재원에서 상환된다.

② 공기업채는 특별회계 중에서 지방공기업법에서 규정하는 공기업이 발행하는 지방채를 의미한다. 공기업 중 지방직영기업의 채권(債券)은 지방채, 지방공사의 것은 사채(社債), 지방공단의 것은 공단채라 칭한다. 공기업채는 주로 해당 공기업의 수익능력을 담보로 발행하고, 그 원리금은 주로 해당 공기업의 수입에서 상환된다.

(B) 강제공채와 임의공채

① 강제공채는 국가 또는 지방자치단체가 그 권력에 의하여 강제적으로 공채를 인수시키는 것을 말한다.

② 임의공채란 응모자의 자유의사에 의하는 공채로서 자유공채라고도 지칭된다.

(C) 증서차입채와 채권발행채

① 증서차입채는 차용증서를 발행하서 돈을 차입하는 것이다.

② 채권발행채는 채권을 발행해서 돈을 차입하는 것이다.

3) 우리나라 지방자치단체의 수입 구분

아래 〈표 VII-8〉은 우리나라 지방자치단체 전체의 세입(당초예산 순계 기준)을 수입의 종류별로 구분해서 제시하고 있다. 2012년도의 경우, 세입총계 151조 950억원 중 지방세 수입 53조 7,953억원(35.6%)과 세외수입 32조960억원(21.2%)을 합한 자체수입은 85조 8,913억원으로서 세입총계의 56.8%를 차지하고 있다. 그리고 지방교부세 29조 2,159억원(19.3%)과 국고보조금 32조 482억원(21.2%)을 합한 의존수입은 61조

2,641억원으로서 세입총계의 40.6%를 차지하고 있다. 끝으로, 지방채는 3조 9,396억원[13]으로 세입총계의 2.6%를 차지하고 있다.

〈표 VII-8〉 지방자치단체 수입구분(당초예산 순계, 일반회계+특별회계)

(단위: 억원, %)

구분		2012년	
		당초예산	비중
총계		1,510,950	100
자체수입(자주재원)		**858,913**	**56.8**
	지방세수입	537,953	35.6
	세외수입	320,960	21.2
의존수입(의존재원)		**612,641**	**40.6**
	지방교부세	292,159	19.3
	국고보조금	320,482	21.2
지방채		**39,396**	**2.6**

주: 일반회계와 특별회계 전체의 수입총계에서 자체수입의 비율이 56.8%로 계산되나, 이는 오직 일반회계의 수입총계에서 자체수입의 비율을 측정하는 지방재정자립도와는 다르다.
자료: 행정안전부, 재정고(http://lofin.mopas.go.kr/), '2012년도 지방자치단체 예산개요'

4 지방경비(지방지출)

지방자치단체의 사무수행은 경비지출을 수반하게 되고, 이러한 경비를 체계적이고 계획적으로 지출하기 위한 방책으로서 세출예산이 편성되는데, 아래에서는 우선 지방경비의 개념 및 분류방법을 소개하고 난 뒤, 우리나라 현행 세출예산의 편성구조를 살펴보기로 한다.

13) 단, 이는 2012년도 지방채 발행 예정액이며, 2010년 12월말 현재의 우리나라 지방자치단체 전체의 지방채 총 누적규모는 28조 5,591억원에 이른다.(행정안전부, 재정고(http://lofin.mopas.go.kr/), '2012년도 지방자치단체 예산개요' 참조)

1) 지방경비의 의의

지방자치단체가 그 사무를 처리하는 데에는 재정적 비용이 뒤따르게 되는데 이 비용을 지방경비 또는 지방지출이라 하고, 1회계년도의 지방경비 또는 지방지출을 지방세출이라 한다.

지방경비는 곧 지방자치단체의 공공서비스 제공의 수단으로서, 경제적으로는 지역의 재화를 분배(distribution), 할당(allocation), 조정(coordination)하는 기능을 수행하고, 이를 통해 지역 주민의 욕구와 수요를 충족시키는 기능을 수행함으로써, 결과적으로 지역의 안정과 발전에 지대한 영향력을 발휘한다.

2) 지방경비의 분류

지방경비의 각 항목들은 그 성격에 따라 여러 가지 범주로 분류될 수 있다.

(1) 경비의 신축성에 의한 분류

(가) 경상적 경비와 임시적 경비

경상적 경비(ordinary expenditure)란 공공수요가 항구적이어서 매 회계연도마다 계속적 · 주기적으로 지출해야 하는 고정적 경비로서, 변동성이 적어 지출규모를 예측할 수 있다. 이러한 경상적 경비로는 지방공무원에 대한 보수, 시설 유지비, 이자지급비 등이 있다. 한편 임시적 경비(special expenditure)란 공공수요가 우발적이고 일시적이어서 지출원인행위의 발생시기와 지출규모가 예측되기 어려운 가변적 경비이다.

(나) 의무적 경비와 임의적 경비

의무적 경비(compulsory expenditure)란 지방자치단체가 매 회계연도마다 반드시 지출해야 할 의무가 있는 경비로서 인건비, 부채상환비, 계속비, 법률상 지출의무가 있는 경비 등이 이에 속하며, 임의적 경비(optional expenditure)란 자치단체가 매 회계연도마다 지출할 수도, 지출하지 않을 수도 있는 경비로서 투자사업비, 문화진흥비, 도시개발비 등이 이에 속한다.

경상적 경비는 대체로 의무적 경비에 속한다. 의무적 경비는 줄이거나 절감할 수 없으므로 탄력성이 없는 경비이다. 따라서 지방재정에서 의무적 경비의 비율이 높을수록 지출의 탄력성이 약해서 세출구조의 개선을 저해하는 요인이 되어 재정의 건전성이 낮은 것으로 해석된다.

(2) 경제적 성질에 의한 분류

(가) 소비적 경비와 투자적 경비

이는 경비지출이 자산형성에 기여하는가의 여부에 의한 분류이다. 소비적 경비(consumptive expenditure)란 지출의 효과가 단기간에 그쳐 자산형성에 기여하지 못하는 경비로서 구호비, 유지보수비 등이 대표적 예이다. 투자적 경비(investment expenditure)란 지출의 효과가 장기적 · 지속적으로 나타나 자산형성에 기여하는 경비로서 공공사업비와 재정투융자비가 이에 해당된다.

(나) 이전적 경비와 비이전적(실질적) 경비

이는 경비지출의 경제적 효과에 의한 분류이다. 이전적 경비(transfer expenditure)란 지방자치단체의 지출이 주민 또는 다른 회계(해당 지방자치단체의 다른 회계 또는 다른 지방자치단체나 국가의 회계)에로 이전되어 단순히 재원의 재분배에 그치는 것을 말한다. 비이전적 혹은 실질적 경비(untransfer expenditure)란 인건비나 물건비와 같이 재화와 서비스의 직접적인 구입에 지출되는 경비를 말한다.

(3) 기능별(목적별) 분류

기능별 혹은 목적별 분류란 지방경비를 정책적 기능(목적)에 따라 정리하여 분류하는 것으로, 지출품목들을 일반행정, 교육, 환경보호, 사회복지 등등의 정책범주로 분류한다. 이는 지방자치단체가 어떠한 분야의 일을 어느 규모로 하고 있는지 정책의 소재를 파악하기 위한 분류이다. 우리나라의 세출예산 및 결산에 이 분류방법이 사용되고 있다. 우리나라 세출예산의 과목 구분은 분야 · 부문 · 정책사업 · 단위사업 · 세부사업 · 목그룹 · 편성목 · 통계목의 순서로 되어 있는데, 이중 분야 · 부문의 분류가 기능별 분류이다.

(4) 사업별 분류

사업별 분류는 지방자치단체의 정책을 사업에 반영하기 위해 해당 정책분야·부문에 속하는 사업들을 체계적으로 계층화하는 방법이다. 이는 2008년부터 우리나라 지방자치단체의 세출예산편성에 도입한 분류방법인데, 각 정책분야·부문에 속하는 사업들을 사업범위의 크기에 따라 정책사업·단위사업·세부사업의 순으로 계층화하고 있다. 정책사업은 정책적으로 일관성을 가진 다수의 단위사업들의 묶음을 의미하며, 지방자치단체의 정책수행을 위해 설정되는 세출예산서상의 일차적 사업단위로서 그 하부사업인 단위사업의 설정 근거가 된다. 단위사업은 정책사업을 세분한 다수의 실행단위로서, 정책사업을 수행하기 위한 활동 근거가 된다. 통상 1개의 정책사업이 4-5개의 단위사업으로 구성되도록 하며, 최대 10개를 넘지 않도록 하고 있다(World Bank의 권고). 세부사업은 단위사업을 수행하기 위한 수 개의 사업단위로서, 가장 하위의 사업단위이다.

(5) 성질별 분류

기능별 분류는 그 경비의 정책적 목적이 무엇인가를 기준으로 분류하는 반면, 성질별 분류는 그 경비의 경제적 성질이 무엇인가를 기준으로 분류한다. 즉 성질별 분류는 어떠한 경제적 성질을 갖는 경비가 어느 정도 지출되고 있는가를 파악하기 위한 것으로, 경비를 인건비, 물건비, 자본지출비, 경상이전비 등으로 분류하게 된다. 지방경비는 궁극적으로 다시 민간경제로 환류되는데, 지방경비가 어떠한 경제적 내용으로 민간경제에 유입되는가를 나타내기 위한 경비구분이 성질별 경비분류인 것이다. 우리나라 세출예산의 과목 구분 중 목그룹·편성목·통계목의 분류가 이에 해당한다.

3) 우리나라 지방자치단체의 세출예산 편성구조

중앙정부든 지방정부든 정부의 모든 활동은 세입을 기반으로 해서 이루어지고, 또한 각각의 활동은 세출을 수반한다. 세출예산은 세입예산의 범위 내에서 기능별, 사업별 및 성질별로 지출한도와 내용을 정해서 편성된다. 따라서 세출예산을 보면, 정부가 무엇을 수행하고 있고 어디에 주력하고 있는지를 알 수 있다.

우리나라 지방자치단체의 예산은 중앙정부의 예산관계법령과 행정안전부 훈령인 '지방자치단체 예산편성 운영기준'에 의거 편성되고 집행되는데, 2008 회계연도 예산편성부터는 기존의 통제위주의 품목예산제도를 성과위주의 사업예산제도로 바꾸어 시행하고 있다. 사업예산제도란 지방자치단체의 정책이 체계적으로 반영될 수 있도록 사업을 중심으로 세출예산을 편성 · 배정 · 집행 · 평가함으로써 재정성과를 높이기 위한 예산제도이다. 이에 따라 기존의 세출예산편성에서 장-관-항-세항-세세항-목-세목으로 구분하던 것을 분야-부문-정책사업-단위산업-세부사업-편성목으로 구분하였다(〈그림 VII-1〉 참조).

세출예산의 분야 · 부문은 기능별로 분류하고, 정책 · 단위 · 세부사업은 지방 자치단체가 분야 · 부문의 기능에 맞게 자율적으로 설정 · 운영하고, 그 아래의 편성목은 성질별로 분류하도록 하고 있다. 즉 정부의 기능을 분야-부문으로 구분하고, 그 기능을 수행하는 사업들을 정책사업-단위산업-세부사업으로 체계적으로 배치하고, 그 아래에 사업 수행을 위한 지출품목들을 성질별로 구분하여 설정하도록 하고 있는 것이다. 이에 따라, 기능별 분류인 분야-부문은 13분야 51개 부문으로 나뉘어지고, 성질별 분류인 편성목은 8그룹, 38개 편성목 및 129개 통계목으로 나뉘어진다. 다만, 정책사업 · 단위사업 · 세부사업은 분야 · 부문의 기능에 맞게 지방자치단체가 자율적으로 설정하므로 각 지방자치단체마다 다르다.

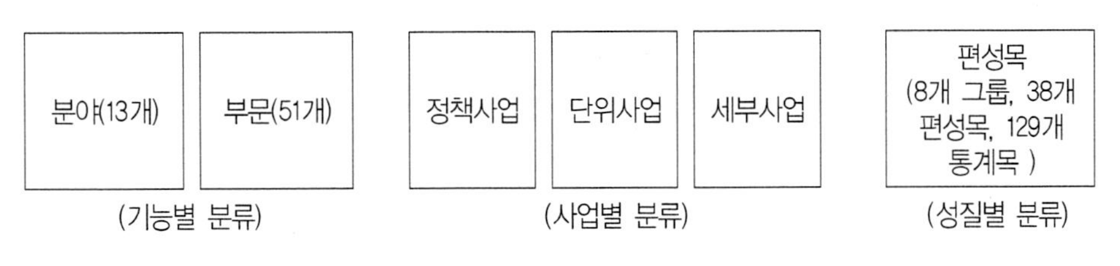

〈그림 VII-1〉 세출예산 편성구조

(1) 기능별(목적별) 분류

기능별로 분류하는 분야 구분은 일반공공행정, 공공질서 및 안전, 교육, 문화 및 관광, 환경보호, 사회복지, 보건, 농림해양수산, 산업 · 중소기업, 수송 및 교통, 국토 및 지역 개발, 과학기술, 예비비 등 13개 분야이다. 그리고 각 분야 아래의 부문 구분은 일반공공행정 분야에 4개 부문, 공공질서 및 안전 분야에 2개 부문 등등 51개 부문으로 구성되어 있다(아래 〈표 VII-9〉 참조).

이리하여 분야-부문의 기능별 사항은 중앙정부로부터 설정되어 모든 지방자치단체에 일률적으로 적용된다.

〈표 VII-9〉 지방자치단체 세출예산 기능별 분류 : 13개 분야 51개 부문

분야	부문	명 칭	분야	부문	명 칭	분야	부문	명 칭
010		일반공공행정(4)	070		환경보호(6)	110		산업 · 중소기업(6)
	011	입법 및 선거관리		071	상하수도 · 수질		111	산업금융지원
	013	지방행정 · 재정지원		072	폐기물		112	산업기술지원
	014	재정 · 금융		073	대기		113	무역 및 투자유치
	016	일반행정		074	자연		114	산업진흥 · 고도화
020		공공질서 및 안전(2)		075	해양		115	에너지 및 자원개발
	023	경찰		076	환경보호일반		116	산업 · 중소기업 일반
	025	재난방재 · 민방위	080		사회복지(8)	120		수송 및 교통(5)
050		교육(3)		081	기초생활보장		121	도로
	051	유아 및 초중등교육		082	취약계층지원		123	도시철도
	052	고등교육		084	보육 · 가족 및 여성		124	해운 · 항만
	053	평생 · 직업교육		085	노인 · 청소년		125	항공 · 공항
060		문화 및 관광(5)		086	노동		126	대중교통 · 물류 등 기타
	061	문화예술		087	보훈	140		국토 및 지역개발(3)
	062	관광		088	주택		141	수자원
	063	체육		089	사회복지 일반		142	지역 및 도시
	064	문화재	090		보건(2)		143	산업단지
	065	문화 및 관광일반		091	보건의료	150		과학기술(3)
				093	식품의약안전		151	기술개발
			100		농림해양수산(3)		152	과학기술연구지원
				101	농업 · 농촌		153	과학기술일반
				102	임업 · 산촌	160		예비비(1)
900		기타		103	해양수산 · 어촌		161	예비비

우리나라 2012년도 기능별 예산규모를 살펴보면 아래 〈표 VII-10〉과 같다. 13개 분야[14] 중 지출규모가 가장 큰 분야는 사회복지이고, 다음으로는 환경보호, 수송 및 교통, 국토 및 지역개발 등의 지출규모가 크다. 달리 말해, 우리나라 지방자치단체에서는 사회복지정책에 가장 역점을 두고 있으며, 그 다음으로는 환경(상하수도 포함), 교통(지하철 포함), 지역개발 등의 정책에 치중하고 있다고 할 수 있다.

〈표 VII-10〉 2012년도 기능(분야)별 지방세출예산 순계규모

(단위: 억원)

분 야	계	일반회계	특별회계
계	1,510,950	1,145,304	365,646
일반공공행정	128,920	90,332	38,588
공공질서 및 안전	27,653	26,803	850
교육	98,201	93,460	4,741
문화 및 관광	74,441	66,905	7,536
환경보호	154,187	55,544	98,643
사회복지	309,157	243,665	65,493
보건	20,825	20,825	-
농림해양수산	104,329	100,017	4,313
산업·중소기업	32,514	28,994	3,521
수송 및 교통	156,791	98,563	58,228
국토 및 지역개발	125,744	72,736	53,008
과학기술	5,149	1,560	3,589
예비비	30,566	22,703	7,863
기타	242,472	223,198	19,274

※ 기타 = 행정운영경비(인력운영비+기본경비).
※ 인력운영비는 대체로 성질별 편성그룹의 인건비 그리고 기본경비는 물건비에 해당된다.

(2) 성질별 분류

성질별 분류는 예산액을 지출대상별로 한계를 명확히 정하여 배정함으로써 관료의 권한과 재량을 제한하고 회계책임을 명확히 할 수 있다. 성질별로 분류하는 편성목은

14) 기능별 분야의 구분 중 '기타' 분야를 포함하면 14개 분야가 된다. 그러나 '기타' 분야의 내역은 인건비나 물건비 등으로 구성되어 있어 정책적 기능에 해당되지 않기에 이를 제외하고 13개 분야가 된다.

8개 그룹, 38개 편성목, 그리고 129개 통계목이 있다. 편성목의 8개 그룹은 인건비, 물건비, 경상이전, 자본지출, 융자 및 출자, 보전재원, 내부거래, 예비비 및 기타의 8가지로 구분되고, 그 아래에 38가지 편성목 및 129개의 통계목이 있다. 아래에서는 편성목 8개 그룹의 성질에 대해 살펴보고 난 뒤, 이 분류에 따른 우리나라 전체 지방자치단체의 세출예산의 구성내역을 소개하기로 한다.

(가) 성질별 편성그룹

(A) 인건비

인건비는 지방자치단체의 행정활동에 필요한 직원의 고용에 소요되는 대표적인 의무적 · 경직성 경비이다. 공무원의 기본급, 수당, 기타직 보수, 일용인부 임금 등이 포함되며 1개 편성목으로 구성된다.

(B) 물건비

물건비는 지방자치단체 행정사무의 집행에 필요한 재료, 설비 등의 조달비 및 기타 활동비로서 기관운영에 통상적으로 소용되는 경상적 경비의 일종이다. 행정서비스의 수단적 성격이 매우 강하기 때문에 경비절감의 최우선 대상이 된다. 이러한 물건비는 ① 일반운영비, ② 여비, ③ 업무추진비, ④ 직무수행경비, ⑤ 의회비, ⑥ 재료비, ⑦ 연구개발비 등 7개 편성목으로 구성되어 있다.

(C) 경상이전

경상이전은 지방자치단체로부터 국가 또는 다른 지방자치단체, 개별 가계 또는 기업에 지출되는 단순한 경상이전적 경비이다. 따라서 경상이전경비에는 자본이전경비(자본지출비)가 제외되며 ① 일반보상금, ② 이주 및 재해보상금, ③ 포상금, ④ 연금부담금, ⑤ 배상금, ⑥ 출연금, ⑦ 민간이전, ⑧ 자치단체 등 이전, ⑨ 공기업 경상전출금, ⑩ 국외이전, ⑪ 차입금이자 등 모두 11개 편성목으로 구성되어 있다.

(D) 자본지출비

자본지출비는 일반적으로 지방자치단체의 자본형성과 직결되어 있는 투자적 경비로서 시설비와 같이 직접적으로 자본형성에 투입되는 경비뿐만 아니라, 간접적으로 자본형성이 이루어지는 지방자치단체 또는 민간에 대한 자본보조도 포함된다. 이러한 자본지출비의 품목은 ① 시설비 및 부대비, ② 민간자본이전, ③ 자치단체 등 자본이전, ④ 공기업 자본전출금, ⑤ 자산취득비, ⑥ 기타 자본이전(차관물자 용역대, 건설가계정, 무형고정자산), ⑦ 국외자본이전 등 7개 편성목으로 구성되어 있다.

(E) 융자 및 출자비

융자 및 출자비는 지방자치단체가 민간, 기업회계, 양곡관리기금 등 비금융공기업, 자치단체, 금융기관에 대해 융자 및 출자에 소요되는 경비로서 ① 융자금, ② 출자금 등 2개 편성목으로 구성되어 있다.

(F) 보전재원비

보전재원비는 차입금 상환, 지방채 상환, 유가증권 매입 등 국내차입금의 상환과 차관 상환, 기타 해외채무 상환 및 차기이월에 소요되는 경비로서 ① 차입금 원금, ② 예치금 등 2개 편성목으로 되어 있다.

(G) 내부거래비

내부거래비는 자치단체 내의 회계 또는 계정 사이의 전출금, 예탁금 등에 소요되는 경비로서 ① 기타 회계전출금, ② 기금전출금, ③ 교육비 특별회계전출금, ④ 예탁금, ⑤ 예수금 원리금 상환, ⑥ 기타 내부거래(감가상각비, 당기순이익, 적립금) 등 6개 편성목이 있다.

(H) 예비비 및 기타

예비비 및 기타는 ① 예비비, ② 반환금 기타(국고보조금 반환금, 시도비보조금 반환금, 과오납금등, 잔손금, 조상충용 충당금) 의 2개 편성목으로 구성되어 있다.

(나) 우리나라 지방자치단체 세출예산의 성질별 구성

아래 〈표 VII-10〉에는 우리나라 지방자치단체 전체의 2012년도 세출예산을 성질별로 분류한 것이다. 여기에서는 세출예산의 순계규모가 아니라 총계규모를 소개하고 있다. 예산총계는 지방자치단체의 예산을 회계 간 또는 광역·기초자치단체 간 중복 계상된 부문의 공제 없이 단순 합계한 세입·세출의 금액을 말하고, 예산순계는 회계 간 또는 광역·기초자치단체 간 중복 부문을 공제한 순세입·세출의 금액을 말한다. 중복부문은 예산편성 시 광역자치단체와 기초자치단체 사이 또는 하나의 자치단체 내에서 일반회계와 특별회계 사이의 거래에 의해 발생한다. 통상 실질적인 지방재정의 전국규모를 파악·분석하는 데는 순계개념으로, 개별 자치단체의 재정규모를 나타낼 때는 총계개념을 사용함이 유용하고 관행화되어 있다. 예산총계와 예산순계 개념의 이해를 위해, 앞에서 기능별 세출예산은 순계규모를 소개했고, 성질별 세출예산은 총계규모를 소개한다. 2012년도 우리나라 지방자치단체 전체의 예산총계는 198조 9,118억원인바, 여기에서 중복 계상된 47조8,168억원을 제외하면 예산순계는 151조 950억원이 된다. 세출예산을 성질별로 분류해 볼 때, 경상이전비 및 자본지출비가 세출예산의 대부분을 차지하고 있음을 알 수 있다.

〈표 VII-11〉 2012년도 성질별 지방세출예산 총계규모

(단위: 억원)

예산총계		1,989,118	
1. 인건비	175,305	5. 융자 및 출자비	24,703
2. 물건비	108,431	6. 보전재원비	48,640
3. 경상이전비	797,182	7. 내부거래비	168,720
4. 자본지출비	593,672	8. 예비비 및 기타	72,467

주: 2012년도 당초예산 총계규모. 일반회계+특별회계
자료: 행정안전부, '2012년도 지방자치단체 예산개요'

5 지방자치단체의 기금

1) 지방자치단체기금의 의의

(1) 개념

기금은 국가나 지방자치단체가 특별한 목적을 수행하기 위해 예산과는 독립적으로 설치·운용하는 특정한 자금을 말한다. 국가나 지방자치단체의 재정활동은 주로 일반회계 및 특별회계로 구성된 예산에 의하여 이루어진다. 그러나 특정한 사업에 대하여 지속적이고 안정적인 자금지원이 필요하거나 사업추진에 있어 예산총계주의 등의 제약에서 벗어나 탄력적인 집행이 필요한 경우에 예산과는 별도로 기금을 설치해서 운용하고 있다. 국가의 경우, 우리나라 기금은 1961년에 새로이 제정된 예산회계법에 근거하여 처음으로 도입되었다. 국가 고유의 재정활동에 초점을 둔 예산과 달리 기금은 국가의 특정 목적사업을 위해 특정자금을 운용하며, 출연금·부담금 등을 주요 재원으로 한다는 점과 특정수입과 지출의 연계가 강하다는 점, 합목적성 차원에서 상대적으로 자율성과 탄력성이 강하다는 점 등에서 예산과 차이점을 지닌다. 사업을 수행하는 행정부처의 입장에서 기금은 예산보다 운용계획수립과 집행에 있어서 상대적으로 자율성이 더 보장되어 있기 때문에 기금을 통한 지출을 선호하게 된다. 지방자치단체의 경우에도 마찬가지이다.

(2) 관련 법규

지방자치법 제142조는 "① 지방자치단체는 행정목적을 달성하기 위한 경우나 공익상 필요한 경우에는 재산을 보유하거나 특정한 자금을 운용하기 위한 기금을 설치할 수 있다. ② 제1항의 재산의 보유, 기금의 설치·운용에 관하여 필요한 사항은 조례로 정한다."고 규정하고 있다. 그리고 예산총계주의의 원칙을 천명하고 있는 지방재정법 제34조는 "① 한 회계연도의 모든 수입을 세입으로 하고 모든 지출을 세출로 한다. ② 세입과 세출은 모두 예산에 편입하여야 한다. ③ 지방자치단체가 현물로 출자하는 경우와 「지방자치법」 제142조 제1항 및 「지방자치단체 기금관리기본법」의 규정에 의하여 설치된 기금을 운용하는 경우 그 밖에 대통령령이 정하는 사유로 보관할 의무가 있는 현금 또는 유가증권이 있는 경우에는 제2항의 규정에 불구하고 이를 세입 · 세출예산 외로 처리할 수 있다."고 규정하고 있다.

따라서 지방자치법 제142조 ①항의 규정에 의거 지방자치단체는 행정목적을 달성하기 위한 경우나 공익상 필요한 경우에는 특정한 자금을 운용하기 위한 기금을 조례제정을 통해 설치할 수 있으며, 지방재정법 제34조 ③항의 단서 조항에 의거 이러한 기금의 운용은 예산 외로 처리할 수 있다.

(3) 기금의 범위

이러한 기금은 지방자치법과 지방자치단체기금관리기본법의 적용을 받는 기금만을 말한다. 따라서 지방공기업법 제19조의 규정에 의한 '지역개발을 위한 기금'은 기금이라는 명칭을 사용하고 있으나 지방공기업법에 의거 공기업특별회계로 관리되고 있기 때문에 기금의 범위에 포함되지 않으며, 또한 기금이라는 명칭을 사용하면서도 조례로 특별회계로 관리하고 있는 일부 기금들도 명칭은 기금이나 실질은 특별회계이기 때문에 법적인 의미의 지방자치단체기금의 범위에 포함되지 않는다.

2) 기금의 조성과 운용

기금은 일반 · 특별회계예산과는 다른 수지체계를 가지고 있다. 즉 일반 · 특별회계예산은 세입과 세출을 일치시켜 단년도 원칙에 따라 처리하고 있으나, 기금은 일정시점의 재산상태를 나타내는 '조성'과 일정기간의 운영상상태를 나타내는 '운용'으로 나누어 처리하고 있다.

(1) 기금의 조성

기금의 설치는 지방자치단체의 조례로 정한다. 그리고 기금의 조성재원은 개별 기금에 따라 각각 상이하나, 설치시의 자체재원, 지방자치단체의 일반회계 및 특별회계로부터의 전입금, 민간의 출연금, 과징금이나 과태료와 같은 부담금, 기금운용 수입, 지방채 발행, 기타 잡수입 등 다양하다.

아래 〈표 VII-11〉에서 보는 바와 같이, 2010년도 12월말 현재 우리나라 전체 지방자치단체의 기금수는 2,373개이고, 기금조성액은 17조 804억원이다.

〈표 VII-12〉 우리나라 지방자치단체의 기금 현황(2010.12.31 현재)

(단위: 억원)

기금수	조성액
2,373	170,804

자료: 행정안전부, '2011년 행정안전부 통계연보'

(2) 기금의 운용

기금의 운용은 1회계연도의 수입과 지출로 구성되는 '기금운용계획'을 통해 이루어진다. 기금운용계획의 수입·지출과목은 연도별 일반회계와 특별회계의 세입·세출과목구분을 공통적으로 적용하여 분류한다. 기금의 회계연도는 매년 1월 1일에 시작하여 12월 31일에 종료한다(지방자치단체기금관리기본법 제7조). 지방자치단체의 장은 회계연도마다 '기금운용계획'을 수립하여야 하고, 출납폐쇄 후 80일 이내에 기금의 결산보고서를 작성하여야 하며, 이들 기금운용계획안과 기금결산보고서를 회계연도마다 각각 세입·세출예산안 또는 결산서와 함께 지방의회에 제출하여 의결을 얻어야 한다(동 제8조).

3) 지방자치단체기금의 분류

(1) 설치목적에 따른 분류[15)]

① 사업관리기금

특정한 목적사업을 수행하는데 필요한 자금을 관리·운용하는 기금(사회복지기금, 문예진흥기금, 장학기금 등)

15) 일부 기금은 복수기능을 수행해서 이러한 분류가 모호한 경우도 있다.

② 융자성기금

일정한 자금을 조성하여 특정한 부문에 대한 융자기능을 수행하는 기금(중소기업육성기금, 농어촌진흥기금 등)

③ 적립성기금

장래의 지출에 대비하여 원금을 이식하는 등 자금을 적립하는 기금(재해대책 · 구호기금, 주차시설확충기금, 신청사건립기금 등)

(2) 성질에 따른 분류

① 구호기금

재난 · 재해, 생활보호 등의 구호를 목적으로 하는 기금

② 사회복지기금

모자 · 노인 · 여성 등 사회복지사업을 목적으로 하는 기금

③ 장학기금

장학사업을 목적으로 하는 기금

④ 산업지원기금

중소기업육성 등 지역경제 지원 · 육성을 목적으로 설치된 기금

⑤ 문예 · 체육진흥기금

지역사회의 문화 · 예술 · 체육의 진흥을 위하여 설치된 기금

⑥ 농수산 · 어업진흥기금

농수산 · 어업 발전과 동업 종사자 육성을 목적으로 설치된 기금

⑦ 도시개발기금

도시지역 재개발 및 기반시설 설치 · 보수 등을 위해 설치된 기금

⑧ 공무원복지기금

공무원의 후생 · 복지를 위하여 설치된 기금

(3) 기금관리방식에 의한 분류

① 직접관리기금

관리운용 주체가 직접 운용·관리하는 기금

② 위탁관리기금

관리운용 주체가 직접운용하지 아니하고 장학재단, 체육회 등 다른 기관에 위탁하여 운용·관리하는 기금

4) 예산과 기금의 비교

예산과 기금의 성격을 비교하여 정리하면 〈표 VII-13〉와 같다.

〈표 VII-13〉 예산과 기금의 비교

구 분	일 반 회 계	특 별 회 계	기 금
설치사유	■자치단체 고유의 일반적 재정활동	■특정세입으로 특정세출에 충당 ■특정사업운영 ■특정자금 보유운용	■특정목적 및 시책추진을 위해 특정자금을 운용할 필요가 있는 경우
재원조달 및 운용형태	■공권력에 의한 지방세 수입과 무상적 급부의 제공이 원칙	■일반회계와 기금의 운용형태 혼재	■출연금, 부담금 등 다양한 수입원으로 융자사업 등 사업수행
확정절차	■사업부서 예산요구, 예산부서 예산안편성, 지방의회 심의·의결	■좌 동	■기금운용부서 계획 수립, 예산부서 협의·조정, 지방의회 심의·의결
집행절차	■집행과정에서도 합법성에 입각한 통제가 가해짐 (예산의 목적외 사용금지원칙)	■좌 동	■집행과정에서는 합목적성 차원에서 자율성과 탄력성이 보장
수입과 지출의 연 계	■특정한 수입과 지출의 연계 배제	■특정한 수입과 지출의 연계	■좌 동
계획변경	■추경예산편성	■좌 동	■주요항목(장·관·항) 지출금액의 10분의 5초과 변경시 지방의회 의결
결 산	■지방의회 심의·승인	■좌 동	■좌 동

자료 : 행정안전부, '지방자치단체 기금운용기준'

6 지방공기업

1) 지방공기업의 의의

(1) 개념

지방공기업(local public enterprise)은 지방자치단체가 직접 설치 · 경영하거나 또는 법인 등을 설립하여 간접 경영하는 기업을 가리킨다. 다만 지방공기업의 사업범위는 지방공기업법의 적용을 받는 사업에 한한다.

(2) 지방공기업의 특성

① 설립과 경영의 주체는 지방자치단체이다.
② 설립목적은 지역주민의 복리증진이다.
③ 사업성질은 공익성과 더불어 영리성을 내용으로 하는 기업이다.
④ 오늘날 지방공기업은 경제 · 사회의 발전에 따라 점차 확대되어 가는 경향이 있다.

〈표 VII-14〉 지방공기업의 특성

구 분	특 성
설립주체	지방자치단체
사업영역	주민의 복리증진을 위한 공익사업으로서 수익성이 있는 사업
경영원칙	공익성과 수익성의 조화, 독립채산 원칙, 수익자부담원칙
예산회계	기업회계기준에 의한 복식부기 예산관리 및 회계 운영
재원조달	지방자치단체, 혹은 지방자치단체와 민간의 공동 출자
관리책임	직영기업 : 관리자 지정 / 지방공사 · 공단 : 사장(이사장)

(3) 필요성

지방공기업이 존재하는 이유는 다음과 같다.

① 지역주민의 일상생활에 필요불가결한 사업을 지방자치단체가 스스로 경영하여 주민의 복리향상을 도모하기 위한 경우(자동차운송사업 등)

② 사업의 성질상 지방자치단체가 공영으로 종합적으로 경영할 필요성이 있는 경우(토지개발사업 등)

③ 성질상 지역적으로 독점적일 수밖에 없는 사업으로서 이를 사기업에 맡기게 되면 오히려 폐해가 생길 우려가 있을 경우(상수도사업 등)

④ 주민의 복리증진을 위하여 필요한 사업인데도 민간자본의 투입을 기대하기 곤란하여 이를 공영으로 하여 스스로 경영하는 것이 필요한 경우(궤도 사업 등)

2) 지방공기업의 범위와 요금

(1) 지방공기업의 범위

(가) 당연 적용사업

이는 지방공기업법 제2조 제1항의 법정 공기업 사업으로서 ① 상수도사업 ② 공업용수도사업 ③ 궤도사업(지하철 포함) ④ 자동차운송사업(공용버스) ⑤ 지방도로사업(유료도로사업에 한한다) ⑥ 하수도사업 ⑦ 주택사업 ⑧ 토지개발사업 등이다.

(나) 임의 적용사업

이는 지방공기업법 제2조 제2항에 의거 지방자치단체의 조례로 임의로 정할 수 있는 공기업 사업으로서 다음의 경우에 해당한다.

① 민간인의 경영참여가 어려운 사업으로서 주민복리증진에 기여할 수 있고, 지역경제의 활성화와 지역개발의 촉진에 이바지할 수 있다고 인정되는 사업

② 체육시설의 설치·이용에 관한 법률에 의한 체육시설업 및 관광진흥법에 의한 관광사업(여행업 및 카지노업 제외)

임의적용사업의 예로는 도축장, 체육장, 문화예술사업(공연장, 극장 포함), 공원사업, 가스, 청소, 위생, 주차장, 시장, 관광 등의 사업이 있다.

(2) 지방공기업의 요금

지방공기업은 독립채산제를 추구하고, 공공성과 경제성의 양면성을 달성하는 것을 기본원칙으로 하고 있으므로 사기업과 같이 영리만을 목적으로 할 수 없으나, 그 경비를 충족하는 이상의 수익을 올릴 수 있도록 요금(사용료 등)을 정하여야 할 것이다. 즉, 공공성과 기업성의 조화가 중요하다.

3) 지방공기업의 경영형태

우리나라 지방공기업의 경영형태는 크게 세 가지로 나누어 설명할 수 있다. 첫째, 직접경영(지방직영기업) 형태로, 지방자치체단체가 직접 사업수행을 위해 공기업특별회계를 설치하여 일반회계와 구분되는 독립적인 회계를 운영하는 형태로 조직 · 인력은 자치단체 소속 공무원이다. 둘째, 간접경영(지방공사 · 공단) 형태로, 지방자치단체가 50%이상 출자한 독립법인으로 자치단체와 별도로 독립적으로 운영되며 종사자의 신분은 민간인이다. 셋째, 제3섹터 형태로, 지방자치단체가 자본금 또는 재산의 50% 미만을 출자하여 자치단체 이외의 자와 함께 설립한 주식회사 또는 민법상 재단법인을 말한다.

〈표 VII-15〉 지방공기업의 경영형태

경영형태	지방공기업의 유형		지방자치단체 출자비율	비고
직접경영	지방직영기업		100%	정부조직 형태
간접경영	지방공단		100%	민간출자 불허
	지방공사	전액출자형	100%	
		관민공동출자형	50%이상	민간출자 50%미만
	지방공사 · 공단 외의 출자 · 출연법인(제3섹터)		50%미만	주식회사 혹은 재단법인 형태

(1) 직접경영방식 ('지방직영기업')

(가) 의의

지방자치단체가 직접 경영의 주체가 되어 공기업을 경영하는 방식이다. 이 방식은 지방자치단체 행정기관의 국 · 과의 산하기관의 형태로 운영되고 독립된 법인격을 갖지 않는다. 그 직원은 공무원이고 인사 · 재정관리 등이 일반행정기관에 적용되는 법령의 적용을 받는다.

상수도사업 · 하수도사업 · 공영개발 · 지역개발 등의 사업은 이러한 직접경영방식을 도입하고 있다. 부산의 경우(2011년 현재), "상수도 사업본부", "하수도 사업본부", "지역개발기금" 등 3개가 지방직영기업이다. 이 경우 예산은 시의 공기업특별회계("상수도사업특별회계", "하수도사업특별회계", "지역개발기금특별회계")로 편성된다.

〈참고〉

부산의 경우, 체육시설 관리사업소, 차량등록사업소, 시립박물관, 엄궁 농산물도매시장, 반여 농산물도매시장, 부산시민회관, 농업기술센터, 여성문화회관, 부산문화회관, 아동청소년회관 등은 공기업('지방직영기업')이 아니라 시의 특정한 행정부서에 소속하여 특정업무를 수행하는 특별지방행정기관인 '소속행정기관'이다. 이 경우 예산은 시의 일반회계 속에 편성된다. 특별지방행정기관이란 "국가 또는 지방자치단체의 특정한 행정부서에 소속하여 특수한 전문분야의 행정사무를 처리하기 위해 지방에 설치된 행정기관"을 말한다. 현행 지방자치법에 '소속행정기관'으로 규정된 '직속기관', '사업소', '출장소'는 대부분 이러한 특별지방행정기관이다.

국가 차원의 직영기업은 '정부기업'이라 칭하고 있으며, 이에는 현재 우편사업, 우체국예금사업, 양곡관리사업 및 조달사업이 있다. 정부기업은 중앙정부의 특별회계("우편사업특별회계", "우체국예금특별회계", "양곡관리특별회계", "조달특별회계")를 설치하고 그 세입으로써 그 세출에 충당하며, 관계 중앙관서의 장이 관리 · 운용한다.

(나) 장점

① 사업경영에 있어 주민의사가 반영된다.

② 낮은 요금정책 등 공공통제가 가능하다.

③ 투자 등 재원조달이 용이하다.

(다) 단점

① 관청의 지시에 따라야 하므로 경영의 자주성 · 신축성을 확보할 수 없다.

② 책임의식, 쇄신의지의 미흡으로 사업의 경제성 · 효율성이 저하될 우려가 있다.

(2) 간접경영방식 (법인체 설립)

(가) 의의

간접경영방식은 지방자치단체가 별개의 법인 즉 지방공사 · 지방공단 등을 설립하여 지방공기업을 운영하는 방식이다. 지방공사 · 지방공단은 특수법인으로 분류되며, 공사와 공단의 대상 사업은 동일하다. 이 경우 예산은 지방자치단체의 일반 · 특별회계와는 별개로 해당 공기업 자체적으로 편성된다. 즉, 공사(공단)의 사장은 매 사업연도의 사업계획 및 예산을 해당 사업연도가 시작되기 전까지 편성하고, 편성된 예산은 공사(공단)의 이사회의 의결로 확정된다.

(나) 방법

원칙상 자본금은 설립단체인 지방자치단체가 전액 출자한다. 다만 지방공사는 필요한 경우 자본금을 주식으로 분할해 1/2을 초과하지 않는 범위 내에서 지방자치단체 이외의 자로 하여금 출자케 하여 이익배당을 할 수 있는 법인이다. 다시 말해 지방공사는 자본금의 주식배분이 허용되는 것이고, 지방공단은 그것이 허용되지 않는 공익추구 법인이다.

부산의 경우, 공사로는 "부산도시개발공사"가 있고, 공단은 "시설관리공단", "환경시설공단", "부산경륜공단", "부산교통공단" 등이 있다.

(다) 장점

① 기업경영을 비교적 자주적으로 할 수 있다.

② 경영책임제를 확립할 수 있다.

③ 기업으로서 합리적 · 효율적 경영을 할 수 있다.

(라) 단점

① 요금수준 등에 있어 공공성을 확보하기 어렵다.

② 민간부문과 공공부문이 병존함으로써 무책임성을 유발할 우려가 있다.

(마) 평가

이 방식은 대도시 지하철 등 대규모사업에 적당하고, 민간자본의 유치나 민간의 기술 및 전문지식의 도입이 가능하며 더 나아가 민 · 관간의 이해조정이 용이하다는 점에서 점차 확대되고 있는 실정이다.

(3) 위탁경영방식

(가) 의의

기업의 시설은 지방 자치단체가 소유하고 경영만 민간에게 위탁하는 방식이다. 예를 들어 도로통행료나 주차료 징수의 위탁, 화장장 관리의 위탁(부산의 경우 "영락공원"관리의 위탁) 등이 있다.

(나) 장점

이 방식은 일반적으로 경영에 전문적 · 기술적 지식이나 숙련을 요하는 사업에 적합하다.

(다) 단점

주민의 일상생활과 밀접한 관련이 있어 공공성이 강한 사업에는 이 방식은 부적합하다.

(4) 민 · 관 공동출자방식

(가) 의의

민 · 관 공동출자방식은 지방자치단체가 민간기업에 대하여 출자하여 '민 · 관 공동출자사업'을 하는 방식이다.

(나) 방법

우리나라에서는 1992년에 지방공기업법을 개정하여 '민 · 관 공동출자사업' 형태의 지방공기업제도를 도입하고 있다.(지방공기업법 제77조 ③항의 '지방공사 · 공단 외의 출자 · 출연 법인') 민 · 관 공동출자사업은 지방자치단체가 자본금 또는 재산의 50% 미만을 출자 · 출연하여 민간과 공동으로 상법상의 주식회사("출자법인") 또는 민법상의 재단법인("출연법인")을 설립하여 운영하는 지방공기업이다. 지방자치단체의 관련부서에서 지원과 관리를 한다.

이러한 민 · 관 공동출자사업을 통상 제3섹터(the third sector)라 칭한다. 정부를 제1섹터, 민간을 제2섹터라고 칭할 때, 정부와 민간의 합자사업과 부문을 제3섹터라 칭하게 되는 것이다. 제3섹터는 공익성을 살리면서 민간기업의 기업성 등을 활용하는데 그 의의가 있다. 특히 민간의 자본력의 동원에 그 주안점이 있는 경우가 많다. 우리나라에서는 통상 자치단체에서 25%-50%미만으로 출자 · 출연한 기업은 '제3섹터'라 칭하고, 25% 미만으로 출자 · 출연한 경우에는 '정부출연사업'이라 칭한다. (출연: 보조금을 지급함. 출자: 자본금을 냄. 출자의 경우에는 지분을 가지나, 출연의 경우에는 지분을 갖지 않고 일정액을 보조해줌)

부산의 경우, "센텀시티 주식회사", "부산관광개발주식회사" 등의 제3섹터가 있고; "부산신용보증재단", "부산발전연구원", "사단법인 민속예술보존회", "국제화재단" 등의 정부출연사업이 있다.

(다) 장점

이 방식은 재정력이 빈약한 지방자치단체가 공공사업을 확대하는 데에 유리하다.

(라) 단점

사업규모 확장 후 공공성 확보를 위해 사업인수 문제가 제기되면 지방자치단체가 막대한 재정수요를 감당하기 어려운 점 등이 예상된다.

4) 지방공기업의 보호 · 감독

지방공기업의 목적을 달성하기 위하여 여러 가지 보호와 감독이 동시에 행하여진다.

(1) 지방공기업의 보호

지방공기업에는 제도상 또는 사실상의 독점권이 부여되는 경우가 많으며 요금의 징수권이 부여되고, 독립채산제가 적용되며, 국고 또는 지방재정상의 지원이 행하여진다. 또한 재무회계상 각종의 자율성이 보장된다.

(2) 지방공기업에 대한 감독

지방공기업에 대하여는 설립주체인 지방자치단체의 장이 일반적 감독을 행사할 수 있으며, 예산 · 결산상의 통제, 업무 · 회계 · 재산상의 보고요구 등을 행할 수 있고, 또한 인가기관(주로 행정안전부)도 보고요구 및 기채승인권을 행사할 수 있다. 뿐만 아니라 지방공기업의 임원 등 책임자에게는 일정한 변상 책임 및 벌칙이 가해진다(지방공기업법).

5) 우리나라 지방공기업의 현황

1970년 7개 사업으로 시작된 지방공기업이 1980년 57개 사업, 1990년 186개 사업, 2000년에 299개 사업, 그리고 2010년에 379개 사업으로 확대되었다. 초기 지방공기업의 경영형태는 직접경영방식의 상수도사업에만 적용되었으나, 2010년에는 직접경영방식 245개, 간접경영방식 134개로 총 379개의 지방공기업이 운영되고 있다.

2010년도 지방공기업의 세입예산액은 48조 4,880억원에 이르고 있으며, 자산 규모로는 136조 8,721억원에 이르고 있다. 이렇듯 지방공기업은 양적으로 급속한 성장을 도모하고 있으나, 2010년 12월말 결산기준으로 지방공기업은 직영기업 1,607억원 흑자, 공사 · 공단은 4,480억원 적자로서 전체적으로 2,873억원의 경영적자를 기록하고 있다. 적자 기업은 지방직영기업 134개, 공사 · 공단 30개 사업 등 총 164개 기업이 적자를 기록하고 있다.

〈표 VII-16〉 지방공기업 현황(2010년도)

(단위: 개, 억원)

		설치수	자산	부채	자본	예산
지방 직영기업	상수도	115				
	하수도	81				
	공영개발	33				
	지역개발기금	16				
	소계	245	629,839	155,310	474,529	159,387
지방 공사·공단	공사	52				
	공단	82				
	소계	134	738,882	426,803	312,079	325,493
합계		379	1,368,721	582,113	786,608	484,880

주: 1) 제3섹터 38개는 제외 2) 지하철 8,283억원 적자
자료: 행정안전부, '지방공기업 현황'

7 지방재정 분석

1) 재정분석의 의의

(1) 재정분석의 개념

지방재정이란 지방자치단체가 재원을 조달·관리·지출하는 일련의 경제활동을 말하는데, 지방재정 분석은 지방자치단체의 이러한 경제활동의 수준 및 상태를 분석하여 그 실상과 문제점을 파악하기 위한 활동이다. 이러한 재정분석을 바탕으로 지방재정의 건전성이나 효율성에 관한 재정평가가 이루어지고, 재정평가의 결과 문제점이 심각할 경우 지방재정을 더욱 심도 있게 분석하는 재정진단이 이루어질 수 있다.

우리나라 지방재정법(제54조, 제55조, 제59조) 및 그 시행령에 따르면 지방자치단체의 장은 매년 재정보고서를 행정안전부장관에게 제출해야 하고, 행정안전부장관은 이 재정보고서의 내용을 분석해야 하며, 재정분석결과 재정의 건전성과 효율성 등이 현저

히 떨어지는 지방자치단체에 대하여는 재정진단을 실시할 수 있다. 아울러 지방자치단체의 장은 회계연도마다 일반회계 · 특별회계 및 기금 등을 포함한 당해 지방자치단체의 재정운용상황을 통합적으로 분석한 정보("통합재정정보")를 행정안전부장관에게 제출하여야 한다.

(2) 재정분석의 목적

(가) 재정 운영의 건전성 평가

건전재정의 원칙은 지방재정운영의 기본원칙이다. 이는 재정의 수지균형을 이루어야 할 뿐만 아니라, 최소의 경비로써 최대의 서비스를 행할 수 있도록 재정을 보다 합리적 · 효율적으로 운영하고, 장기적인 재정안정을 위한 재정계획을 마련하는 것 등을 포함한다. 재정분석은 지방재정의 이러한 건전성을 평가하고 이를 확보하기 위한 수단이 된다.

(나) 재정현황 및 재정운용상황의 점검

재정분석은 객관적이고 과학적인 분석방법을 통해 지방자치단체의 재정현황 및 재정운용상황, 그리고 나아가 재정운용 성과를 종합적이며 체계적으로 분석 · 평가하여 그에 대한 적절한 대응조치를 모색하기 위한 것이다.

(다) 재정위기 발생의 사전 예방

지방재정의 방만하고 파행적인 운영으로 인한 재정위기의 발생을 사전에 방지하기 위해 재정분석이 필요하다.

(라) 재정정보의 공개 및 주민통제

재정정보의 공개는 민주주의의 원칙으로서, 우리나라 지방재정법(제60조)에서도 지방자치단체의 장은 회계연도마다 1회 이상 재정운용상황을 주민에게 공시하도록 규정하고 있다. 재정정보의 공개는 재정운용의 투명성을 보장하고 재정운용에 대한 주민통제를 가능케 한다. 다만 이러한 과정은 신뢰성 있고 객관적인 재정분석 결과를 토대로 이루어져야 한다.

(마) 재정지원의 판단 근거

중앙정부는 지방자치단체의 부족 재원 보전, 지방자치단체간의 재정불균형의 조정, 지역경제의 활성화 등을 위해 지방자치단체에 대한 재정 지원을 하고 있다. 지방재정 분석 자료는 중앙정부의 이러한 재정지원의 판단 근거가 된다.

2) 재정분석의 지표[16)]

여러 지방자치단체의 서로 다른 재정 상황을 객관적이고 종합적으로 분석하기 위해서는 이러한 재정상황을 일목요연하게 파악할 수 있게 하는 과학적이며 체계적인 분석지표가 필요하다. 이러한 까닭에 여러 가지 재정분석지표가 개발되어, 다양한 재정 상황에 대한 재정분석이 이루어지고 있다. 일반적으로 재정분석은 각 지방자치단체의 ① 재정상태, ② 재정운영, ③ 재정성과를 분석목표로 하고 있는바, 이에 대한 분석기준과 대표적인 분석지표들을 소개하기로 한다.

(1) 재정상태(재정현황)

재정상태에 대해서는 대체로 재정의 구조나 규모(능력)의 현황을 분석하며, 재정구조의 건실성이나 재정능력의 적정성을 평가의 기준으로 삼는다. 재정구조는 구체적으로 재정수지나 채무구조 등을 분석대상으로 삼고, 재정능력은 구체적으로 세입 측면의 재원조달능력과 세출 측면의 행정서비스 공급능력 등을 분석대상으로 한다. 이러한 분석대상에 대한 분석지표들 중 대표적인 몇 가지를 소개한다.

(가) 재정자립도

재정자립도는 세입측면의 자립능력을 나타내는 지표로서, 지방자치단체가 자립적으로 재원을 조달할 수 있는 능력을 측정한다. 재정자립도는 자주재원비율이라고도 한

---

16) 손희준 외(2010), pp.410-412 참조 및 재구성.

다. 지방재정의 자립은 지방자치단체의 자치권의 본질적 요소의 하나로 간주되고 있는데, 그 이유는 지방자치가 아무리 제도적으로 보장되어 있다 하더라도 지방재정의 자립이 확보되지 못하면 지방자치는 유명무실할 것이기 때문이다. 이런 의미에서 자치단체의 재정자립도는 100%가 될 것을 이상으로 한다.

우리나라에서 지방재정자립도의 산정은 특별회계를 제외하고 일반회계만을 대상으로 하고 있는데, 그 산식은 지방자치단체의 일반회계 세입구조를 자체수입(지방세수입 및 세외수입), 의존수입(지방교부세 및 국고보조금) 및 지방채로 구분하여, 그 중 자체수입이 세입총액(자체수입, 의존수입 및 지방채)에서 점하는 비율로 나타낸다.(1995년 이전에는 세외수입에 지방채 수입을 포함했으나 근래에는 이를 제외하고 산정한다.)

$$\text{지방재정자립도(\%)} = \frac{\text{자체수입(지방세수입+세외수입)}}{\text{세입총액}} \times 100$$

아래 〈표 VII-16〉은 위와 같은 산식에 의거 산정한 최근 8년간의 우리나라 지방자치단체의 평균적인 재정자립도의 추이를 보여주고 있다. 우리나라 지방자치단체 전체의 평균 재정자립도는 2006년에는 54.4%였으나 매년 조금씩 낮아져 2011년에는 51.9%를 기록하고 있다. 특별시 · 광역시의 경우에는 평균 약 70% 정도의 재정자립도를 달성하고 있으나, 도나 시 혹은 자치구는 평균 30-40%, 군의 경우에는 평균 17% 정도로 매우 낮다. 지방재정자립도는 100%가 될 것을 이상으로 한다면, 우리나라 지방자치단체의 재정자립도는 매우 낮은 가운데 지방자치단체 종류별로 그 불균등이 심하다.

〈표 VII-17〉 연도별 재정자립도 추이(당초예산)

연도별	전국평균 (순계규모)	특별시 광역시 (총계규모)	도 특별자치도 (총계규모)	시 (총계규모)	군 (총계규모)	자치구 (총계규모)
2006	54.4	78.5	36.1	39.4	16.1	40.5
2007	53.6	73.9	34.9	39.5	16.6	37.5
2008	53.9	71.8	34.8	40.7	17.2	37.1
2009	53.6	72.7	33.3	40.7	17.8	37.3
2010	52.2	68.3	31.6	40.0	18.0	35.4
2011	51.9	68.6	33.0	38.0	17.1	36.6

(나) 재정자주도

재정자주도는 지방자치단체의 수입 중 비도의 제한 없이 사용할 수 있는 일반재원의 비율을 나타낸다. 따라서 자체수입인 지방세수입과 세외수입, 그리고 의존재원 중의 일반재원인 지방교부세, 재정보전금 및 조정교부금의 합계액이 세입총액에서 차지하는 비율을 산정한다. 이 지표는 통상 '일반재원비율'이라고 칭하나, 근래에 우리나라 정부에서는 재정자주도라 칭하고 있다. 재정자주도는 일반회계를 대상으로 산정한다.

$$\text{재정자주도(\%)} = \frac{\text{자체수입+일반의존재원}}{\text{세입총액}} \times 100$$

[자체수입=지방세수입+세외수입, 일반의존재원=지방교부세+재정보전금+조정교부금]

(다) 주민 1인당 세출 규모

주민 1인당 세출규모는 세출 측면의 행정서비스 공급능력을 측정하는 지표로서, 주민 1인당 지출되는 평균 세출액을 산정한다. 1인당 세출규모가 클수록 자치단체가 지역 주민을 위해 제공하는 행정 서비스의 공급 능력이 크다고 볼 수 있다.

$$\text{주민 1인당 세출규모} = \frac{\text{세출총액}}{\text{주민수}}$$

(라) 주민 1인당 투자비

투자비는 지출의 효과가 장기적 · 지속적으로 나타나 지역의 자산형성에 기여하는 경비로서 공공사업 등에의 자본지출비와 재정투융자비가 이에 해당된다. 주민 1인당 투자비는 세출 측면의 이러한 투자능력을 측정하는 지표이다. 투자비 규모가 클수록 지역개발이나 지역경제발전에 좀 더 적극적으로 대처할 수 있는 능력이 있다고 볼 수 있다.

$$\text{주민 1인당 투자비} = \frac{\text{투자비}}{\text{주민수}}$$

[투자비=자본지출+융자금+출자금]

(마) 지방채무 잔액 지수

지방채무잔액지수는 매년 12월말 현재 남아있는 지방채무의 잔액이 일반재원결산액에서 차지하는 비율을 나타내며, 지방재정의 채무구조를 나타내는 지표이다. 지방채무잔액지수가 클수록 지방재정의 건전성이 나쁘다고 할 수 있다. 지방채무잔액지수는 통합회계를 대상으로 산정한다.

$$\text{지방채무 잔액지수} = \frac{\text{지방채무 잔액}}{\text{일반재원 결산액}}$$

[지방채무 잔액 =지방채+차입금+채무부담행위+보증채무이행책임액.
일반재원결산액=지방세(지방교육세 제외)+세외수입+지방교부세+재정보전금+조정교부금]

(바) 주민 1인당 채무액

주민 1인당 채무액은 지방채무 잔액이 주민 1인당 평균 얼마인가를 산정한다. 따라서 지방자치단체의 인구 크기에 상관없이 지방자치단체 사이의 채무상태를 비교할 수 있는 지표이다. 지방자치단체의 채무는 앞으로 상환해야 하므로, 주민 1인당 채무액이 많을수록 주민 부담이 가중되고 재정 압박의 요인이 된다.

$$\text{주민 1인당 채무액} = \frac{\text{지방채무 잔액}}{\text{주민수}}$$

(2) 재정운영

재정운영 분석은 주로 재정운영 상의 특성이나 문제점을 파악하기 위한 것이다. 재정운영의 건전성, 탄력성, 노력성, 계획성 등을 평가의 기준으로 삼는다. 재정운영의 건전성은 재정의 수지 균형이나 부채성 정도, 재정운영의 계획성은 예산 및 사업의 계획적 집행 정도, 재정운영의 노력성은 재원 확보 노력이나 예산 절감 노력, 재정운영의 탄력성은 재원 사용의 경직화 정도 등을 분석한다. 이러한 재정운영 측면을 분석 혹은 평가하기 지표들은 다음과 같은 것들이 있다.

(가) 실질 수지 비율

실질수지비율은 당해 연도 재정운영의 결과로서 나타난 실질적인 재정수지를 나타내는 지표이다. 실질수지비율이 높을수록 재정운영을 건실하게 하였다고 볼 수 있다. 우리나라 정부의 지방재정 분석 시에, 실질수지비율의 산정은 일반회계와 기타특별회계를 대상으로 한다.

$$실질수지비율 = \frac{실질수지액}{일반재원} \times 100$$

[실질수지액=세입결산액−세출결산액−익년도 이월액(사고이월+명시이월+국·도비반납금)]

(나) 경상수지 비율

경상수지 비율이란 경상적인 수입과 지출의 비율을 측정하는 지표로서, 인건비 등 감축하기 곤란한 의무적 성격이 강한 경상적 경비가 경상적 수입으로 충당되는 정도를 나타내며, 이는 재정의 건전성을 측정하는 데 유효하다. 보통 지표값이 70%를 초과하게 되면 재정구조의 탄력성과 건전성이 상실되고, 100%를 초과하면 아주 불건전한 재정 상태를 나타낸다. 우리나라 정부의 지방재정 분석 시에, 경상수지 비율의 산정은 통합회계(일반회계+기타특별회계+지방공기업특별회계+기금)를 대상으로 한다.

$$경상수지비율 = \frac{경상\ 경비}{경상\ 수입} \times 100$$

[경상경비=인건비+운영비+재정보전금+조정교부금+교육비특별회계전출금.
경상수입=지방세수입+경상적 세외수입+지방교부세+재정보전금+ 조정교부금]

(다) 지방채 세입 비율

지방채 세입 비율은 당해 연도 총 세입에서 지방채 세입이 어느 정도인지를 나타내는 지표로서, 지수가 높을수록 지방재정의 압박 정도가 강하다.

$$지방채\ 세입비율 = \frac{지방채\ 세입액}{세입\ 총액} \times 100$$

[지방채=원금+이자]

(라) 이월사업비 비율

이월사업비란 당해 연도의 예산 사업비를 계획대로 집행하지 못해 다음 연도로 이월된 사업비를 말한다. 이월사업비 비율은 따라서 예산 사업의 계획적인 추진 정도를 나타내는 지표이다. 이월사업비 비율이 높을수록 예산 운영 및 사업 추진이 계획대로 진행되지 못했다고 볼 수 있다.

$$\text{이월사업비비율} = \frac{\text{이월사업비}}{\text{세입 총액}} \times 100$$

[이월사업비=사고 이월비]

(마) 세수 증가율

세수 증가율은 당해 연도의 지방세 확보를 위해 얼마나 노력했는지를 나타내는 지표로서, 지수가 클수록 자주재원 확충을 위한 노력을 많이 했다고 볼 수 있다.

$$\text{세수 증가율} = \frac{\text{당년도 지방세액-전년도 지방세액}}{\text{전년도 지방세액}} \times 100$$

(바) 경상적 세외수입 증가율

경상적 세외수입인 사용료 및 수수료 수입은 자체수입의 주요한 세입원이다. 지수가 클수록 자주재원 확충을 위해 노력했다고 볼 수 있다.

$$\text{경상적 세외수입 증가율} = \frac{\text{당년도 경상 세외수입-전년도 경상 세외수입}}{\text{전년도 경상 세외수입}} \times 100$$

(사) 경상 예산 절감률

각종 경상경비에 대한 예산 절감을 얼마나 했는지를 나타내는 지표로서, 지수가 클수록 예산 절감을 위해 많이 노력했다고 볼 수 있다.

$$경상예산\ 절감률 = \frac{경상경비\ 절감액}{예산액} \times 100$$

]대상 비목: 국내여비+국외 여비+수용비 및 수수료+재료비 기타
+특별판공비+관서당경비+정보비+보상비]

(아) 인건비 비율

재원사용의 탄력성을 나타내는 지표로서, 세출 총액에서 경직성 경비인 인건비가 차지하는 비중을 산정한다. 지수가 클수록 재정 운영의 탄력성이 낮다고 볼 수 있다.

$$인건비\ 비율 = \frac{인건비}{세출\ 총액} \times 100$$

(자) 지방채 부담 비율

재원사용의 탄력성을 나타내는 지표로서, 당해 연도에 상환하는 채무액이 일반재원 규모에서 차지하는 비율이 어느 정도인지를 나타낸다. 지방채 부담 비율이 높을수록 재정 운영의 탄력성이 낮다고 볼 수 있다.

$$지방채\ 부담\ 비율 = \frac{지방채\ 상환액}{일반재원} \times 100$$

[지방채=원금+이자]

(3) 재정 성과

재정 성과는 재정지출에 따른 효과를 분석하는 것이다. 그런데 재정 성과는 각 지방자치단체별로 투자 대상의 우선순위가 다르기 때문에 이러한 특수한 사정을 무시하고 일률적으로 분석 · 평가하기는 어렵다. 또한 투자 성과가 단기에 나타나기도 하나 대체로 장기간이 경과된 후에 나타나기 때문에 매년 평가하는 것은 적절하지 못하다. 그러므로 각 자치단체별 특성에 따라 분석 내용을 달리해야 하며, 매년 분석하기보다는 5년에 한번 정도 분석하는 것이 바람직하다. 전국적으로 적용할 수 있는 분석지표로는

다음과 같은 것을 들 수 있다(아래 〈표 VII-18〉 참조).

〈표 VII-18〉 재정 성과 분석지표

평가지표	산출 방식
1. 도로 연장비율	(당해 연도 도로 연장-전년도 도로 연장)/전년도 도로 연장 X 100 *도로 연장(㎞)=지방도+특별·광역시도+시·군도
2. 도로 포장률	포장도 연장/도로 연장 X 100 *도로: 1번과 동일
3. 상수도 보급률	급수 인구/인구수 X 100
4. 하수도 보급률 (면적 기준)	현재 배수 구역 면적(㎢)/계획 배수 구역면적(㎢) X 100
5. 하천 개수율	기개수 연장(㎞)/요개수 연장(㎞)X 100 *하천 개수 = 지방하천 +준용하천
6. 쓰레기 수거율	연간 쓰레기 수거량(t)/연간 쓰레기 배출량(t) X 100
7. 분뇨 처리율	연간 분료 수거 처리량(㎘/연간 분뇨 배출량(㎘) X 100
8. 1인당 도시공원 면적	도시공원 면적 (1,000㎢)/ 인구 수
9. 노인복지 시설 수용율	노인복지시설 수용 인원/ 노인 인구(65세 이상) X 100
10. 인구 1,000명당 문화 시설 확보율	문화시설 면적/인구(1,000명) *문화시설(연면적)=박물관+시민회관+미술관+문예회관+공보관 +문화원

3) 재정 분석의 통합지표모형

지방재정을 분석할 때, 하나의 지표로 하나의 특성을 분석하는 방법은 개별지표모형이라 하며, 위에서 소개한 하나하나의 지표가 모두 개별지표모형이다. 개별지표모형은 개별 지표별로 지수를 측정하므로 지표별 특성에 맞는 특정한 재정상황의 측정이 용이하나, 지방재정의 상황을 종합적으로 판단할 수가 없다. 이에 반해, 여러 개의 지표들을 사용해서 다양한 특성들을 한꺼번에 종합적으로 측정하는 방법은 통합지표모형이라 한다.

통합지표모형은 여러 개의 지표들을 통합해서 측정하므로 개별지표모형으로 파악할 수 없는 종합적인 내용을 파악할 수 있으나, 통합지표모형에 어떠한 개별지표들을 포함시킬 것인지 그리고 포함된 각 지표의 상대적 중요성에 대한 가중치를 얼마로 부여할 것인지에 대한 객관적인 결정이 매우 어렵다.

우리나라의 경우, 중앙정부에서는 매년 '지방재정분석 편람'을 작성하여 지방자치단체에 하달하게 되는데 여기에서는 약 20개 정도의 개별 지표들을 사용하여 지방재정분석을 하도록 하고 있다. 이때 개별 지표의 측정치를 합산한 종합점수는 각 지표의 측정치에 지표별 가중치를 반영하여 산정하는데, 지표별 가중치는 각 지표의 중요도에 대한 설문조사 결과 및 전문가 의견 등을 고려하여 결정하고 있다.

Ⅷ 지방교육자치제

1 지방교육자치의 의의

1) 지방교육자치의 개념

지방교육자치는 지역의 자치인 지방자치와 영역의 자치인 교육자치라는 두 가지 자치제도가 결합된 것이다. 지방자치는 국가의 중앙집권적 통치로부터 지역이 독립하여 자주적으로 통치하는 제도이고, 교육자치는 국가의 일반적인 통치 영역으로부터 교육 영역이 독립하여 자주적으로 통치하는 제도이다. 이 두 가지 자치제도는 사실상 별개의 제도이다. 지방자치를 하더라도 교육자치는 하지 않을 수도 있고, 반대로 교육자치를 하더라도 지방자치는 하지 않을 수도 있기 때문이다.

어의를 살펴보면 지방교육자치는 지방자치를 교육영역에 한정해서 시행한다는 의미로 해석될 수도 있고, 또한 지방자치에서 교육영역의 자치를 독립시킨다는 의미로 해석될 수도 있다. 우리나라의 지방교육자치는 후자의 의미로 시행되고 있다. 이러한 사실에 비추어 볼 때 지방교육자치란 '지방자치의 과정에서 일반적인 자치 영역으로부터 교육 영역이 독립하여 그 소관사무를 자주적으로 처리하는 활동'이라 할 수 있을 것이다. 이리하여 우리나라에서는 하나의 지방자치단체 내에 일반적인 자치 영역을 관할하는 일반자치기관과 교육 영역만을 관할하는 교육자치기관의 두 종류의 자치기관이 구성되어 있다.

지방교육자치에 있어서 그 자치가 교육행위의 자치인가 교육행정의 자치인가에 대한 논의가 있다. 교육자치는 교육행위의 자치를 궁극적인 목표로 한다고 볼 수도 있으나, 제도적으로는 이를 실현하기 위한 수단으로서 교육행정의 자치에 중점을 두고 있다. 아래에서는 후자의 제도적 내용을 중심으로 고찰해나가기로 한다.

2) 지방교육자치의 법적 배경

우리나라 헌법(제31조 제4항)은 "교육의 자주성 · 전문성 · 정치적 중립성 및 대학의 자율성은 법률이 정하는 바에 의하여 보장된다."고 규정하고 있다. 이처럼 헌법에서는 교육의 자주성 · 전문성 · 정치적 중립성을 천명하고 이에 대한 보장을 법률로 정하도록 하고 있다. 여기에서 교육의 자주성이란 교육에 대한 외부세력의 통제가 배제된 교육영역의 자유와 독립을 뜻하고, 교육의 전문성이란 교육은 전문적인 성격을 지닌 활동으로서 전문적 지식과 기술을 습득한 교육전문가가 교육활동을 수행해야 함을 뜻하며, 교육의 정치적 중립성이란 교육이 교육본래의 목적을 실현하기 위해 운영되어야 하고, 어떠한 정치적, 파당적, 혹은 개인적 편견의 전파를 위한 방편으로 이용되어서는 안된다는 것을 뜻한다.

이러한 헌법정신을 구현하기 위해 교육기본법은 다음과 같이 규정하고 있다. "제5조 (교육의 자주성 등) ① 국가와 지방자치단체는 교육의 자주성과 전문성을 보장하여야 하며, 지역 실정에 맞는 교육을 실시하기 위한 시책을 수립 · 실시하여야 한다. ② 학교운영의 자율성은 존중되며, 교직원 · 학생 · 학부모 및 지역주민 등은 법령으로 정하는 바에 따라 학교운영에 참여할 수 있다. 제6조 (교육의 중립성) ① 교육은 교육 본래의 목적에 따라 그 기능을 다하도록 운영되어야 하며, 정치적 · 파당적 또는 개인적 편견을 전파하기 위한 방편으로 이용되어서는 아니 된다. ② 국가와 지방자치단체가 설립한 학교에서는 특정한 종교를 위한 종교교육을 하여서는 아니 된다." 이처럼 교육기본법은 헌법정신의 실현을 위해, 국가와 지방자치단체가 교육의 자주성, 전문성 및 중립성을 구현하고, 나아가 지역실정에 맞는 교육 및 학교운영의 자율성을 보장하도록 하고 있다.

헌법과 교육기본법에서 정립한 이러한 교육관을 배경으로 하여 우리나라에서는 지방교육자치에 관한 법률을 제정해 이를 기초로 지방교육자치제도를 시행하고 있다. 지방교육자치에 관한 법률 제1조(목적)는 "이 법은 교육의 자주성 및 전문성과 지방교육의 특수성을 살리기 위하여 지방자치단체의 교육 · 과학 · 기술 · 체육 그 밖의 학예에 관한 사무를 관장하는 기관의 설치와 그 조직 및 운영 등에 관한 사항을 규정함으로써 지방교육의 발전에 이바지함을 목적으로 한다."고 규정하고 있다. 즉 지방자치단체 내에 교육 · 학예사무를 관장하는 기관을 따로 설치하여 운영하도록 함으로써 일반 영역의 지방자치와 교육영역의 지방자치를 분리 · 운영하도록 하고 있다. 이어서 제2조(교육 · 학예사무의 관장)에서는 "지방자치단체의 교육 · 과학 · 기술 · 체육 그 밖의 학예(이하 '교육 · 학예'라 한다)에 관한 사무는 특별시 · 광역시 및 도(이하 '시 · 도'라 한다)의 사무로 한다."고 규정하여 이러한 지방교육자치는 광역자치단체 차원에서 시행하도록 하고 있다.

2 교육자치의 원리와 유형[17]

1) 교육자치의 원리

지방교육자치제의 뜻을 보다 명확히 파악하기 위하여는 지방교육자치제의 기본원리를 살펴볼 필요가 있다. 일반적으로 지방교육자치제의 기본원리로서는 지방분권의 원리, 분리 · 독립의 원리, 전문적 관리의 원리, 주민통제의 원리 등이 지적되고 있다.

(1) 지방분권의 원리

이는 교육에 대한 지방의 자율을 중시하는 원리로서, 지방교육은 중앙정부에 의한 획일적인 지시와 통제를 지양하고 지방의 실정과 특수성을 고려하여 정책이 수립되고 집행되는 속에서 실시되어야 한다는 것이다. 이러한 원리를 바탕으로 현재 우리나라에서는 지방에서의 교육자치가 실시되고 있다.

(2) 분리독립(자주성)의 원리

교육은 본질적으로 가치창조적 활동이기 때문에 외부의 간섭이나 통제로부터 벗어나야 하며, 특히 일반행정으로부터 분리되어 그 독자성을 보장받아야 한다. 이는 교육활동의 자주성과 중립성을 중시하는 원리로서, 교육에는 정치적 · 종교적 중립이 보장

17) 최창호(1995), pp. 157-161 참조.

되어야 하며 어떠한 외부적인 통제나 정치적 이용 또는 파당적 방편이 허용되어서는 안된다고 하는 원리이다. 이러한 원리에 입각해서 지방자치단체(시 · 도) 내에 지방의 교육과 학예에 관한 사무를 관장하는 별도의 기관을 설치 · 운영하게 된다.

(3) 전문적 관리의 원리

교육행정은 일반행정으로부터 분리 · 독립하여야 할 뿐만 아니라, 전문적인 지식과 기술을 갖춘 요원들에 의하여 관리되어야 한다. 이는 특히 교육행정의 교육전문가에 의한 관리를 중시하는 원리로서, 교육자치의 방법론적 원칙이라고 하겠다. 우리나라 지방교육자치에 관한 법률에 의하면 교육의원 및 교육감은 교육경력 또는 교육행정경력이 5년 이상인 자여야 한다.

(4) 주민참여의 원리

교육자치는 원래 주민들의 요구에 부응하는 교육의 실시를 위해 발전한 것이므로, 그 교육정책의 심의결정과정에 주민들이 최대로 참여하고, 그 정책의 집행과정에도 주민들이 최대로 협조하여야 한다. 물론 그 참여 · 협조는 주민 각자가 직접 할 수도 있겠지만, 그 대표자를 통하여 간접적으로 할 수도 있을 것이다. 이는 교육의 민주성을 중시하는 원리로서, 지역의 실정에 적합한 다양하고도 특색있는 교육운영을 가능케 하는 원리라고 하겠다. 이러한 원리에 입각해서 현재 우리나라에서 실시하고 있는 제도가 학교운영위원회이다.

2) 지방교육자치제의 유형

지방자치단체의 일반자치기관과 교육자치기관의 분리 여하를 기준으로, 지방교육자치제도를 분리형과 통합형 그리고 절충형의 셋으로 나누어 볼 수 있다.

(1) 분리형

지방교육자치기관을 일반지방자치기관과 별도로 두어 지방교육이 독립적으로 실시되도록 하는 제도를 지방교육자치의 분리형이라고 한다.

분리형은 교육의 전문성과 중립성을 높이고, 교원인사의 공정성을 기할 수 있고, 특히 교육위원 등을 주민직선에 의하여 선출하는 경우 교육에 주민의 의사를 충분히 반영할 수 있는 장점을 가진다. 그러나 교육조직을 별도로 운영함에 따라 행 · 재정상의 혼란과 낭비를 가져오기 쉽다.

분리형의 대표적인 예는 미국에서 찾아볼 수 있다. 미국의 교육자치제도는 주마다 다르기 때문에 이를 일률적으로 말할 수는 없지만, 다만 미국의 전 지역에 학교구(school district)라고 하는 특별지방자치단체가 있고 이 학교구는 일반지방자치단체인 city나 county로부터 분리 · 독립하여 교육행정을 전문적으로 수행하고 있으므로 이를 분리형이라 할 수 있다.

학교구의 운영은 학교구 이사회가 담당하는데, 이사는 대체로 5명이며, 주민에 의하여 선출된다. 학교구의 운영을 지원하는 주 정부에는 교육감(superintendent)이 있는데, 그는 주민에 의하여 선출되며, 주 교육국의 국장이 된다.

(2) 통합형

지방교육기관을 일반지방자치기관에 통합시켜 일반행정과 교육행정이 밀접한 연계를 가지고 수행하도록 하는 제도를 지방교육자치의 통합형이라고 한다. 통합형은 전술한 분리형의 장 · 단점과 반대의 장 · 단점을 가진다.

통합형의 대표적인 예는 영국에서 찾아볼 수 있다. 영국에서는 지방자치에 있어서 의결기관과 집행기관을 구분하지 아니하고, 지방의회가 집행기능까지 수행하며, 지방의회의 각 분과위원회가 집행기관의 해당 사무국 · 과를 지휘 · 감독하며 행정사무를 처리하고 있다. 지방교육자치를 위해서는 이러한 지방의회에 그 하나의 분과위원회인 교육위원회를 두어, 이 교육위원회가 교육사무를 처리하고 있다. 다만, 교육위원회는 지방의원들만으로써 구성하는 것이 아니라, 그 위원 정수의 절반정도까지 지방의회가 선출하는 교육전문가들로써 구성함으로써 교육행정의 전문성을 보장하고 있다. 아울러 지방의회의 교육위원회에 교육행정의 전문적 관리를 담당할 교육감을 두고 있는데, 교육감은 교육위원회가 중앙정부의 교육과학부장관과 협의하여 임명한다. 일반지방자치조직인 지방의회에서 지방교육의 정책결정과 집행을 관할하는 까닭에 영국의 지방교육자치는 통합형에 속한다고 하겠다.

(3) 절충형

지방교육기관을 일반지방자치기관에 통합하되, 완전 통합하지 않고 그 집행기관만은 일반집행기관과 분리하여 교육행정의 특수성을 유지하도록 하는 제도를 절충형이라 할 수 있다.

이러한 절충형은 완전분리에서 오는 혼란과, 완전통합에서 오는 교육사무 특수성의 매몰을 방지할 수 있으나, 일반행정과 교육행정 사이의 마찰과 불협화를 발생시킬 우려가 있다.

이러한 절충형의 대표적인 예는 일본에서 찾아볼 수 있다. 일본에서는 광역자치단체인 都·道·府·縣과 기초자치단체인 市·町·村, 그리고 기초자치단체의 연합체인 시·정·촌조합에 교육위원회를 두어, 지방자치단체가 결정하는 교육에 관한 사무를 관리·집행하게 하고 있다. 즉, 지방자치단체에 의결기관(의회)은 하나이되, 집행기관은 일반집행기관인 자치단체의 장과, 교육사무집행기관인 교육위원회를 2원적으로 두고 있는 것이다. 교육위원은 5인(시·정·촌의 경우는 3인)으로 구성되며, 해당 자치단체의 장이 의회의 동의를 얻어 임명하고, 그 임기는 4년이다.

그러나 교육위원회의 사무의 실제 처리기관은 교육장이다. 교육장은 교육위원회의 지휘·감독 하에 교육위원회의 사무를 총괄 처리한다. 교육장은 광역자치단체의 경우에는 해당 교육위원회가 중앙정부의 문부대신의 승인을 얻어 임명하고, 기초자치단체와 그 조합의 경우는 해당 교육위원회가 그 교육위원 중에서 상급 자치단체의 교육위원회의 승인을 얻어 임명한다. 문부대신은 각급 지방자치단체의 교육위원회에 대하여, 광역자치단체의 교육위원회는 그 하급 자치단체의 교육위원회에 대하여 지도·조언·지원 및 감독을 행한다.

(4) 우리나라의 경우

1991년에 제정된 '지방교육자치에 관한 법률'에서는 시·도의 광역단위에서만 실시하도록 하여 우리나라에 새로운 지방교육자치제가 실시되기에 이르렀다. 이에 따르면,

시 · 도의 교육사무의 의결기관으로서 지방의회 내에 교육위원회를 둔다. 그러나 교육위원회는 모든 교육사무에 대해 의결권을 가지는 것이 아니고 주요한 교육사무는 지방의회의 의결사항으로 정하고 있다. 한편, 집행기관으로서는 지방자치단체장과는 별도로 교육감을 두며, 그 하급교육행정기관으로서 시 · 군 · 자치구 단위에 지역교육청을 두고, 지역교육청에 교육장을 두도록 하고 있다. 교육집행기관은 일반집행기관과는 별도로 두고 있으나, 교육의결기관은 지방의회로부터 완전히 독립되어 있지 않은 점에서 이러한 유형의 지방교육자치제는 분리형에 가까운 절충형이라고 할 수 있을 것이다.

3 지방교육자치제도

지방교육자치에 관한 법률의 내용을 중심으로 현재 우리나라의 교육자치제도에 관해 살펴보기로 한다.

1) 교육자치구역

지방교육자치에 관한 법률 제2조는 "지방자치단체의 교육 · 과학 · 기술 · 체육 그 밖의 학예에 관한 사무는 특별시 · 광역시 및 도의 사무로 한다."고 규정하여, 우리나라의 지방교육자치는 광역지방자치단체를 그 구역으로 하고 있다.

2) 교육자치의 영역

지방교육자치에 관한 법률에는 지방자치단체의 교육 · 과학 · 기술 · 체육 그 밖의 학예에 관한 사무의 영역 속에 고등교육(대학교육) 관련사무도 포함되는지에 대한 규정이 없다. 그리고 고등교육법(제5조)에 따르면 모든 종류의 대학은 교육과학기술부장관의 지도 · 감독을 받는다. 따라서 지방교육자치의 영역에서 고등교육은 제외되고, 지방자치법(제9조)에서 지방의 교육 · 체육 · 문화 · 예술의 진흥에 관한 사무 중의 하나로 규정한 "유아원 · 유치원 · 초등학교 · 중학교 · 고등학교 및 이에 준하는 각종 학교의 설치 · 운영 · 지도"에 관한 사무만 포함된다.

3) 교육자치조직

지방교육자치조직의 중요골자는 교육위원회와 교육감 및 교육청이다.

(1) 교육위원회

교육위원회는 시 · 도의 교육 · 학예사무에 관한 심의 · 의결기관으로서, 시 · 도의회의 하나의 상임위원회로 설치된다. (다만 2010년 2월 26일자 지방교육자치에 관한 법률의 개정에 의거 교육위원회는 2014년 6월 30일 교육의원의 임기만료 후 폐지된다.)

(가) 교육위원회의 구성

교육위원회는 시 · 도의회의원 및 별도로 선출된 교육의원으로 구성하되 교육의원이 과반수가 되도록 하고, 그 정수는 법률로 정해져 있다(동법 제4조). 예를 들어, 서울시 교육위원회의 위원정수는 15명인데 그 중 교육의원 정수는 8명이고, 부산시 교육위원회의 위원정수는 11명인데 그 중 교육의원 정수는 6명이다. 교육의 전문성을 고려하여 특히 교육의원 후보자의 자격은 정당의 당원이 아닌 자로서 교육경력 또는 교육행정경력이 5년 이상 있거나 양 경력을 합한 경력이 5년 이상 있는 자에게 한한다. 교육의원은 주민의 직접선거로 선출하고, 임기는 4년이며, 시 · 도의회의원의 지위와 권한을 갖는다.

(나) 교육위원회의 의결사항

교육위원회는 당해 시 · 도의 교육 · 학예에 관한 다음 각 호의 사항을 심사 · 의결한다.

① 조례안

② 예산안 및 결산

③ 특별부과금 · 사용료 · 수수료 · 분담금 및 가입금의 부과와 징수에 관한 사항

④ 기채안(起債案)

⑤ 기금의 설치 · 운용에 관한 사항

⑥ 대통령령으로 정하는 중요재산의 취득 · 처분에 관한 사항

⑦ 대통령령으로 정하는 공공시설의 설치 · 관리 및 처분에 관한 사항

⑧ 법령과 조례에 규정된 것을 제외한 예산 외의 의무부담이나 권리의 포기에 관한 사항

⑨ 청원의 수리와 처리

⑩ 외국 지방자치단체와의 교류 · 협력에 관한 사항

⑪ 그 밖에 법령과 시 · 도 조례에 따라 그 권한에 속하는 사항

다만 위의 교육위원회의 심사 · 의결 사항 중에서도 제1호에서 제4호까지의 사항은 시 · 도의회 본회의의 의결을 필요로 하고, 제5호 내지 제11호에 규정된 사항에 대하여 행한 교육위원회의 의결은 시 · 도의회 본회의의 의결로 본다.

(다) 의안의 발의

교육위원회에서 심사 · 의결할 의안은 교육감이 제출하거나 시 · 도의회 재적의원 5분의 1이상 또는 의원 10인 이상의 연서로 발의한다. 그리고 의안은 문서로써 시 · 도의회의장에게 제출하여야 한다.

(2) 교육감

시 · 도의 교육 · 학예에 관한 사무의 집행기관으로 시 · 도에 교육감을 둔다.

(가) 지위와 자격

교육감은 시 · 도의 교육 · 학예에 관한 사무의 최고 집행기관으로서, 소속 공무원을 지도 · 감독하며, 지방교육사무를 총괄 관리한다. 그리고 교육감은 교육 · 학예에 관한 소관 사무로 인한 소송이나 재산의 등기 등에 대하여 당해 시 · 도를 대표한다. 한편 국가행정사무 중 시 · 도에 위임하여 시행하는 사무로서 교육 · 학예에 관한 사무는 교육감에게 위임하여 행하도록 규정하고 있는바, 이러한 국가위임사무를 처리하는 입장

에서는 국가의 하급행정기관의 지위를 갖는다.

교육감은 주민의 직접선거로 선출하고, 임기는 4년이며, 계속 재임은 3기에 한한다. 교육감후보자는 정당의 당원이 아닌 자로서, 교육경력 또는 교육행정경력이 5년 이상 있거나 양 경력을 합한 경력이 5년 이상 있는 사람이어야 한다.

(나) 권한

(A) 사무 관장권

교육감은 교육·학예에 관한 다음 각 호의 사항에 관한 사무를 관장한다.

① 조례안의 작성 및 제출에 관한 사항
② 예산안의 편성 및 제출에 관한 사항
③ 결산서의 작성 및 제출에 관한 사항
④ 교육규칙의 제정에 관한 사항
⑤ 학교, 그 밖의 교육기관의 설치·이전 및 폐지에 관한 사항
⑥ 교육과정의 운영에 관한 사항
⑦ 과학·기술교육의 진흥에 관한 사항
⑧ 평생교육, 그 밖의 교육·학예진흥에 관한 사항
⑨ 학교체육·보건 및 학교환경정화에 관한 사항
⑩ 학생통학구역에 관한 사항
⑪ 교육·학예의 시설·설비 및 교구(敎具)에 관한 사항
⑫ 재산의 취득·처분에 관한 사항
⑬ 특별부과금·사용료·수수료·분담금 및 가입금에 관한 사항
⑭ 기채(起債)·차입금 또는 예산 외의 의무부담에 관한 사항
⑮ 기금의 설치·운용에 관한 사항
⑯ 소속 국가공무원 및 지방공무원의 인사관리에 관한 사항
⑰ 그 밖에 당해 시·도의 교육·학예에 관한 사항과 위임된 사항

(B) 교육규칙 제정권

교육감은 법령 또는 조례의 범위 안에서 그 권한에 속하는 사무에 관하여 교육규칙

을 제정할 수 있다.

(C) 사무 위임권

① 교육감은 조례 또는 교육규칙이 정하는 바에 따라 그 권한에 속하는 사무의 일부를 보조기관, 소속교육기관 또는 하급교육행정기관에 위임할 수 있다.

② 교육감은 교육규칙이 정하는 바에 따라 그 권한에 속하는 사무의 일부를 당해지방자치단체의 장과 협의하여 구 · 출장소 또는 읍 · 면 · 동의 장에게 위임할 수 있다. 이 경우 교육감은 당해사무의 집행에 관하여 구 · 출장소 또는 읍 · 면 · 동의 장을 지휘 · 감독할 수 있다.

(D) 소속 공무원의 지휘·감독권

교육감은 소속 공무원을 지휘 · 감독하고 법령과 조례 · 교육규칙이 정하는 바에 따라 그 임용 · 교육훈련 · 복무 · 징계 등에 관한 사항을 처리한다.

(E) 재의 요구권 및 제소권

① 교육감은 교육 · 학예에 관한 시 · 도의회의 의결이 법령에 위반되거나 공익을 현저히 저해한다고 판단될 때에는 그 의결사항을 이송받은 날부터 20일 이내에 이유를 붙여 재의를 요구할 수 있다. 교육감이 교육과학기술부장관으로부터 재의요구를 하도록 요청받은 경우에는 시 · 도의회에 재의를 요구하여야 한다.

② 교육감의 재의요구가 있을 때에는 재의요구를 받은 시 · 도의회는 재의에 붙이고 시 · 도의회 재적의원 과반수의 출석과 시 · 도의회 출석의원 3분의 2이상의 찬성으로 전과 같은 의결을 하면 그 의결사항은 확정된다.

③ 재의결된 사항이 법령에 위반된다고 판단될 때에는 교육감은 재의결된 날부터 20일 이내에 대법원에 제소할 수 있다.

④ 교육과학기술부장관은 재의결된 사항이 법령에 위반된다고 판단됨에도 해당교육감이 소를 제기하지 않은 때에는 해당교육감에게 제소를 지시하거나 직접 제소할 수 있다.

(F) 선결처분권

교육감은 소관 사무 중 시 · 도의회의 의결을 요하는 사항에 대하여 ① 시 · 도의회가 성립되지 아니한 때, ② 학생의 안전과 교육기관 등의 재산보호를 위하여 긴급하게 필요한 사항으로서 시 · 도의회가 소집될 시간적 여유가 없거나 시 · 도의회에서 의결이 지체되어 의결되지 아니한 경우에는 선결처분을 할 수 있다.

교육감의 선결처분은 지체 없이 시 · 도의회에 보고하여 승인을 얻어야 한다. 시 · 도의회에서 승인을 얻지 못한 때에는 그 선결처분은 그 때부터 효력을 상실한다.

(3) 보조기관, 하급교육행정기관 및 공무원

(가) 보조기관

교육감의 보조기관으로서 시 · 도교육청에 국가공무원으로 보하는 부교육감 1인(인구 800만명 이상이고 학생 170만명 이상인 시 · 도는 2인)과 지방공무원으로 보하는 보조기관(국장, 과장 등)을 둔다. 보조기관은 교육감을 보좌하여 사무를 처리한다.

(나) 하급교육행정기관

시 · 도의 교육 · 학예에 관한 사무를 지역적으로 분장하기 위하여 1개 또는 2개 이상의 시 · 군 및 자치구를 관할구역으로 하는 하급교육행정기관("지역교육청")을 둔다. 지역교육청에 교육장을 두되 장학관으로 보하고, 교육장은 시 · 도의 교육 · 학예에 관한 사무 중 다음 각 호의 사무를 위임받아 분장한다: ① 공 · 사립의 유치원 · 초등학교 · 중학교 · 공민학교 · 고등공민학교 및 이에 준하는 각종학교의 운영 · 관리에 관한 지도 · 감독, ② 그 밖에 조례로 정하는 사무.

(다) 공무원

보조기관 및 하급교육행정기관에는 해당 시 · 도의 교육비특별회계가 부담하는 경비로써 지방공무원을 두되, 그 정원은 법령이 정한 기준에 따라 조례로 정한다. 다만 대통령령이 정하는 바에 따라 국가공무원을 둘 수 있다.

4 지방교육재정

1) 재원 및 재정규모

지방교육자치에 관한 법률 제36조에 따르면 지방교육자치에 관한 경비는 ① 교육에 관한 특별부과금 · 수수료 및 사용료 등 자체수입, ② 지방교육재정교부금 등 국가지원, ③ 해당지방자치단체의 일반회계로부터의 전입금 등의 재원으로 충당된다. 그리고 동법 제38조에 따르면, 이 경비를 따로 경리하기 위하여 당해 지방자치단체에 교육비특별회계를 둔다. 이 법규에 근거해서 광역지방자치단체의 시 · 도교육청은 교육비특별회계를 설치하여 지방교육재정을 운영하며, 그 재원은 의존수입인 국가지원금 및 지방자치단체지원금, 자체수입, 지방채('지방교육채') 등으로 충당된다.

국가지원금은 교육비특별회계의 명목 상 '중앙정부이전수입'이라 하는데, 이는 지방교육재정교부금 및 국고보조금으로 구성되며 이중 지방교육재정교부금이 대부분(99.9%)을 차지한다. 지방교육재정교부금은 일반지방자치단체의 지방교부세에 해당하는 것으로 내국세 총액의 일정 비율(20.27%)과 교육세 전액으로 구성된다.

지방자치단체지원금은 교육비특별회계의 명목 상 '지방자치단체이전수입'아라 하는데, 이는 해당 지방자치단체에서 지방세 징수액 중 일정비율을 부담하도록 되어 있는 전출금 등으로 구성된다.

자체수입의 명목은 '지방자치단체교육비특별회계부담수입'과 '주민 · 기관 부담 등 기타' 로 나뉜다. '지방자치단체교육비특별회계부담수입'은 입학금 및 수업료, 각종 사용료 및 수수료, 재산 매각 및 임대 수입, 정기예금이자 등으로 구성되고, '주민 · 기관 부담 등 기타'는 민간인 및 지방자치단체가 아닌 협회, 단체 등에서 지원하는 부담금 등으로 구성된다.

2012년도 전국 시 · 도교육청 교육비특별회계의 재원별 세입예산(당초예산)을 살펴보면 중앙정부이전수입 36조 7,134억원(77.0%), 지방자치단체이전수입 8조 3,834원(17.6%), 지방자치단체교육비특별회계부담수입 2조 5,553억원(5.4%), 주민(기관 등)부담 등 기타 513억원(0.1%)이다. 이러한 세입구조를 보면 지방교육재정의 재원은 대부분 의존재원이며 자주재원은 미미함(5.5%)을 알 수 있다. 이는 의무교육 정책에 따른 당연한 결과라 할 것이다.

〈표 Ⅷ-1〉 지방교육재정 세입내역(당초예산)

(단위: 억원, %)

재원별	2012년	
	세입내역	구성비
합 계	477,034	100.0
중앙정부이전수입	367,134	77.0
지방자치단체이전수입	83,834	17.6
지자체교육비특별회계부담수입	25,553	5.4
지방교육채	-	-
주민(기관 등) 부담 등 기타	513	0.1

자료: 교육과학기술부, '2012회계년도 교육비특별회계 세입 · 세출 예산분석 결과'

2) 교육비특별회계 예산과정

지방교육자치에 관한 법률 제3조에 따르면 "지방자치단체의 교육 · 학예에 관한 사무를 관장하는 기관의 설치와 그 조직 및 운영 등에 관하여 이 법에서 규정한 사항을 제외하고는 그 성질에 반하지 않는 한 「지방자치법」의 관련 규정을 준용한다."고 규정하고 있다. 따라서 교육비특별회계의 예산과정은 지방자치법에 규정된 지방자치단체의 일반회계 및 특별회계의 예산과정에 따른다.

(1) 예산편성 운영에 관한 규칙, 예산편성 운영기준

지방자치단체의 예산편성 운영에 대하여 행정안전부의 '지방자치단체 예산편성 운영에 관한 규칙'과 '지방자치단체예산편성 운영기준'이 있는 것과 같이, 교육비특별회계의 예산편성 운영에 대하여 교육과학기술부의 '지방자치단체 교육비특별회계 예산편성 운용에 관한 규칙'과 '지방자치단체 교육비특별회계 예산편성 기준경비에 관한 훈령'이 하달된다.

(2) 예산안 편성 · 제출 · 심의 · 의결

교육감은 하달된 규칙과 훈령에 의거하여 예산안을 편성해서, 회계연도 개시 50일 전까지 시 · 도의회에 제출하고, 시 · 도의회에서는 제출된 예산안을 심의해서 회계연도 개시 15일 전까지 의결하여야 한다.

(3) 예산의 이송 · 고시

시 · 도의회에서 의결된 예산은 의결 후 3일 이내에 교육감에게 이송하고, 교육감은 지방의회에서 이송된 예산을 이송 후 5일 이내에 교육과학기술부장관에게 보고하고 그 내용을 고시한다.

참고문헌

국회사무처(1991). 『주요국의 교육자치제도』. 서울: 국회사무처.

권오혁(2000). 『미국의 시정부와 지방자치(캘리포니아주를 중심으로)』. 서울: 지샘.

권혁신(2011). 『미국의 지방자치 이모저모. 우리도 배워야 할 정치 · 행정 사례들』. 서울: 지식산업사.

권형신 외((2006). 『한국의 지방재정-이론과 실무』. 서울: 해남.

김광수(1997). 『선거와 선거제도』. 서울: 박영사.

김병준(1995). 『한국지방자치론-지방정치 · 자치행정 · 자치경영』. 서울: 법문사.

______(2011). 『지방자치론』. 서울: 법문사.

김영성 · 정광조(1988). 『프랑스 행정연구』. 서울: 법문사.

김웅기(2001). 『미국의 지방자치』. 서울: 대영문화사.

남유진(2005). 『미국 지방자치의 이해』. 서울: 집문당.

미국정치연구회 편(2008). 『미국 정부와 정치』. 서울: 명인문화사.

박봉국(2006). 『지방의회과정론』. 서울: 박영사.

법문북스 편집부(2012). 『개정된 지자제 관련 법규에 의한 지방자치의 회의진행과 의회관련 규정 연구』. 서울: 법문북스

손희준 · 강인재 · 장노순 · 최근열(2010). 『지방재정론』. 서울: 대영문화사.

송영철(2001). 『일본의 지방자치(현장에서 바라본)』. 서울: 지샘.

숭실대학교기독교사회연구소 편(1994). 『사회발전을 향한 지방자치』. 서울: 한울.

아베 히토시 외. 강신일 외 역(1999). 『일본지방자치의 이해』. 서울: 건국대학교출판부.

안영훈(1997). 『프랑스 행정계층간 기능배분에 관한 분석』. 서울: 한국지방행정연구원.

이달곤(2004). 『지방정부론』. 서울: 박영사.

이승종(2011). 『지방자치론-정치와 정책』. 서울: 박영사.

이종수(2002). 『지방정부이론-이론화를 위한 비교론적 분석』.서울: 박영사.

이청수(2010). 『지방예산론』. 서울: 브렌즈.

임도빈(2004). 『한국지방조직론』. 서울: 박영사.

임성일(1996). 『영국의 지방정부』. 서울: 법경사.
정요섭(1965). 『선거론』. 서울: 박영사.
정세욱(1995). 『지방행정학』. 서울: 법문사.
______(2005). 『지방자치학(6정판)』. 서울: 법문사.
정재길(1992). 『지방의회론』. 서울: 박영사.
조창현(2005). 『지방자치론(6정판)』. 서울: 박영사.
지방자치행정연구소 편집부(2012). 『지방자치행정총람(2012)』. 서울: 지방자치행정연구소.
최창호(1995). 『지방자치학』. 서울: 삼영사.
______(2007). 『지방자치학(제5판)』. 서울: 삼영사.
______(1981). 『지방행정구역론』. 서울: 법문사.
하승수(2007). 『지역, 지방자치, 그리고 민주주의』. 서울: 후마니타스.
한국지방자치학회(2008). 『한국지방자치의 이해』. 서울: 박영사.
한국지방자치학회(1998). 『지방자치사전』. 서울: 보성각.
한국지방행정연구원(1997). 『현지에서 본 프랑스 지방자치제도』. 서울: 한국지방행정연구원.
Debbasch, Charies. 박연호 외 역(1997). 『프랑스 행정의 이해』. 서울: 박영사.
Kemp, Roger L.(ed.)(1999). *Forms of Local Government*. Jefferson, NC: McFarland & Company.
Vetter, Angelika(2007). *Local Politics: A Resource for Democracy in Western Europe?* New York: Lexington Books.

<부록>

지방자치법

[시행 2012. 9. 22, 법률 제11399호, 2012. 3. 21 일부개정]

제1장 총강(總綱)

제1절 총칙

제1조(목적) 이 법은 지방자치단체의 종류와 조직 및 운영에 관한 사항을 정하고, 국가와 지방자치단체 사이의 기본적인 관계를 정함으로써 지방자치행정을 민주적이고 능률적으로 수행하고, 지방을 균형있게 발전시키며, 대한민국을 민주적으로 발전시키려는 것을 목적으로 한다.

제2조(지방자치단체의 종류) ① 지방자치단체는 다음의 두 가지 종류로 구분한다.

1. 특별시, 광역시, 특별자치시, 도, 특별자치도
2. 시, 군, 구

② 지방자치단체인 구(이하 "자치구"라 한다)는 특별시와 광역시의 관할 구역 안의 구만을 말하며, 자치구의 자치권의 범위는 법령으로 정하는 바에 따라 시 · 군과 다르게 할 수 있다.

③ 제1항의 지방자치단체 외에 특정한 목적을 수행하기 위하여 필요하면 따로 특별지방자치단체를 설치할 수 있다.

④ 특별지방자치단체의 설치 · 운영에 관하여 필요한 사항은 대통령령으로 정한다.

제3조(지방자치단체의 법인격과 관할) ① 지방자치단체는 법인으로 한다.

② 특별시, 광역시, 특별자치시, 도, 특별자치도(이하 "시 · 도"라 한다)는 정부의 직할(直轄)로 두고, 시는 도의 관할 구역 안에, 군은 광역시, 특별자치시나 도의 관할 구역 안에 두며, 자치구는 특별시와 광역시, 특별자치시의 관할 구역 안에 둔다.

③ 특별시 · 광역시 및 특별자치시가 아닌 인구 50만 이상의 시에는 자치구가 아닌 구를 둘 수 있고, 군에는 읍 · 면을 두며, 시와 구(자치구를 포함한다)에는 동을, 읍 · 면에는 리를 둔다. 〈개정 2011.5.30〉

④ 제7조제2항에 따라 설치된 시에는 도시의 형태를 갖춘 지역에는 동을, 그 밖의 지역에는 읍 · 면을 두되, 자치구가 아닌 구를 둘 경우에는 그 구에 읍 · 면 · 동을 둘 수 있다.

제2절 지방자치단체의 관할 구역

제4조(지방자치단체의 명칭과 구역) ① 지방자치단체의 명칭과 구역은 종전과 같이 하고, 명칭과 구역을 바꾸거나 지방자치단체를 폐지하거나 설치하거나 나누거나 합칠 때에는 법률로 정한다. 다만, 지방자치단체의 관할 구역 경계변경과 한자 명칭의 변경은 대통령령으로 정한다. 〈개정 2009.4.1〉

② 제1항에 따라 지방자치단체를 폐지하거나 설치하거나 나누거나 합칠 때 또는 그 명칭이나 구역을 변경할 때에는 관계 지방자치단체의 의회(이하 "지방의회"라 한다)의 의견을 들어야 한다. 다만, 「주민투표법」 제8조에 따라 주민투표를 한 경우에는 그러하지 아니하다.

③ 제1항에도 불구하고 다음 각 호의 지역이 속할 지방자치단체는 제4항부터 제7항까지의 규정에 따라 행정안전부장관이 결정한다.

1. 「공유수면 관리 및 매립에 관한 법률」에 따른 매립지
2. 「측량 · 수로조사 및 지적에 관한 법률」 제2조제19호의 지적공부(이하 "지적공부"라 한다)에 등록이 누락되어 있는 토지

④ 제3항제1호의 경우에는 「공유수면 관리 및 매립에 관한 법률」 제28조에 따른 면허관청 또는 관련 지방자치단체의 장이 같은 법 제45조에 따른 준공검사 전에, 제3항제2호의 경우에는 「측량 · 수로조사 및 지적에 관한 법률」 제2조제18호에 따른 소관청(이하 "지적소관청"이라 한다)이 지적공부에 등록하기 전에 각각 행정안전부장관에게 해당 지역이 속할 지방자치단체의 결정을 신청하여야 한다. 이 경우 제3항제1호에 따른 매립지의 매립면허를 받은 자는 면허관청에 해당 매립지가 속할 지방자치단체의 결정 신청을 요구할 수 있다.

⑤ 행정안전부장관은 제4항에 따른 신청을 받은 후 지체 없이 그 사실을 20일 이상 관보나 인터넷 등의 방법으로 널리 알려야 한다. 이 경우 알리는 방법, 의견의 제출 등에 관하여는 「행정절차법」 제42조 · 제44조 및 제45조를 준용한다.

⑥ 행정안전부장관은 제5항에 따른 기간이 끝난 후 제149조에 따른 지방자치단체중앙분쟁조정위원회(이하 이 조에서 "위원회"라 한다)의 심의 · 의결에 따라 제3항 각 호의 지역이 속할 지방자치단체를 결정하고, 그 결과를 면허관청이나 지적소관청, 관계 지방자치단체의 장 등에게 통보하고 공고하여야 한다.

⑦ 위원회의 위원장은 제6항에 따른 심의과정에서 필요하다고 인정되면 관계 중앙행정기관 및 지방자치단체의 공무원 또는 관련 전문가를 출석시켜 의견을 듣거나 관계 기관이나 단체에 자료 및 의견 제출 등을 요구할 수 있다. 이 경우 관계 지방자치단체의 장에게는 의견을 진술할 기회를 주어야 한다.

⑧ 관계 지방자치단체의 장은 제3항부터 제7항까지의 규정에 따른 행정안전부장관의 결정에 이의가 있으면 그 결과를 통보받은 날부터 15일 이내에 대법원에 소송을 제기할 수 있다.

⑨ 행정안전부장관은 제8항에 따라 대법원의 인용결정이 있으면 그 취지에 따라 다시 결정하여야 한다.

제4조의2(자치구가 아닌 구와 읍 · 면 · 동 등의 명칭과 구역) ① 자치구가 아닌 구와 읍 · 면 · 동의 명칭과 구역은 종전과 같이 하고, 이를 폐지하거나 설치하거나 나누거나 합칠 때에는 행정안전부장관의 승인을 받아 그 지방자치단체의 조례로 정한다. 다만, 명칭과 구역의 변경은 그 지방자치단체의 조례로 정하고, 그 결과를 특별시장 · 광역시장 · 도지사에게 보고하여야 한다.

② 리의 구역은 자연 촌락을 기준으로 하되, 그 명칭과 구역은 종전과 같이 하고, 명칭과 구역을 변경하거나 리를 폐지하거나 설치하거나 나누거나 합칠 때에는 그 지방자치단체의 조례로 정한다.

③ 인구 감소 등 행정여건 변화로 인하여 필요한 경우 그 지방자치단체의 조례로 정하는 바에 따라 2개 이상의 면을 하나의 면으로 운영하는 등 행정 운영상 면(이하 "행정면"이라 한다)을 따로 둘 수 있다.

④ 동 · 리에서는 행정 능률과 주민의 편의를 위하여 그 지방자치단체의 조례로 정하는 바에 따라 하나의 동 · 리를 2개 이상의 동 · 리로 운영하거나 2개 이상의 동 · 리를 하나의 동 · 리로 운영하는 등 행정 운영상 동 · 리(이하 "행정동 · 리"라 한다)를 따로 둘 수 있다.

⑤ 행정동 · 리에 그 지방자치단체의 조례로 정하는 바에 따라 하부 조직을 둘 수 있다.

제5조(구역을 변경하거나 폐치 · 분합할 때의 사무와 재산의 승계) ① 지방자치단체의 구역을 변경하거나 지방자치단체를 폐지하거나 설치하거나 나누거나 합칠 때에는 새로 그 지역을 관할하게 된 지방자치단체가 그 사무와 재산을 승계한다.

② 제1항의 경우에 지역에 의하여 지방자치단체의 사무와 재산을 구분하기 곤란하면 시 · 도에서는 행정안전부장관이, 시 · 군 및 자치구에서는 특별시장 · 광역시장 · 특별자치시장 · 도지사 · 특별자치도지사(이하 "시 · 도지사"라 한다)가 그 사무와 재산의 한계 및 승계할 지방자치단체를 지정한다.

제6조(사무소의 소재지) ① 지방자치단체의 사무소의 소재지와 자치구가 아닌 구 및 읍 · 면 · 동의 사무소의 소재지는 종전과 같이 하고, 이를 변경하거나 새로 설정하려면 지방자치단체의 조례로 정한다. 이 경우 면 · 동은 제4조의2제3항 및 제4항에 따른 행정면(行政面) · 행정동(行政洞)을 말한다.

② 제1항의 조례는 그 지방의회의 재적의원 과반수의 찬성을 받아야 한다.

제7조(시 · 읍의 설치기준 등) ① 시는 그 대부분이 도시의 형태를 갖추고 인구 5만 이상이 되어야 한다.

② 다음 각 호의 어느 하나에 해당하는 지역은 도농(都農) 복합형태의 시로 할 수 있다.

1. 제1항에 따라 설치된 시와 군을 통합한 지역

2. 인구 5만 이상의 도시 형태를 갖춘 지역이 있는 군
3. 인구 2만 이상의 도시 형태를 갖춘 2개 이상의 지역의 인구가 5만 이상인 군. 이 경우 군의 인구가 15만 이상으로서 대통령령으로 정하는 요건을 갖추어야 한다.
4. 국가의 정책으로 인하여 도시가 형성되고, 제115조에 따라 도의 출장소가 설치된 지역으로서 그 지역의 인구가 3만 이상이고, 인구 15만 이상의 도농 복합형태의 시의 일부인 지역
③ 읍은 그 대부분이 도시의 형태를 갖추고 인구 2만 이상이 되어야 한다. 다만, 다음 각 호의 어느 하나에 해당하면 인구 2만 미만인 경우에도 읍으로 할 수 있다.
1. 군사무소 소재지의 면
2. 읍이 없는 도농 복합형태의 시에서 그 면 중 1개 면
④ 시·읍의 설치에 관한 세부기준은 대통령령으로 정한다.

제3절 지방자치단체의 기능과 사무

제8조(사무처리의 기본원칙) ① 지방자치단체는 그 사무를 처리할 때 주민의 편의와 복리증진을 위하여 노력하여야 한다.
② 지방자치단체는 조직과 운영을 합리적으로 하고 그 규모를 적정하게 유지하여야 한다.
③ 지방자치단체는 법령이나 상급 지방자치단체의 조례를 위반하여 그 사무를 처리할 수 없다.
제9조(지방자치단체의 사무범위) ① 지방자치단체는 관할 구역의 자치사무와 법령에 따라 지방자치단체에 속하는 사무를 처리한다.
② 제1항에 따른 지방자치단체의 사무를 예시하면 다음 각 호와 같다. 다만, 법률에 이와 다른 규정이 있으면 그러하지 아니하다.
1. 지방자치단체의 구역, 조직, 행정관리 등에 관한 사무
가. 관할 구역 안 행정구역의 명칭·위치 및 구역의 조정
나. 조례·규칙의 제정·개정·폐지 및 그 운영·관리
다. 산하(傘下) 행정기관의 조직관리
라. 산하 행정기관 및 단체의 지도·감독
마. 소속 공무원의 인사·후생복지 및 교육
바. 지방세 및 지방세 외 수입의 부과 및 징수
사. 예산의 편성·집행 및 회계감사와 재산관리
아. 행정장비관리, 행정전산화 및 행정관리개선
자. 공유재산관리(公有財産管理)
차. 가족관계등록 및 주민등록 관리
카. 지방자치단체에 필요한 각종 조사 및 통계의 작성

2. 주민의 복지증진에 관한 사무

가. 주민복지에 관한 사업

나. 사회복지시설의 설치 · 운영 및 관리

다. 생활이 곤궁(困窮)한 자의 보호 및 지원

라. 노인 · 아동 · 심신장애인 · 청소년 및 여성의 보호와 복지증진

마. 보건진료기관의 설치 · 운영

바. 전염병과 그 밖의 질병의 예방과 방역

사. 묘지 · 화장장(火葬場) 및 납골당의 운영 · 관리

아. 공중접객업소의 위생을 개선하기 위한 지도

자. 청소, 오물의 수거 및 처리

차. 지방공기업의 설치 및 운영

3. 농림 · 상공업 등 산업 진흥에 관한 사무

가. 소류지(小溜池) · 보(洑) 등 농업용수시설의 설치 및 관리

나. 농산물 · 임산물 · 축산물 · 수산물의 생산 및 유통지원

다. 농업자재의 관리

라. 복합영농의 운영 · 지도

마. 농업 외 소득사업의 육성 · 지도

바. 농가 부업의 장려

사. 공유림 관리

아. 소규모 축산 개발사업 및 낙농 진흥사업

자. 가축전염병 예방

차. 지역산업의 육성 · 지원

카. 소비자 보호 및 저축 장려

타. 중소기업의 육성

파. 지역특화산업의 개발과 육성 · 지원

하. 우수토산품 개발과 관광민예품 개발

4. 지역개발과 주민의 생활환경시설의 설치 · 관리에 관한 사무

가. 지역개발사업

나. 지방 토목 · 건설사업의 시행

다. 도시계획사업의 시행

라. 지방도(地方道), 시군도의 신설 · 개수(改修) 및 유지

마. 주거생활환경 개선의 장려 및 지원

바. 농촌주택 개량 및 취락구조 개선

사. 자연보호활동
아. 지방1급하천, 지방2급하천 및 소하천의 관리
자. 상수도 · 하수도의 설치 및 관리
차. 간이급수시설의 설치 및 관리
카. 도립공원 · 군립공원 및 도시공원, 녹지 등 관광 · 휴양시설의 설치 및 관리
타. 지방 궤도사업의 경영
파. 주차장 · 교통표지 등 교통편의시설의 설치 및 관리
하. 재해대책의 수립 및 집행
거. 지역경제의 육성 및 지원
5. 교육 · 체육 · 문화 · 예술의 진흥에 관한 사무
가. 유아원 · 유치원 · 초등학교 · 중학교 · 고등학교 및 이에 준하는 각종 학교의 설치 · 운영 · 지도
나. 도서관 · 운동장 · 광장 · 체육관 · 박물관 · 공연장 · 미술관 · 음악당 등 공공교육 · 체육 · 문화시설의 설치 및 관리
다. 지방문화재의 지정 · 보존 및 관리
라. 지방문화 · 예술의 진흥
마. 지방문화 · 예술단체의 육성
6. 지역민방위 및 지방소방에 관한 사무
가. 지역 및 직장 민방위조직(의용소방대를 포함한다)의 편성과 운영 및 지도 · 감독
나. 지역의 화재예방 · 경계 · 진압 · 조사 및 구조 · 구급

제10조(지방자치단체의 종류별 사무배분기준) ① 제9조에 따른 지방자치단체의 사무를 지방자치단체의 종류별로 배분하는 기준은 다음 각 호와 같다. 다만, 제9조제2항제1호의 사무는 각 지방자치단체에 공통된 사무로 한다.
1. 시 · 도
가. 행정처리 결과가 2개 이상의 시 · 군 및 자치구에 미치는 광역적 사무
나. 시 · 도 단위로 동일한 기준에 따라 처리되어야 할 성질의 사무
다. 지역적 특성을 살리면서 시 · 도 단위로 통일성을 유지할 필요가 있는 사무
라. 국가와 시 · 군 및 자치구 사이의 연락 · 조정 등의 사무
마. 시 · 군 및 자치구가 독자적으로 처리하기에 부적당한 사무
바. 2개 이상의 시 · 군 및 자치구가 공동으로 설치하는 것이 적당하다고 인정되는 규모의 시설을 설치하고 관리하는 사무
2. 시 · 군 및 자치구제1호에서 시 · 도가 처리하는 것으로 되어 있는 사무를 제외한 사무. 다만, 인구 50만 이상의 시에 대하여는 도가 처리하는 사무의 일부를 직접 처리하게 할 수

있다.

② 제1항의 배분기준에 따른 지방자치단체의 종류별 사무는 대통령령으로 정한다.

③ 시·도와 시·군 및 자치구는 사무를 처리할 때 서로 경합하지 아니하도록 하여야 하며, 사무가 서로 경합하면 시·군 및 자치구에서 먼저 처리한다.

제11조(국가사무의 처리제한) 지방자치단체는 다음 각 호에 해당하는 국가사무를 처리할 수 없다. 다만, 법률에 이와 다른 규정이 있는 경우에는 국가사무를 처리할 수 있다.

1. 외교, 국방, 사법(司法), 국세 등 국가의 존립에 필요한 사무
2. 물가정책, 금융정책, 수출입정책 등 전국적으로 통일적 처리를 요하는 사무
3. 농산물·임산물·축산물·수산물 및 양곡의 수급조절과 수출입 등 전국적 규모의 사무
4. 국가종합경제개발계획, 국가하천, 국유림, 국토종합개발계획, 지정항만, 고속국도·일반국도, 국립공원 등 전국적 규모나 이와 비슷한 규모의 사무
5. 근로기준, 측량단위 등 전국적으로 기준을 통일하고 조정하여야 할 필요가 있는 사무
6. 우편, 철도 등 전국적 규모나 이와 비슷한 규모의 사무
7. 고도의 기술을 요하는 검사·시험·연구, 항공관리, 기상행정, 원자력개발 등 지방자치단체의 기술과 재정능력으로 감당하기 어려운 사무

제2장 주민

제12조(주민의 자격) 지방자치단체의 구역 안에 주소를 가진 자는 그 지방자치단체의 주민이 된다.

제13조(주민의 권리) ① 주민은 법령으로 정하는 바에 따라 소속 지방자치단체의 재산과 공공시설을 이용할 권리와 그 지방자치단체로부터 균등하게 행정의 혜택을 받을 권리를 가진다.

② 국민인 주민은 법령으로 정하는 바에 따라 그 지방자치단체에서 실시하는 지방의회의원과 지방자치단체의 장의 선거(이하 "지방선거"라 한다)에 참여할 권리를 가진다.

제14조(주민투표) ① 지방자치단체의 장은 주민에게 과도한 부담을 주거나 중대한 영향을 미치는 지방자치단체의 주요 결정사항 등에 대하여 주민투표에 부칠 수 있다.

② 주민투표의 대상·발의자·발의요건, 그 밖에 투표절차 등에 관한 사항은 따로 법률로 정한다.

제15조(조례의 제정과 개폐 청구) ① 19세 이상의 주민으로서 다음 각 호의 어느 하나에 해당하는 사람(「공직선거법」 제18조에 따른 선거권이 없는 자는 제외한다. 이하 이 조 및 제16조에서 "19세 이상의 주민"이라 한다)은 시·도와 제175조에 따른 인구 50만 이상 대도시에서는 19세 이상 주민 총수의 100분의 1 이상 70분의 1 이하, 시·군 및 자치구에서는

19세 이상 주민 총수의 50분의 1 이상 20분의 1 이하의 범위에서 지방자치단체의 조례로 정하는 19세 이상의 주민 수 이상의 연서(連署)로 해당 지방자치단체의 장에게 조례를 제정하거나 개정하거나 폐지할 것을 청구할 수 있다.

1. 해당 지방자치단체의 관할 구역에 주민등록이 되어 있는 사람
2. 「재외동포의 출입국과 법적 지위에 관한 법률」 제6조제1항에 따라 해당 지방자치단체의 국내거소신고인명부에 올라 있는 국민
3. 「출입국관리법」 제10조에 따른 영주의 체류자격 취득일 후 3년이 경과한 외국인으로서 같은 법 제34조에 따라 해당 지방자치단체의 외국인등록대장에 올라 있는 사람

② 다음 각 호의 사항은 제1항에 따른 청구대상에서 제외한다.

1. 법령을 위반하는 사항
2. 지방세 · 사용료 · 수수료 · 부담금의 부과 · 징수 또는 감면에 관한 사항
3. 행정기구를 설치하거나 변경하는 것에 관한 사항이나 공공시설의 설치를 반대하는 사항

③ 지방자치단체의 19세 이상의 주민이 제1항에 따라 조례를 제정하거나 개정하거나 폐지할 것을 청구하려면 청구인의 대표자를 선정하여 청구인명부에 적어야 하며, 청구인의 대표자는 조례의 제정안 · 개정안 및 폐지안(이하 "주민청구조례안"이라 한다)을 작성하여 제출하여야 한다.

④ 지방자치단체의 장은 제1항에 따른 청구를 받으면 청구를 받은 날부터 5일 이내에 그 내용을 공표하여야 하며, 청구를 공표한 날부터 10일간 청구인명부나 그 사본을 공개된 장소에 갖추어두어 열람할 수 있도록 하여야 한다.

⑤ 청구인명부의 서명에 관하여 이의가 있는 자는 제4항에 따른 열람기간에 해당 지방자치단체의 장에게 이의를 신청할 수 있다.

⑥ 지방자치단체의 장은 제5항에 따른 이의신청을 받으면 제4항에 따른 열람기간이 끝난 날부터 14일 이내에 심사 · 결정하되, 그 신청이 이유 있다고 결정한 때에는 청구인명부를 수정하고, 이를 이의신청을 한 자와 제3항에 따른 청구인의 대표자에게 알려야 하며, 그 이의신청이 이유 없다고 결정한 때에는 그 뜻을 즉시 이의신청을 한 자에게 알려야 한다.

⑦ 지방자치단체의 장은 제5항에 따른 이의신청이 없는 경우 또는 제5항에 따라 제기된 모든 이의신청에 대하여 제6항에 따른 결정이 끝난 경우 제1항 및 제2항에 따른 요건을 갖춘 때에는 청구를 수리하고, 그러하지 아니한 때에는 청구를 각하하되, 수리 또는 각하 사실을 청구인의 대표자에게 알려야 한다.

⑧ 지방자치단체의 장은 제7항에 따라 청구를 각하하려면 청구인의 대표자에게 의견을 제출할 기회를 주어야 한다.

⑨ 지방자치단체의 장은 제7항에 따라 청구를 수리한 날부터 60일 이내에 주민청구조례안을 지방의회에 부의하여야 하며, 그 결과를 청구인의 대표자에게 알려야 한다.

⑩ 제1항에 따른 19세 이상의 주민 총수는 전년도 12월 31일 현재의 주민등록표 및 재외국민국내거소신고표, 외국인등록표에 의하여 산정한다.

⑪ 조례의 제정·개정 및 폐지 청구에 관하여 그 밖에 필요한 사항은 대통령령으로 정한다.

제15조의2(주민청구조례안의 심사절차) ① 지방자치단체의 장은 제15조에 따라 청구된 주민청구조례안에 대하여 의견이 있으면 제15조제9항에 따라 주민청구조례안을 지방의회에 부의할 때 그 의견을 첨부할 수 있다.

② 지방의회는 심사 안건으로 부쳐진 주민청구조례안을 의결하기 전에 청구인의 대표자를 회의에 참석시켜 그 청구취지(청구인의 대표자와의 질의·답변을 포함한다)를 들을 수 있다.

③ 제2항에 따른 주민청구조례안의 심사절차에 관하여 필요한 사항은 지방의회 회의규칙으로 정한다.

제16조(주민의 감사청구) ① 지방자치단체의 19세 이상의 주민은 시·도는 500명, 제175조에 따른 인구 50만 이상 대도시는 300명, 그 밖의 시·군 및 자치구는 200명을 넘지 아니하는 범위에서 그 지방자치단체의 조례로 정하는 19세 이상의 주민 수 이상의 연서(連署)로, 시·도에서는 주무부장관에게, 시·군 및 자치구에서는 시·도지사에게 그 지방자치단체와 그 장의 권한에 속하는 사무의 처리가 법령에 위반되거나 공익을 현저히 해친다고 인정되면 감사를 청구할 수 있다. 다만, 다음 각 호의 어느 하나에 해당하는 사항은 감사청구의 대상에서 제외한다.

1. 수사나 재판에 관여하게 되는 사항
2. 개인의 사생활을 침해할 우려가 있는 사항
3. 다른 기관에서 감사하였거나 감사 중인 사항. 다만, 다른 기관에서 감사한 사항이라도 새로운 사항이 발견되거나 중요 사항이 감사에서 누락된 경우와 제17조제1항에 따라 주민소송의 대상이 되는 경우에는 그러하지 아니하다.
4. 동일한 사항에 대하여 제17조제2항 각 호의 어느 하나에 해당하는 소송이 진행 중이거나 그 판결이 확정된 사항

② 제1항에 따른 청구는 사무처리가 있었던 날이나 끝난 날부터 2년이 지나면 제기할 수 없다.

③ 주무부장관이나 시·도지사는 감사청구를 수리한 날부터 60일 이내에 감사청구된 사항에 대하여 감사를 끝내야 하며, 감사결과를 청구인의 대표자와 해당 지방자치단체의 장에게 서면으로 알리고, 공표하여야 한다. 다만, 그 기간에 감사를 끝내기가 어려운 정당한 사유가 있으면 그 기간을 연장할 수 있다. 이 경우 이를 미리 청구인의 대표자와 해당 지방자치단체의 장에게 알리고, 공표하여야 한다.

④ 주무부장관이나 시·도지사는 주민이 감사를 청구한 사항이 다른 기관에서 이미 감사한 사항이거나 감사 중인 사항이면 그 기관에서 실시한 감사결과 또는 감사 중인 사실과 감사

가 끝난 후 그 결과를 알리겠다는 사실을 청구인의 대표자와 해당 기관에 알려야 한다.

⑤ 주무부장관이나 시 · 도지사는 주민 감사청구를 처리(각하를 포함한다)할 때 청구인의 대표자에게 반드시 증거 제출 및 의견 진술의 기회를 주어야 한다.

⑥ 주무부장관이나 시 · 도지사는 제3항에 따른 감사결과에 따라 기간을 정하여 해당 지방자치단체의 장에게 필요한 조치를 요구할 수 있다. 이 경우 그 지방자치단체의 장은 이를 성실히 이행하여야 하고 그 조치결과를 지방의회와 주무부장관 또는 시 · 도지사에게 보고하여야 한다.

⑦ 주무부장관이나 시 · 도지사는 제6항에 따른 조치요구내용과 지방자치단체의 장의 조치결과를 청구인의 대표자에게 서면으로 알리고, 공표하여야 한다.

⑧ 그 밖에 19세 이상의 주민의 감사청구에 관하여 필요한 사항은 대통령령으로 정한다.

⑨ 19세 이상의 주민의 감사청구에 관하여는 제15조제3항부터 제7항까지의 규정을 준용한다. 이 경우 "조례를 제정하거나 개정하거나 폐지할 것을"은 "감사를"로, "지방자치단체의 장"은 "주무부장관이나 시 · 도지사"로 본다.

제17조(주민소송) ① 제16조제1항에 따라 공금의 지출에 관한 사항, 재산의 취득 · 관리 · 처분에 관한 사항, 해당 지방자치단체를 당사자로 하는 매매 · 임차 · 도급 계약이나 그 밖의 계약의 체결 · 이행에 관한 사항 또는 지방세 · 사용료 · 수수료 · 과태료 등 공금의 부과 · 징수를 게을리한 사항을 감사청구한 주민은 다음 각 호의 어느 하나에 해당하는 경우에 그 감사청구한 사항과 관련이 있는 위법한 행위나 업무를 게을리 한 사실에 대하여 해당 지방자치단체의 장(해당 사항의 사무처리에 관한 권한을 소속 기관의 장에게 위임한 경우에는 그 소속 기관의 장을 말한다. 이하 이 조에서 같다)을 상대방으로 하여 소송을 제기할 수 있다.

1. 주무부장관이나 시 · 도지사가 감사청구를 수리한 날부터 60일(제16조제3항 단서에 따라 감사기간이 연장된 경우에는 연장기간이 끝난 날을 말한다)이 지나도 감사를 끝내지 아니한 경우

2. 제16조제3항 및 제4항에 따른 감사결과 또는 제16조제6항에 따른 조치요구에 불복하는 경우

3. 제16조제6항에 따른 주무부장관이나 시 · 도지사의 조치요구를 지방자치단체의 장이 이행하지 아니한 경우

4. 제16조제6항에 따른 지방자치단체의 장의 이행 조치에 불복하는 경우

② 제1항에 따라 주민이 제기할 수 있는 소송은 다음 각 호와 같다.

1. 해당 행위를 계속하면 회복하기 곤란한 손해를 발생시킬 우려가 있는 경우에는 그 행위의 전부나 일부를 중지할 것을 요구하는 소송

2. 행정처분인 해당 행위의 취소 또는 변경을 요구하거나 그 행위의 효력 유무 또는 존재 여부의 확인을 요구하는 소송

3. 게을리한 사실의 위법 확인을 요구하는 소송
4. 해당 지방자치단체의 장 및 직원, 지방의회의원, 해당 행위와 관련이 있는 상대방에게 손해배상청구 또는 부당이득반환청구를 할 것을 요구하는 소송. 다만, 그 지방자치단체의 직원이 「지방재정법」 제94조나 「회계관계직원 등의 책임에 관한 법률」 제4조에 따른 변상책임을 져야 하는 경우에는 변상명령을 할 것을 요구하는 소송을 말한다.
③ 제2항제1호의 중지청구소송은 해당 행위를 중지할 경우 생명이나 신체에 중대한 위해가 생길 우려가 있거나 그 밖에 공공복리를 현저하게 저해할 우려가 있으면 제기할 수 없다.
④ 제2항에 따른 소송은 다음 각 호의 어느 하나에 해당하는 날부터 90일 이내에 제기하여야 한다.
1. 제1항제1호의 경우 : 해당 60일이 끝난 날(제16조제3항 단서에 따라 감사기간이 연장된 경우에는 연장기간이 끝난 날을 말한다)
2. 제1항제2호의 경우 : 해당 감사결과나 조치요구내용에 대한 통지를 받은 날
3. 제1항제3호의 경우 : 해당 조치를 요구할 때에 지정한 처리기간이 끝난 날
4. 제1항제4호의 경우 : 해당 이행 조치결과에 대한 통지를 받은 날
⑤ 제2항 각 호의 소송이 진행 중이면 다른 주민은 같은 사항에 대하여 별도의 소송을 제기할 수 없다.
⑥ 소송의 계속(繫屬) 중에 소송을 제기한 주민이 사망하거나 제12조에 따른 주민의 자격을 잃으면 소송절차는 중단된다. 소송대리인이 있는 경우에도 또한 같다.
⑦ 감사청구에 연서한 다른 주민은 제6항에 따른 사유가 발생한 사실을 안 날부터 6개월 이내에 소송절차를 수계(受繼)할 수 있다. 이 기간에 수계절차가 이루어지지 아니할 경우 그 소송절차는 종료된다.
⑧ 법원은 제6항에 따라 소송이 중단되면 감사청구에 연서한 다른 주민에게 소송절차를 중단한 사유와 소송절차 수계방법을 지체 없이 알려야 한다. 이 경우 법원은 감사청구에 적힌 주소로 통지서를 우편으로 보낼 수 있고, 우편물이 통상 도달할 수 있을 때에 감사청구에 연서한 다른 주민은 제6항의 사유가 발생한 사실을 안 것으로 본다.
⑨ 제2항에 따른 소송은 해당 지방자치단체의 사무소 소재지를 관할하는 행정법원(행정법원이 설치되지 아니한 지역에서는 행정법원의 권한에 속하는 사건을 관할하는 지방법원본원을 말한다)의 관할로 한다.
⑩ 해당 지방자치단체의 장은 제2항제1호부터 제3호까지의 규정에 따른 소송이 제기된 경우 그 소송 결과에 따라 권리나 이익의 침해를 받을 제3자가 있으면 그 제3자에 대하여, 제2항제4호에 따른 소송이 제기된 경우 그 직원, 지방의회의원 또는 상대방에 대하여 소송고지를 하여 줄 것을 법원에 신청하여야 한다.
⑪ 제2항제4호에 따른 소송이 제기된 경우에 지방자치단체의 장이 한 소송고지신청은 그 소

송에 관한 손해배상청구권 또는 부당이득반환청구권의 시효중단에 관하여 「민법」 제168조 제1호에 따른 청구로 본다.

⑫ 제11항에 따른 시효중단의 효력은 그 소송이 끝난 날부터 6개월 이내에 재판상 청구, 파산절차참가, 압류 또는 가압류, 가처분을 하지 아니하면 효력이 생기지 아니한다.

⑬ 국가, 상급 지방자치단체 및 감사청구에 연서한 다른 주민과 제10항에 따라 소송고지를 받은 자는 법원에서 계속 중인 소송에 참가할 수 있다.

⑭ 제2항에 따른 소송에서 당사자는 법원의 허가를 받지 아니하고는 소의 취하, 소송의 화해 또는 청구의 포기를 할 수 없다. 이 경우 법원은 허가하기 전에 감사청구에 연서한 다른 주민에게 이를 알려야 하며, 알린 때부터 1개월 이내에 허가 여부를 결정하여야 한다. 위 통지에 관하여는 제8항 후단을 준용한다.

⑮ 제2항에 따른 소송은 「민사소송 등 인지법」 제2조제4항에 따른 소정의 비재산권을 목적으로 하는 소송으로 본다.

〈16〉 소송을 제기한 주민은 승소(일부 승소를 포함한다)한 경우 그 지방자치단체에 대하여 변호사 보수 등의 소송비용, 감사청구절차의 진행 등을 위하여 사용된 여비, 그 밖에 실제로 든 비용을 보상할 것을 청구할 수 있다. 이 경우 지방자치단체는 청구된 금액의 범위에서 그 소송을 진행하는 데에 객관적으로 사용된 것으로 인정되는 금액을 지급하여야 한다.

〈17〉 제1항에 따른 소송에 관하여는 이 법에 규정된 것 외에는 「행정소송법」에 따른다.

제18조(손해배상금 등의 지불청구 등) ① 지방자치단체의 장(해당 사항의 사무처리에 관한 권한을 소속 기관의 장에게 위임한 경우에는 그 소속 기관의 장을 말한다. 이하 이 조에서 같다)은 제17조제2항제4호 본문에 따른 소송에 대하여 손해배상청구나 부당이득반환청구를 명하는 판결이 확정되면 그 판결이 확정된 날부터 60일 이내를 기한으로 하여 당사자에게 그 판결에 따라 결정된 손해배상금이나 부당이득반환금의 지불을 청구하여야 한다. 다만, 손해배상금이나 부당이득반환금을 지불하여야 할 당사자가 지방자치단체의 장이면 지방의회 의장이 지불을 청구하여야 한다.

② 지방자치단체는 제1항에 따라 지불청구를 받은 자가 같은 항의 기한 내에 손해배상금이나 부당이득반환금을 지불하지 아니하면 손해배상 · 부당이득반환의 청구를 목적으로 하는 소송을 제기하여야 한다. 이 경우 그 소송의 상대방이 지방자치단체의 장이면 그 지방의회 의장이 그 지방자치단체를 대표한다.

제19조(변상명령 등) ① 지방자치단체의 장은 제17조제2항제4호 단서에 따른 소송에 대하여 변상할 것을 명하는 판결이 확정되면 그 판결이 확정된 날부터 60일 이내를 기한으로 하여 당사자에게 그 판결에 따라 결정된 금액을 변상할 것을 명령하여야 한다.

② 제1항에 따라 변상할 것을 명령받은 자가 같은 항의 기한 내에 변상금을 지불하지 아니하면 지방세 체납처분의 예에 따라 징수할 수 있다.

③ 제1항에 따라 변상할 것을 명령받은 자는 이에 불복하는 경우 행정소송을 제기할 수 있다. 다만, 「행정심판법」에 따른 행정심판청구는 제기할 수 없다.

제20조(주민소환) ① 주민은 그 지방자치단체의 장 및 지방의회의원(비례대표 지방의회의원은 제외한다)을 소환할 권리를 가진다.

② 주민소환의 투표 청구권자 · 청구요건 · 절차 및 효력 등에 관하여는 따로 법률로 정한다.

제21조(주민의 의무) 주민은 법령으로 정하는 바에 따라 소속 지방자치단체의 비용을 분담하여야 하는 의무를 진다.

제3장 조례와 규칙

제22조(조례) 지방자치단체는 법령의 범위 안에서 그 사무에 관하여 조례를 제정할 수 있다. 다만, 주민의 권리 제한 또는 의무 부과에 관한 사항이나 벌칙을 정할 때에는 법률의 위임이 있어야 한다.

제23조(규칙) 지방자치단체의 장은 법령이나 조례가 위임한 범위에서 그 권한에 속하는 사무에 관하여 규칙을 제정할 수 있다.

제24조(조례와 규칙의 입법한계) 시 · 군 및 자치구의 조례나 규칙은 시 · 도의 조례나 규칙을 위반하여서는 아니 된다.

제25조(지방자치단체를 신설하거나 격을 변경할 때의 조례 · 규칙의 시행) 지방자치단체를 나누거나 합하여 새로운 지방자치단체가 설치되거나 지방자치단체의 격이 변경되면 그 지방자치단체의 장은 필요한 사항에 관하여 새로운 조례나 규칙이 제정 · 시행될 때까지 종래 그 지역에 시행되던 조례나 규칙을 계속 시행할 수 있다.

제26조(조례와 규칙의 제정 절차 등) ① 조례안이 지방의회에서 의결되면 의장은 의결된 날부터 5일 이내에 그 지방자치단체의 장에게 이를 이송하여야 한다.

② 지방자치단체의 장은 제1항의 조례안을 이송받으면 20일 이내에 공포하여야 한다.

③ 지방자치단체의 장은 이송받은 조례안에 대하여 이의가 있으면 제2항의 기간에 이유를 붙여 지방의회로 환부(還付)하고, 재의(再議)를 요구할 수 있다. 이 경우 지방자치단체의 장은 조례안의 일부에 대하여 또는 조례안을 수정하여 재의를 요구할 수 없다.

④ 제3항에 따른 재의요구를 받은 지방의회가 재의에 부쳐 재적의원 과반수의 출석과 출석의원 3분의 2 이상의 찬성으로 전과 같은 의결을 하면 그 조례안은 조례로서 확정된다.

⑤ 지방자치단체의 장이 제2항의 기간에 공포하지 아니하거나 재의요구를 하지 아니할 때에도 그 조례안은 조례로서 확정된다.

⑥ 지방자치단체의 장은 제4항과 제5항에 따라 확정된 조례를 지체 없이 공포하여야 한다.

제5항에 따라 조례가 확정된 후 또는 제4항에 따른 확정조례가 지방자치단체의 장에게 이송된 후 5일 이내에 지방자치단체의 장이 공포하지 아니하면 지방의회의 의장이 이를 공포한다.

⑦ 제2항 및 제6항 전단에 따라 지방자치단체의 장이 조례를 공포한 때에는 즉시 해당 지방의회의 의장에게 통지하여야 하며, 제6항 후단에 따라 지방의회의 의장이 조례를 공포한 때에는 이를 즉시 해당 지방자치단체의 장에게 통지하여야 한다.

⑧ 조례와 규칙은 특별한 규정이 없으면 공포한 날부터 20일이 지나면 효력을 발생한다.

⑨ 조례와 규칙의 공포에 관하여 필요한 사항은 대통령령으로 정한다.

제27조(조례위반에 대한 과태료) ① 지방자치단체는 조례를 위반한 행위에 대하여 조례로써 1천만원 이하의 과태료를 정할 수 있다.

② 제1항에 따른 과태료는 해당 지방자치단체의 장이나 그 관할 구역 안의 지방자치단체의 장이 부과 · 징수한다.

제28조(보고) 조례나 규칙을 제정하거나 개정하거나 폐지할 경우 조례는 지방의회에서 이송된 날부터 5일 이내에, 규칙은 공포예정 15일 전에 시 · 도지사는 행정안전부장관에게, 시장 · 군수 및 자치구의 구청장은 시 · 도지사에게 그 전문(全文)을 첨부하여 각각 보고하여야 하며, 보고를 받은 행정안전부장관은 이를 관계 중앙행정기관의 장에게 통보하여야 한다.

제4장 선거

제29조(지방선거에 관한 법률의 제정) 지방선거에 관하여 이 법에서 정한 것 외에 필요한 사항은 따로 법률로 정한다.

제5장 지방의회

제1절 조직

제30조(의회의 설치) 지방자치단체에 의회를 둔다.

제31조(지방의회의원의 선거) 지방의회의원은 주민이 보통 · 평등 · 직접 · 비밀선거에 따라 선출한다.

제2절 지방의회의원

제32조(의원의 임기) 지방의회의원의 임기는 4년으로 한다.

제33조(의원의 의정활동비 등) ① 지방의회의원에게 다음 각 호의 비용을 지급한다.

1. 의정 자료를 수집하고 연구하거나 이를 위한 보조 활동에 사용되는 비용을 보전(補塡)하기 위하여 매월 지급하는 의정활동비
2. 본회의 의결, 위원회의 의결 또는 의장의 명에 따라 공무로 여행할 때 지급하는 여비
3. 지방의회의원의 직무활동에 대하여 지급하는 월정수당

② 제1항 각 호에 규정된 비용의 지급기준은 대통령령으로 정하는 범위에서 해당 지방자치단체의 의정비심의위원회에서 결정하는 금액 이내로 하여 지방자치단체의 조례로 정한다.

③ 의정비심의위원회의 구성·운영 등에 관하여 필요한 사항은 대통령령으로 정한다.

제34조(상해·사망 등의 보상) ① 지방의회의원이 회기 중 직무(제61조 단서에 따라 개회된 위원회의 직무와 본회의 또는 위원회의 의결이나 의장의 명에 따른 폐회 중의 공무여행을 포함한다)로 인하여 신체에 상해를 입거나 사망한 경우와 그 상해나 직무로 인한 질병으로 사망한 경우에는 보상금을 지급할 수 있다.

② 제1항의 보상금의 지급기준은 대통령령으로 정하는 범위에서 해당 지방자치단체의 조례로 정한다.

제35조(겸직 등 금지) ① 지방의회의원은 다음 각 호의 어느 하나에 해당하는 직을 겸할 수 없다.

1. 국회의원, 다른 지방의회의 의원
2. 헌법재판소재판관, 각급 선거관리위원회 위원
3. 「국가공무원법」 제2조에 규정된 국가공무원과 「지방공무원법」 제2조에 규정된 지방공무원(「정당법」 제22조에 따라 정당의 당원이 될 수 있는 교원은 제외한다)
4. 「공공기관의 운영에 관한 법률」 제4조에 따른 공공기관(한국방송공사, 한국교육방송공사 및 한국은행을 포함한다)의 임직원
5. 「지방공기업법」 제2조에 규정된 지방공사와 지방공단의 임직원
6. 농업협동조합, 수산업협동조합, 산림조합, 엽연초생산협동조합, 신용협동조합, 새마을금고(이들 조합·금고의 중앙회와 연합회를 포함한다)의 임직원과 이들 조합·금고의 중앙회장이나 연합회장
7. 「정당법」 제22조에 따라 정당의 당원이 될 수 없는 교원
8. 다른 법령에 따라 공무원의 신분을 가지는 직
9. 그 밖에 다른 법률에서 겸임할 수 없도록 정하는 직

② 「정당법」 제22조에 따라 정당의 당원이 될 수 있는 교원이 지방의회의원으로 당선되면

임기 중 그 교원의 직은 휴직된다.

③ 지방의회의원이 당선 전부터 제1항 각 호의 직을 제외한 다른 직을 가진 경우에는 임기 개시 후 1개월 이내에, 임기 중 그 다른 직에 취임한 경우에는 취임 후 15일 이내에 지방의회의 의장에게 서면으로 신고하여야 하며, 그 방법과 절차는 해당 지방자치단체의 조례로 정한다.

④ 지방의회의장은 지방의회의원이 다른 직을 겸하는 것이 제36조제2항에 위반된다고 인정될 때에는 그 겸한 직을 사임할 것을 권고할 수 있다.

⑤ 지방의회의원은 해당 지방자치단체 및 공공단체와 영리를 목적으로 하는 거래를 할 수 없으며, 이와 관련된 시설이나 재산의 양수인 또는 관리인이 될 수 없다.

⑥ 지방의회의원은 소관 상임위원회의 직무와 관련된 영리행위를 하지 못하며, 그 범위는 해당 지방자치단체의 조례로 정한다.

제36조(의원의 의무) ① 지방의회의원은 공공의 이익을 우선하여 양심에 따라 그 직무를 성실히 수행하여야 한다.

② 지방의회의원은 청렴의 의무를 지며, 의원으로서의 품위를 유지하여야 한다.

③ 지방의회의원은 지위를 남용하여 지방자치단체 · 공공단체 또는 기업체와의 계약이나 그 처분에 의하여 재산상의 권리 · 이익 또는 직위를 취득하거나 타인을 위하여 그 취득을 알선하여서는 아니 된다.

제37조(의원체포 및 확정판결의 통지) ① 체포나 구금된 지방의회의원이 있으면 관계 수사기관의 장은 지체 없이 해당 의장에게 영장의 사본을 첨부하여 그 사실을 알려야 한다.

② 지방의회의원이 형사사건으로 공소(公訴)가 제기되어 그 판결이 확정되면 각급 법원장은 지체 없이 해당 의장에게 이를 알려야 한다.

제38조(지방의회의 의무 등) ① 지방의회는 지방의회의원이 준수하여야 할 지방의회의원의 윤리강령과 윤리실천규범을 조례로 정하여야 한다.

② 지방의회는 소속 의원들이 의정활동에 필요한 전문성을 확보하도록 노력하여야 한다.

제3절 권한

제39조(지방의회의 의결사항) ① 지방의회는 다음 사항을 의결한다.

1. 조례의 제정 · 개정 및 폐지
2. 예산의 심의 · 확정
3. 결산의 승인
4. 법령에 규정된 것을 제외한 사용료 · 수수료 · 분담금 · 지방세 또는 가입금의 부과와 징수
5. 기금의 설치 · 운용

6. 대통령령으로 정하는 중요 재산의 취득 · 처분
7. 대통령령으로 정하는 공공시설의 설치 · 처분
8. 법령과 조례에 규정된 것을 제외한 예산 외의 의무부담이나 권리의 포기
9. 청원의 수리와 처리
10. 외국 지방자치단체와의 교류협력에 관한 사항
11. 그 밖에 법령에 따라 그 권한에 속하는 사항

② 지방자치단체는 제1항의 사항 외에 조례로 정하는 바에 따라 지방의회에서 의결되어야 할 사항을 따로 정할 수 있다.

제40조(서류제출요구) ① 본회의나 위원회는 그 의결로 안건의 심의와 직접 관련된 서류의 제출을 해당 지방자치단체의 장에게 요구할 수 있다.

② 위원회가 제1항의 요구를 할 때에는 의장에게 이를 보고하여야 한다. 〈개정 2011.7.14〉

③ 제1항에도 불구하고 폐회 중에 의원으로부터 서류제출요구가 있을 때에는 의장은 이를 요구할 수 있다.

④ 제1항에 따른 서류제출은 서면, 전자문서 또는 컴퓨터의 자기테이프 · 자기디스크, 그 밖에 이와 유사한 매체에 기록된 상태나 전산망에 입력된 상태로 제출할 것을 요구할 수 있다.

제41조(행정사무 감사권 및 조사권) ① 지방의회는 매년 1회 그 지방자치단체의 사무에 대하여 시 · 도에서는 14일의 범위에서, 시 · 군 및 자치구에서는 9일의 범위에서 감사를 실시하고, 지방자치단체의 사무 중 특정 사안에 관하여 본회의 의결로 본회의나 위원회에서 조사하게 할 수 있다.

② 제1항의 조사를 발의할 때에는 이유를 밝힌 서면으로 하여야 하며, 재적의원 3분의 1 이상의 연서가 있어야 한다.

③ 지방자치단체 및 그 장이 위임받아 처리하는 국가사무와 시 · 도의 사무에 대하여 국회와 시 · 도의회가 직접 감사하기로 한 사무 외에는 그 감사를 각각 해당 시 · 도의회와 시 · 군 및 자치구의회가 할 수 있다. 이 경우 국회와 시 · 도의회는 그 감사결과에 대하여 그 지방의회에 필요한 자료를 요구할 수 있다.

④ 제1항의 감사 또는 조사와 제3항의 감사를 위하여 필요하면 현지확인을 하거나 서류제출을 요구할 수 있으며, 지방자치단체의 장 또는 관계 공무원이나 그 사무에 관계되는 자를 출석하게 하여 증인으로서 선서한 후 증언하게 하거나 참고인으로서 의견을 진술하도록 요구할 수 있다.

⑤ 제4항에 따른 증언에서 거짓증언을 한 자는 고발할 수 있으며, 제4항에 따라 서류제출을 요구받은 자가 정당한 사유 없이 서류를 정하여진 기한까지 제출하지 아니한 경우, 같은 항에 따라 출석요구를 받은 증인이 정당한 사유 없이 출석하지 아니하거나 선서 또는 증언을 거부한 경우에는 500만원 이하의 과태료를 부과할 수 있다.

⑥ 제5항에 따른 과태료 부과절차는 제27조를 따른다.

⑦ 제1항의 감사 또는 조사와 제3항의 감사를 위하여 필요한 사항은 「국정감사 및 조사에 관한 법률」에 준하여 대통령령으로 정하고, 제4항과 제5항의 선서 · 증언 · 감정 등에 관한 절차는 「국회에서의 증언 · 감정 등에 관한 법률」에 준하여 대통령령으로 정한다.

제41조의2(행정사무 감사 또는 조사 보고에 대한 처리) ① 지방의회는 본회의의 의결로 감사 또는 조사 결과를 처리한다.

② 지방의회는 감사 또는 조사 결과 해당 지방자치단체나 기관의 시정을 필요로 하는 사유가 있을 때에는 그 시정을 요구하고, 그 지방자치단체나 기관에서 처리함이 타당하다고 인정되는 사항은 그 지방자치단체나 기관으로 이송한다.

③ 지방자치단체나 기관은 제2항에 따라 시정 요구를 받거나 이송받은 사항을 지체 없이 처리하고 그 결과를 지방의회에 보고하여야 한다.

[본조신설 2011.7.14]

제42조(행정사무처리상황의 보고와 질문응답) ① 지방자치단체의 장이나 관계 공무원은 지방의회나 그 위원회에 출석하여 행정사무의 처리상황을 보고하거나 의견을 진술하고 질문에 응답할 수 있다.

② 지방자치단체의 장이나 관계 공무원은 지방의회나 그 위원회가 요구하면 출석 · 답변하여야 한다. 다만, 특별한 이유가 있으면 지방자치단체의 장은 관계 공무원에게 출석 · 답변하게 할 수 있다.

③ 제1항이나 제2항에 따라 지방의회나 그 위원회에 출석하여 답변할 수 있는 관계 공무원은 조례로 정한다.

제43조(의회규칙) 지방의회는 내부운영에 관하여 이 법에서 정한 것 외에 필요한 사항을 규칙으로 정할 수 있다.

제4절 소집과 회기

제44조(정례회) ① 지방의회는 매년 2회 정례회를 개최한다.

② 정례회의 집회일, 그 밖에 정례회의 운영에 관하여 필요한 사항은 대통령령으로 정하는 바에 따라 해당 지방자치단체의 조례로 정한다.

제45조(임시회) ① 총선거 후 최초로 집회되는 임시회는 지방의회 사무처장 · 사무국장 · 사무과장이 지방의회의원 임기 개시일부터 25일 이내에 소집한다.

② 지방의회의장은 지방자치단체의 장이나 재적의원 3분의 1 이상의 의원이 요구하면 15일 이내에 임시회를 소집하여야 한다. 다만, 의장과 부의장이 사고로 임시회를 소집할 수 없으면 의원 중 최다선의원이, 최다선의원이 2명 이상인 경우에는 그 중 연장자의 순으로 소집

할 수 있다.

③ 임시회의 소집은 집회일 3일 전에 공고하여야 한다. 다만, 긴급할 때에는 그러하지 아니하다.

제46조(부의안건의 공고) 지방자치단체의 장이 지방의회에 부의할 안건은 지방자치단체의 장이 미리 공고하여야 한다. 다만, 회의 중 긴급한 안건을 부의할 때에는 그러하지 아니하다.

제47조(개회 · 휴회 · 폐회와 회의일수) ① 지방의회의 개회 · 휴회 · 폐회와 회기는 지방의회가 의결로 정한다.

② 연간 회의 총일수와 정례회 및 임시회의 회기는 해당 지방자치단체의 조례로 정한다.

제5절 의장과 부의장

제48조(의장 · 부의장의 선거와 임기) ① 지방의회는 의원 중에서 시 · 도의 경우 의장 1명과 부의장 2명을, 시 · 군 및 자치구의 경우 의장과 부의장 각 1명을 무기명투표로 선거하여야 한다.

② 지방의회의원 총선거 후 처음으로 선출하는 의장 · 부의장 선거는 최초집회일에 실시한다.

③ 의장과 부의장의 임기는 2년으로 한다.

제49조(의장의 직무) 지방의회의 의장은 의회를 대표하고 의사(議事)를 정리하며, 회의장 내의 질서를 유지하고 의회의 사무를 감독한다.

제50조(의장의 위원회 출석과 발언) 지방의회의 의장은 위원회에 출석하여 발언할 수 있다.

제51조(부의장의 의장 직무대리) 지방의회의 부의장은 의장이 사고가 있을 때에는 그 직무를 대리한다.

제52조(임시의장) 지방의회의 의장과 부의장이 모두 사고가 있을 때에는 임시의장을 선출하여 의장의 직무를 대행하게 한다.

제53조(보궐선거) ① 지방의회의 의장이나 부의장이 궐위(闕位)된 경우에는 보궐선거를 실시한다.

② 보궐선거로 당선된 의장이나 부의장의 임기는 전임자의 남은 임기로 한다.

제54조(의장 등을 선거할 때의 의장 직무 대행) 제48조제1항, 제52조 또는 제53조제1항에 따른 선거(이하 이 조에서 "의장등의 선거"라 한다)를 실시하는 경우에 의장의 직무를 수행할 자가 없으면 출석의원 중 최다선의원이, 최다선의원이 2명 이상인 경우에는 그 중 연장자가 그 직무를 대행한다. 이 경우 직무를 대행하는 의원이 정당한 사유 없이 의장등의 선거를 실시할 직무를 이행하지 아니할 때에는 다음 순위의 의원이 그 직무를 대행한다.

제55조(의장불신임의 의결) ① 지방의회의 의장이나 부의장이 법령을 위반하거나 정당한 사유 없이 직무를 수행하지 아니하면 지방의회는 불신임을 의결할 수 있다.

② 제1항의 불신임의결은 재적의원 4분의 1 이상의 발의와 재적의원 과반수의 찬성으로 행한다.
③ 제2항의 불신임의결이 있으면 의장이나 부의장은 그 직에서 해임된다.

제6절 위원회

제56조(위원회의 설치) ① 지방의회는 조례로 정하는 바에 따라 위원회를 둘 수 있다.
② 위원회의 종류는 소관 의안과 청원 등을 심사·처리하는 상임위원회와 특정한 안건을 일시적으로 심사·처리하기 위한 특별위원회 두 가지로 한다.
③ 위원회의 위원은 본회의에서 선임한다.
제57조(윤리특별위원회) 의원의 윤리심사 및 징계에 관한 사항을 심사하기 위하여 윤리특별위원회를 둘 수 있다.
제58조(위원회의 권한) 위원회는 그 소관에 속하는 의안과 청원 등 또는 지방의회가 위임한 특정한 안건을 심사한다.
제59조(전문위원) ① 위원회에는 위원장과 위원의 자치입법활동을 지원하기 위하여 의원이 아닌 전문지식을 가진 위원(이하 "전문위원"이라 한다)을 둔다.
② 전문위원은 위원회에서 의안과 청원 등의 심사, 행정사무감사 및 조사, 그 밖의 소관 사항과 관련하여 검토보고 및 관련 자료의 수집·조사·연구를 한다.
③ 위원회에 두는 전문위원의 직급과 정수 등에 관하여 필요한 사항은 대통령령으로 정한다.
제60조(위원회에서의 방청 등) ① 위원회에서는 해당 지방의회의원이 아닌 자는 위원장의 허가를 받아 방청할 수 있다.
② 위원장은 질서를 유지하기 위하여 필요할 때에는 방청인의 퇴장을 명할 수 있다.
제61조(위원회의 개회) ① 위원회는 본회의의 의결이 있거나 의장 또는 위원장이 필요하다고 인정할 때, 재적위원 3분의 1 이상의 요구가 있는 때에 개회한다.
② 폐회 중에는 지방자치단체의 장도 의장 또는 위원장에게 이유서를 붙여 위원회의 개회를 요구할 수 있다.
제62조(위원회에 관한 조례) 위원회에 관하여 이 법에서 정한 것 외에 필요한 사항은 조례로 정한다.

제7절 회의

제63조(의사정족수) ① 지방의회는 재적의원 3분의 1 이상의 출석으로 개의(開議)한다.
② 회의 중 제1항의 정족수에 미치지 못할 때에는 의장은 회의를 중지하거나 산회(散會)를

선포한다.

제64조(의결정족수) ① 의결 사항은 이 법에 특별히 규정된 경우 외에는 재적의원 과반수의 출석과 출석의원 과반수의 찬성으로 의결한다.

② 의장은 의결에서 표결권을 가지며, 찬성과 반대가 같으면 부결된 것으로 본다.

제64조의2(표결의 선포 등) ① 지방의회에서 표결할 때에는 의장이 표결할 안건의 제목을 의장석에서 선포하여야 하고, 의장이 표결을 선포한 때에는 누구든지 그 안건에 관하여 발언할 수 없다.

② 표결이 끝났을 때에는 의장은 그 결과를 의장석에서 선포하여야 한다.

[본조신설 2009.4.1]

제65조(회의의 공개 등) ①지방의회의 회의는 공개한다. 다만, 의원 3명 이상이 발의하고 출석의원 3분의 2 이상이 찬성한 경우 또는 의장이 사회의 안녕질서 유지를 위하여 필요하다고 인정하는 경우에는 공개하지 아니할 수 있다.

② 의장은 공개된 회의의 방청허가를 받은 장애인에게 정당한 편의를 제공하여야 한다.

제66조(의안의 발의) ① 지방의회에서 의결할 의안은 지방자치단체의 장이나 재적의원 5분의 1 이상 또는 의원 10명 이상의 연서로 발의한다.

② 위원회는 그 직무에 속하는 사항에 관하여 의안을 제출할 수 있다.

③ 제1항 및 제2항의 의안은 그 안을 갖추어 의장에게 제출하여야 한다.

④ 제1항에 따라 의원이 조례안을 발의하는 때에는 발의의원과 찬성의원을 구분하되, 해당 조례안의 제명의 부제로 발의의원의 성명을 기재하여야 한다. 다만, 발의의원이 2명 이상인 경우에는 대표발의의원 1명을 명시하여야 한다.

⑤ 의원이 발의한 제정조례안 또는 전부개정조례안 중 의회에서 의결된 조례안을 공표 또는 홍보하는 경우에는 해당 조례안의 부제를 함께 표기할 수 있다.

제66조의2(조례안예고) ① 지방의회는 심사대상인 조례안에 대하여 5일 이상의 기간을 정하여 그 취지, 주요 내용, 전문을 공보나 인터넷 홈페이지 등에 게재하는 방법으로 예고할 수 있다.

② 조례안예고의 방법, 절차, 그 밖에 필요한 사항은 회의규칙으로 정한다.

제66조의3(의안에 대한 비용추계 자료 등의 제출) ① 지방자치단체의 장이 예산상 또는 기금상의 조치를 수반하는 의안을 발의할 경우에는 그 의안의 시행에 수반될 것으로 예상되는 비용에 대한 추계서와 이에 상응하는 재원조달방안에 관한 자료를 의안에 첨부하여야 한다.

② 제1항에 따른 비용에 대한 추계 및 재원조달방안에 대한 자료의 작성 및 제출절차 등에 관하여 필요한 사항은 해당 지방자치단체의 조례로 정한다.

[본조신설 2011.7.14]

제67조(회기계속의 원칙) 지방의회에 제출된 의안은 회기 중에 의결되지 못한 것 때문에 폐

기되지 아니한다. 다만, 지방의회의원의 임기가 끝나는 경우에는 그러하지 아니하다.

제68조(일사부재의의 원칙) 지방의회에서 부결된 의안은 같은 회기 중에 다시 발의하거나 제출할 수 없다.

제69조(위원회에서 폐기된 의안) ① 위원회에서 본회의에 부칠 필요가 없다고 결정된 의안은 본회의에 부칠 수 없다. 다만, 위원회의 결정이 본회의에 보고된 날부터 폐회나 휴회 중의 기간을 제외한 7일 이내에 의장이나 재적의원 3분의 1 이상이 요구하면 그 의안을 본회의에 부쳐야 한다.

② 제1항 단서의 요구가 없으면 그 의안은 폐기된다.

제70조(의장이나 의원의 제척) 지방의회의 의장이나 의원은 본인 · 배우자 · 직계존비속(直系尊卑屬) 또는 형제자매와 직접 이해관계가 있는 안건에 관하여는 그 의사에 참여할 수 없다. 다만, 의회의 동의가 있으면 의회에 출석하여 발언할 수 있다.

제71조(회의규칙) 지방의회는 회의의 운영에 관하여 이 법에서 정한 것 외에 필요한 사항은 회의규칙으로 정한다.

제72조(회의록) ① 지방의회는 회의록을 작성하고 회의의 진행내용 및 결과와 출석의원의 성명을 적어야 한다.

② 회의록에는 의장과 의회에서 선출한 의원 2명 이상이 서명하여야 한다.

③ 의장은 회의록의 사본을 첨부하여 회의의 결과를 그 지방자치단체의 장에게 통고하여야 한다.

④ 회의록은 의원에게 배부한다. 다만, 비밀로 할 필요가 있다고 의장이 인정하거나 지방의회에서 의결한 사항은 공개하지 아니한다.

제8절 청원

제73조(청원서의 제출) ① 지방의회에 청원을 하려는 자는 지방의회의원의 소개를 받아 청원서를 제출하여야 한다.

② 청원서에는 청원자의 성명(법인인 경우에는 그 명칭과 대표자의 성명) 및 주소를 적고 서명 · 날인하여야 한다.

제74조(청원의 불수리) 재판에 간섭하거나 법령에 위배되는 내용의 청원은 수리하지 아니한다.

제75조(청원의 심사 · 처리) ① 지방의회의 의장은 청원서를 접수하면 소관 위원회나 본회의에 회부하여 심사를 하게 한다.

② 청원을 소개한 의원은 소관 위원회나 본회의가 요구하면 청원의 취지를 설명하여야 한다.

③ 위원회가 청원을 심사하여 본회의에 부칠 필요가 없다고 결정하면 그 처리결과를 의장에게 보고하고, 의장은 청원한 자에게 알려야 한다.

제76조(청원의 이송과 처리보고) ① 지방의회가 채택한 청원으로서 그 지방자치단체의 장이 처리하는 것이 타당하다고 인정되는 청원은 의견서를 첨부하여 지방자치단체의 장에게 이송한다.

② 지방자치단체의 장은 제1항의 청원을 처리하고 그 처리결과를 지체 없이 지방의회에 보고하여야 한다.

제9절 의원의 사직 · 퇴직과 자격심사

제77조(의원의 사직) 지방의회는 그 의결로 소속 의원의 사직을 허가할 수 있다. 다만, 폐회 중에는 의장이 허가할 수 있다.

제78조(의원의 퇴직) 지방의회의 의원이 다음 각 호의 어느 하나에 해당될 때에는 의원의 직에서 퇴직된다.

1. 의원이 겸할 수 없는 직에 취임할 때
2. 피선거권이 없게 될 때(지방자치단체의 구역변경이나 없어지거나 합한 것 외의 다른 사유로 그 지방자치단체의 구역 밖으로 주민등록을 이전하였을 때를 포함한다)
3. 징계에 따라 제명될 때

제79조(의원의 자격심사) ① 지방의회의 의원은 다른 의원의 자격에 대하여 이의가 있으면 재적의원 4분의 1 이상의 연서로 의장에게 자격심사를 청구할 수 있다.

② 피심의원(被審議員)은 자기의 자격심사에 관한 회의에 출석하여 변명은 할 수 있으나, 의결에는 참가할 수 없다.

제80조(자격상실의결) ① 제79조제1항의 피심의원에 대한 자격상실의결은 재적의원 3분의 2 이상의 찬성이 있어야 한다.

② 피심의원은 제1항에 따라 자격상실이 확정될 때까지는 그 직을 상실하지 아니한다.

제81조(궐원의 통지) 지방의회의 의원이 궐원(闕員)되면 의장은 15일 이내에 그 지방자치단체의 장과 관할 선거관리위원회에 알려야 한다.

제10절 질서

제82조(회의의 질서유지) ① 지방의회의 의원이 본회의나 위원회의 회의장에서 이 법이나 회의규칙에 위배되는 발언이나 행위를 하여 회의장의 질서를 어지럽히면 의장이나 위원장은 경고 또는 제지하거나 그 발언의 취소를 명할 수 있다.

② 제1항의 명에 따르지 아니한 의원이 있으면 의장이나 위원장은 그 의원에 대하여 당일의 회의에서 발언하는 것을 금지하거나 퇴장시킬 수 있다.

③ 의장이나 위원장은 회의장이 소란하여 질서를 유지하기 곤란하면 회의를 중지하거나 산회를 선포할 수 있다.

제83조(모욕 등 발언의 금지) ① 지방의회의 의원은 본회의나 위원회에서 타인을 모욕하거나 타인의 사생활에 대하여 발언하여서는 아니 된다.

② 본회의나 위원회에서 모욕을 당한 의원은 모욕을 한 의원에 대하여 지방의회에 징계를 요구할 수 있다.

제84조(발언방해 등의 금지) 지방의회의 의원은 회의 중에 폭력을 행사하거나 소란한 행위를 하여 타인의 발언을 방해할 수 없으며, 의장이나 위원장의 허가 없이 연단(演壇)이나 단상(壇上)에 올라가서는 아니 된다.

제85조(방청인에 대한 단속) ① 방청인은 의안에 대하여 찬성·반대를 표명하거나 소란한 행위를 하여서는 아니 된다.

② 의장은 회의장의 질서를 방해하는 방청인의 퇴장을 명할 수 있으며, 필요하면 경찰관서에 인도할 수 있다.

③ 방청석이 소란하면 의장은 모든 방청인을 퇴장시킬 수 있다.

④ 방청인에 대한 단속에 관하여 제1항부터 제3항까지에 규정된 것 외에 필요한 사항은 회의규칙으로 정한다.

제11절 징계

제86조(징계의 사유) 지방의회는 의원이 이 법이나 자치법규에 위배되는 행위를 하면 의결로써 징계할 수 있다.

제87조(징계의 요구) ① 지방의회의 의장은 제86조에 따른 징계대상 의원이 있어 징계요구가 있으면 윤리특별위원회나 본회의에 회부한다.

② 제83조제1항을 위반한 의원에 대하여 모욕을 당한 의원이 징계를 요구하려면 징계사유를 적은 요구서를 의장에게 제출하여야 한다.

③ 의장은 제2항의 징계요구가 있으면 윤리특별위원회나 본회의에 회부한다.

제88조(징계의 종류와 의결) ① 징계의 종류는 다음과 같다.

1. 공개회의에서의 경고
2. 공개회의에서의 사과
3. 30일 이내의 출석정지
4. 제명

② 제명에는 재적의원 3분의 2 이상의 찬성이 있어야 한다.

제89조(징계에 관한 회의규칙) 징계에 관하여 이 법에 규정된 것 외에 필요한 사항은 회의

규칙으로 정한다.

제12절 사무기구와 직원

제90조(사무처 등의 설치) ① 시·도의회에는 사무를 처리하기 위하여 조례로 정하는 바에 따라 사무처를 둘 수 있으며, 사무처에는 사무처장과 직원을 둔다.

② 시·군 및 자치구의회에는 사무를 처리하기 위하여 조례로 정하는 바에 따라 사무국이나 사무과를 둘 수 있으며, 사무국·사무과에는 사무국장 또는 사무과장과 직원을 둘 수 있다.

③ 제1항과 제2항에 따른 사무처장·사무국장·사무과장 및 직원(이하 이 절에서 "사무직원"이라 한다)은 지방공무원으로 보한다.

제91조(사무직원의 정원과 임명) ① 지방의회에 두는 사무직원의 정수는 조례로 정한다.

② 사무직원은 지방의회의 의장의 추천에 따라 그 지방자치단체의 장이 임명한다. 다만, 지방자치단체의 장은 사무직원 중 별정직·기능직·계약직 공무원에 대한 임용권은 지방의회 사무처장·사무국장·사무과장에게 위임하여야 한다.

제92조(사무직원의 직무와 신분보장 등) ① 사무처장·사무국장 또는 사무과장은 의장의 명을 받아 의회의 사무를 처리한다.

② 사무직원의 임용·보수·복무·신분보장·징계 등에 관하여는 이 법에서 정한 것 외에는 「지방공무원법」을 적용한다.

제6장 집행기관

제1절 지방자치단체의 장

제1관 지위

제93조(지방자치단체의 장) 특별시에 특별시장, 광역시에 광역시장, 특별자치시에 특별자치시장, 도와 특별자치도에 도지사를 두고, 시에 시장, 군에 군수, 자치구에 구청장을 둔다.

제94조(지방자치단체의 장의 선거) 지방자치단체의 장은 주민이 보통·평등·직접·비밀선거에 따라 선출한다.

제95조(지방자치단체의 장의 임기) 지방자치단체의 장의 임기는 4년으로 하며, 지방자치단체의 장의 계속 재임(在任)은 3기에 한한다.

제96조(겸임 등의 제한) ① 지방자치단체의 장은 다음 각 호의 어느 하나에 해당하는 직을 겸임할 수 없다.

1. 대통령, 국회의원, 헌법재판소재판관, 각급 선거관리위원회 위원, 지방의회의원
2. 「국가공무원법」 제2조에 규정된 국가공무원과 「지방공무원법」 제2조에 규정된 지방공무원
3. 다른 법령의 규정에 따라 공무원의 신분을 가지는 직
4. 「공공기관의 운영에 관한 법률」 제4조에 따른 공공기관(한국방송공사, 한국교육방송공사 및 한국은행을 포함한다)의 임직원
5. 농업협동조합, 수산업협동조합, 산림조합, 엽연초생산협동조합, 신용협동조합 및 새마을금고(이들 조합·금고의 중앙회와 연합회를 포함한다)의 임직원
6. 교원
7. 「지방공기업법」 제2조에 규정된 지방공사와 지방공단의 임직원
8. 그 밖에 다른 법률이 겸임할 수 없도록 정하는 직

② 지방자치단체의 장은 재임(在任) 중 그 지방자치단체와 영리를 목적으로 하는 거래를 하거나 그 지방자치단체와 관계있는 영리사업에 종사할 수 없다.

제97조(지방자치단체의 폐치·분합과 지방자치단체의 장) 지방자치단체를 폐지하거나 설치하거나 나누거나 합쳐 새로 지방자치단체의 장을 선거하여야 하는 경우에는 그 지방자치단체의 장이 선거될 때까지 시·도지사는 행정안전부장관이, 시장·군수 및 자치구의 구청장은 시·도지사가 각각 그 직무를 대행할 자를 지정하여야 한다. 다만, 둘 이상의 동격의 지방자치단체를 통·폐합하여 새로운 지방자치단체를 설치하는 경우에는 종전의 지방자치단체의 장 중에서 해당 지방자치단체의 장의 직무를 대행할 자를 지정한다.

제98조(지방자치단체의 장의 사임) ① 지방자치단체의 장은 그 직을 사임하려면 지방의회의 의장에게 미리 사임일을 적은 서면(이하 "사임통지서"라 한다)으로 알려야 한다.

② 지방자치단체의 장은 사임통지서에 적힌 사임일에 사임된다. 다만, 사임통지서에 적힌 사임일까지 지방의회의 의장에게 사임통지가 되지 아니하면 지방의회의 의장에게 사임통지가 된 날에 사임된다.

제99조(지방자치단체의 장의 퇴직) 지방자치단체의 장이 다음 각 호의 어느 하나에 해당될 때에는 그 직에서 퇴직된다.
1. 지방자치단체의 장이 겸임할 수 없는 직에 취임할 때
2. 피선거권이 없게 될 때(지방자치단체의 구역변경이나 없어지거나 합한 것 외의 다른 사유로 그 지방자치단체의 구역 밖으로 주민등록을 이전하였을 때를 포함한다)
3. 제97조에 따라 지방자치단체의 장의 직을 상실할 때

제100조(지방자치단체의 장의 체포 및 확정판결의 통지) ① 체포 또는 구금된 지방자치단체의 장이 있으면 관계 수사기관의 장은 지체 없이 영장의 사본을 첨부하여 해당 지방자치단체에 알려야 한다. 이 경우 통지를 받은 지방자치단체는 그 사실을 즉시 행정안전부장관에게 보고하여야 한다. 시·군 및 자치구가 행정안전부장관에게 보고하는 경우에는 시·

도지사를 거쳐야 한다.

② 지방자치단체의 장이 형사사건으로 공소가 제기되어 그 판결이 확정되면 각급 법원장은 지체 없이 해당 지방자치단체에 알려야 한다. 이 경우 통지를 받은 지방자치단체는 그 사실을 즉시 행정안전부장관에게 보고하여야 한다. 시·군 및 자치구가 행정안전부장관에게 보고하는 경우에는 시·도지사를 거쳐야 한다.

제2관 권한

제101조(지방자치단체의 통할대표권) 지방자치단체의 장은 지방자치단체를 대표하고, 그 사무를 총괄한다.

제102조(국가사무의 위임) 시·도와 시·군 및 자치구에서 시행하는 국가사무는 법령에 다른 규정이 없으면 시·도지사와 시장·군수 및 자치구의 구청장에게 위임하여 행한다.

제103조(사무의 관리 및 집행권) 지방자치단체의 장은 그 지방자치단체의 사무와 법령에 따라 그 지방자치단체의 장에게 위임된 사무를 관리하고 집행한다.

제104조(사무의 위임 등) ① 지방자치단체의 장은 조례나 규칙으로 정하는 바에 따라 그 권한에 속하는 사무의 일부를 보조기관, 소속 행정기관 또는 하부행정기관에 위임할 수 있다.

② 지방자치단체의 장은 조례나 규칙으로 정하는 바에 따라 그 권한에 속하는 사무의 일부를 관할 지방자치단체나 공공단체 또는 그 기관(사업소·출장소를 포함한다)에 위임하거나 위탁할 수 있다.

③ 지방자치단체의 장은 조례나 규칙으로 정하는 바에 따라 그 권한에 속하는 사무 중 조사·검사·검정·관리업무 등 주민의 권리·의무와 직접 관련되지 아니하는 사무를 법인·단체 또는 그 기관이나 개인에게 위탁할 수 있다.

④ 지방자치단체의 장이 위임받거나 위탁받은 사무의 일부를 제1항부터 제3항까지의 규정에 따라 다시 위임하거나 위탁하려면 미리 그 사무를 위임하거나 위탁한 기관의 장의 승인을 받아야 한다.

제105조(직원에 대한 임면권 등) 지방자치단체의 장은 소속 직원을 지휘·감독하고 법령과 조례·규칙으로 정하는 바에 따라 그 임면·교육훈련·복무·징계 등에 관한 사항을 처리한다.

제106조(사무인계) 지방자치단체의 장이 퇴직할 때에는 그 소관 사무의 일체를 후임자에게 인계하여야 한다.

제3관 지방의회와의 관계

제107조(지방의회의 의결에 대한 재의요구와 제소) ① 지방자치단체의 장은 지방의회의 의결이 월권이거나 법령에 위반되거나 공익을 현저히 해친다고 인정되면 그 의결사항을 이

송받은 날부터 20일 이내에 이유를 붙여 재의를 요구할 수 있다.

② 제1항의 요구에 대하여 재의한 결과 재적의원 과반수의 출석과 출석의원 3분의 2 이상의 찬성으로 전과 같은 의결을 하면 그 의결사항은 확정된다.

③ 지방자치단체의 장은 제2항에 따라 재의결된 사항이 법령에 위반된다고 인정되면 대법원에 소(訴)를 제기할 수 있다. 이 경우에는 제172조제3항을 준용한다.

제108조(예산상 집행 불가능한 의결의 재의요구) ① 지방자치단체의 장은 지방의회의 의결이 예산상 집행할 수 없는 경비를 포함하고 있다고 인정되면 그 의결사항을 이송받은 날부터 20일 이내에 이유를 붙여 재의를 요구할 수 있다.

② 지방의회가 다음 각 호의 어느 하나에 해당하는 경비를 줄이는 의결을 할 때에도 제1항과 같다.

1. 법령에 따라 지방자치단체에서 의무적으로 부담하여야 할 경비
2. 비상재해로 인한 시설의 응급 복구를 위하여 필요한 경비

③ 제1항과 제2항의 경우에는 제107조제2항을 준용한다.

제109조(지방자치단체의 장의 선결처분) ① 지방자치단체의 장은 지방의회가 성립되지 아니한 때(의원이 구속되는 등의 사유로 제64조에 따른 의결정족수에 미달하게 될 때를 말한다)와 지방의회의 의결사항 중 주민의 생명과 재산보호를 위하여 긴급하게 필요한 사항으로서 지방의회를 소집할 시간적 여유가 없거나 지방의회에서 의결이 지체되어 의결되지 아니할 때에는 선결처분(先決處分)을 할 수 있다.

② 제1항에 따른 선결처분은 지체 없이 지방의회에 보고하여 승인을 받아야 한다.

③ 지방의회에서 제2항의 승인을 받지 못하면 그 선결처분은 그때부터 효력을 상실한다.

④ 지방자치단체의 장은 제2항이나 제3항에 관한 사항을 지체 없이 공고하여야 한다.

제2절 보조기관

제110조(부지사 · 부시장 · 부군수 · 부구청장) ① 특별시 · 광역시 및 특별자치시에 부시장, 도와 특별자치도에 부지사, 시에 부시장, 군에 부군수, 자치구에 부구청장을 두며, 그 정수는 다음 각 호와 같다.

1. 특별시의 부시장의 정수 : 3명을 넘지 아니하는 범위에서 대통령령으로 정한다.
2. 광역시와 특별자치시의 부시장 및 도와 특별자치도의 부지사의 정수 : 2명(인구 800만 이상의 광역시나 도는 3명)을 초과하지 아니하는 범위에서 대통령령으로 정한다.
3. 시의 부시장, 군의 부군수 및 자치구의 부구청장의 정수 : 1명으로 한다.

② 특별시 · 광역시 및 특별자치시의 부시장, 도와 특별자치도의 부지사는 대통령령으로 정하는 바에 따라 정무직 또는 일반직 국가공무원으로 보한다. 다만, 제1항제1호와 제2호에

따라 특별시 · 광역시 및 특별자치시의 부시장, 도와 특별자치도의 부지사를 2명이나 3명 두는 경우에 1명은 대통령령으로 정하는 바에 따라 정무직 · 일반직 또는 별정직 지방공무원으로 보하되, 정무직과 별정직 지방공무원으로 보할 때의 자격기준은 해당 지방자치단체의 조례로 정한다.

③ 제2항의 정무직 또는 일반직 국가공무원으로 보하는 부시장 · 부지사는 시 · 도지사의 제청으로 행정안전부장관을 거쳐 대통령이 임명한다. 이 경우 제청된 자에게 법적 결격사유가 없으면 30일 이내에 그 임명절차를 마쳐야 한다.

④ 시의 부시장, 군의 부군수, 자치구의 부구청장은 일반직 지방공무원으로 보하되, 그 직급은 대통령령으로 정하며 시장 · 군수 · 구청장이 임명한다.

⑤ 시 · 도의 부시장과 부지사, 시의 부시장 · 부군수 · 부구청장은 해당 지방자치단체의 장을 보좌하여 사무를 총괄하고, 소속직원을 지휘 · 감독한다.

⑥ 제1항제1호와 제2호에 따라 시 · 도의 부시장과 부지사를 2명이나 3명 두는 경우에 그 사무 분장은 대통령령으로 정한다. 이 경우 부시장 · 부지사를 3명 두는 시 · 도에서는 그 중 1명에게 특정지역의 사무를 담당하게 할 수 있다.

제111조(지방자치단체의 장의 권한대행 등) ① 지방자치단체의 장이 다음 각 호의 어느 하나에 해당되면 부지사 · 부시장 · 부군수 · 부구청장(이하 이 조에서 "부단체장"이라 한다)이 그 권한을 대행한다.

1. 궐위된 경우
2. 공소 제기된 후 구금상태에 있는 경우
3. 「의료법」에 따른 의료기관에 60일 이상 계속하여 입원한 경우

② 지방자치단체의 장이 그 직을 가지고 그 지방자치단체의 장 선거에 입후보하면 예비후보자 또는 후보자로 등록한 날부터 선거일까지 부단체장이 그 지방자치단체의 장의 권한을 대행한다.

③ 지방자치단체의 장이 출장 · 휴가 등 일시적 사유로 직무를 수행할 수 없으면 부단체장이 그 직무를 대리한다.

④ 제1항부터 제3항까지의 경우에 부지사나 부시장이 2명 이상인 시 · 도에서는 대통령령으로 정하는 순서에 따라 그 권한을 대행하거나 직무를 대리한다.

⑤ 제1항부터 제3항까지의 규정에 따라 권한을 대행하거나 직무를 대리할 부단체장이 부득이한 사유로 직무를 수행할 수 없으면 그 지방자치단체의 규칙에 정하여진 직제 순서에 따른 공무원이 그 권한을 대행하거나 직무를 대리한다.

[2011.5.30 법률 제10739호에 의하여 2010.9.2 헌법재판소에서 헌법불합치 결정된 이 조 제1항제3호를 삭제함.]

제112조(행정기구와 공무원) ① 지방자치단체는 그 사무를 분장하기 위하여 필요한 행정기

구와 지방공무원을 둔다.

② 제1항에 따른 행정기구의 설치와 지방공무원의 정원은 인건비 등 대통령령으로 정하는 기준에 따라 그 지방자치단체의 조례로 정한다.

③ 행정안전부장관은 지방자치단체의 행정기구와 지방공무원의 정원이 적정하게 운영되고 다른 지방자치단체와의 균형이 유지되도록 하기 위하여 필요한 사항을 권고할 수 있다.

④ 지방공무원의 임용과 시험 · 자격 · 보수 · 복무 · 신분보장 · 징계 · 교육훈련 등에 관하여는 따로 법률로 정한다.

⑤ 지방자치단체에는 제1항에도 불구하고 법률로 정하는 바에 따라 국가공무원을 둘 수 있다.

⑥ 제5항에 규정된 국가공무원은 「국가공무원법」 제32조제1항부터 제3항까지에도 불구하고 5급 이상의 국가공무원이나 고위공무원단에 속하는 공무원은 해당 지방자치단체의 장의 제청으로 소속 장관을 거쳐 대통령이 임명하고, 6급 이하의 국가공무원은 그 지방자치단체의 장의 제청으로 소속 장관이 임명한다.

제3절 소속 행정기관

제113조(직속기관) 지방자치단체는 그 소관 사무의 범위 안에서 필요하면 대통령령이나 대통령령으로 정하는 바에 따라 지방자치단체의 조례로 자치경찰기관(제주특별자치도에 한한다), 소방기관, 교육훈련기관, 보건진료기관, 시험연구기관 및 중소기업지도기관 등을 직속기관으로 설치할 수 있다.

제114조(사업소) 지방자치단체는 특정 업무를 효율적으로 수행하기 위하여 필요하면 대통령령으로 정하는 바에 따라 그 지방자치단체의 조례로 사업소를 설치할 수 있다.

제115조(출장소) 지방자치단체는 원격지 주민의 편의와 특정지역의 개발 촉진을 위하여 필요하면 대통령령으로 정하는 바에 따라 그 지방자치단체의 조례로 출장소를 설치할 수 있다.

제116조(합의제행정기관) ① 지방자치단체는 그 소관 사무의 일부를 독립하여 수행할 필요가 있으면 법령이나 그 지방자치단체의 조례로 정하는 바에 따라 합의제행정기관을 설치할 수 있다.

② 제1항의 합의제행정기관의 설치 · 운영에 관하여 필요한 사항은 대통령령이나 그 지방자치단체의 조례로 정한다.

제116조의2(자문기관의 설치 등) ① 지방자치단체는 그 소관 사무의 범위에서 법령이나 그 지방자치단체의 조례로 정하는 바에 따라 심의회 · 위원회 등의 자문기관을 설치 · 운영할 수 있다.

② 제1항에 따라 설치되는 자문기관은 해당 지방자치단체의 조례로 정하는 바에 따라 성격과 기능이 유사한 다른 자문기관의 기능을 포함하여 운영할 수 있다.

제4절 하부행정기관

제117조(하부행정기관의 장) 자치구가 아닌 구에 구청장, 읍에 읍장, 면에 면장, 동에 동장을 둔다. 이 경우 면·동은 제4조의2제3항 및 제4항에 따른 행정면·행정동을 말한다.

제118조(하부행정기관의 장의 임명) ① 자치구가 아닌 구의 구청장은 일반직 지방공무원으로 보하되, 시장이 임명한다.

② 읍장·면장·동장은 일반직 지방공무원으로 보하되, 시장·군수 및 자치구의 구청장이 임명한다.

제119조(하부행정기관의 장의 직무권한) 자치구가 아닌 구의 구청장은 시장의, 읍장·면장은 시장이나 군수의, 동장은 시장(구가 없는 시의 시장을 말한다)이나 구청장(자치구의 구청장을 포함한다)의 지휘·감독을 받아 소관 국가사무와 지방자치단체의 사무를 맡아 처리하고 소속 직원을 지휘·감독한다.

제120조(하부행정기구) 지방자치단체는 조례로 정하는 바에 따라 자치구가 아닌 구와 읍·면·동에 그 소관 행정사무를 분장하기 위하여 필요한 행정기구를 둘 수 있다. 이 경우 면·동은 제4조의2제3항 및 제4항에 따른 행정면·행정동을 말한다.

제5절 교육·과학 및 체육에 관한 기관

제121조(교육·과학 및 체육에 관한 기관) ① 지방자치단체의 교육·과학 및 체육에 관한 사무를 분장하기 위하여 별도의 기관을 둔다.

② 제1항에 따른 기관의 조직과 운영에 관하여 필요한 사항은 따로 법률로 정한다.

제7장 재무

제1절 재정운영의 기본원칙

제122조(건전재정의 운영) ① 지방자치단체는 그 재정을 수지균형의 원칙에 따라 건전하게 운영하여야 한다.

② 국가는 지방재정의 자주성과 건전한 운영을 조장하여야 하며, 국가의 부담을 지방자치단체에 넘겨서는 아니 된다.

제123조(국가시책의 구현) ① 지방자치단체는 국가시책을 달성하기 위하여 노력하여야 한다.

② 제1항에 따라 국가시책을 달성하기 위하여 필요한 경비에 대한 국고보조율과 지방비부담

률은 법령으로 정한다.

제124조(지방채무 및 지방채권의 관리) ① 지방자치단체의 장이나 지방자치단체조합은 따로 법률로 정하는 바에 따라 지방채를 발행할 수 있다.

② 지방자치단체의 장은 따로 법률로 정하는 바에 따라 지방자치단체의 채무부담의 원인이 될 계약의 체결이나 그 밖의 행위를 할 수 있다.

③ 지방자치단체의 장은 공익을 위하여 필요하다고 인정하면 미리 지방의회의 의결을 받아 보증채무부담행위를 할 수 있다.

④ 지방자치단체는 조례나 계약에 의하지 아니하고는 그 채무의 이행을 지체할 수 없다.

⑤ 지방자치단체는 법령이나 조례의 규정에 따르거나 지방의회의 의결을 받지 아니하고는 채권에 관하여 채무를 면제하거나 그 효력을 변경할 수 없다.

제2절 예산과 결산

제125조(회계연도) 지방자치단체의 회계연도는 매년 1월 1일에 시작하여 그 해 12월 31일에 끝난다.

제126조(회계의 구분) ① 지방자치단체의 회계는 일반회계와 특별회계로 구분한다.

② 특별회계는 법률이나 지방자치단체의 조례로 설치할 수 있다.

제127조(예산의 편성 및 의결) ① 지방자치단체의 장은 회계연도마다 예산안을 편성하여 시·도는 회계연도 시작 50일 전까지, 시·군 및 자치구는 회계연도 시작 40일 전까지 지방의회에 제출하여야 한다.

② 제1항의 예산안을 시·도의회에서는 회계연도 시작 15일 전까지, 시·군 및 자치구의회에서는 회계연도 시작 10일 전까지 의결하여야 한다.

③ 지방의회는 지방자치단체의 장의 동의 없이 지출예산 각 항의 금액을 증가하거나 새로운 비용항목을 설치할 수 없다.

④ 지방자치단체의 장은 제1항의 예산안을 제출한 후 부득이한 사유로 그 내용의 일부를 수정하려면 수정예산안을 작성하여 지방의회에 다시 제출할 수 있다.

제128조(계속비) 지방자치단체의 장은 한 회계연도를 넘어 계속하여 경비를 지출할 필요가 있으면 그 총액과 연도별 금액을 정하여 계속비로서 지방의회의 의결을 받아야 한다.

제129조(예비비) ① 지방자치단체는 예측할 수 없는 예산 외의 지출이나 예산초과지출에 충당하기 위하여 세입·세출예산에 예비비를 계상하여야 한다.

② 예비비의 지출은 다음 연도 지방의회의 승인을 받아야 한다.

제130조(추가경정예산) ① 지방자치단체의 장은 예산을 변경할 필요가 있으면 추가경정예산안을 편성하여 지방의회의 의결을 받아야 한다.

② 제1항에 관하여는 제127조제3항과 제4항을 준용한다.

제131조(예산이 성립하지 아니할 때의 예산집행) 지방의회에서 새로운 회계연도가 시작될 때까지 예산안이 의결되지 못하면 지방자치단체의 장은 지방의회에서 예산안이 의결될 때까지 다음의 목적을 위한 경비는 전년도 예산에 준하여 집행할 수 있다.

1. 법령이나 조례에 따라 설치된 기관이나 시설의 유지·운영
2. 법령상 또는 조례상 지출의무의 이행
3. 이미 예산으로 승인된 사업의 계속

제131조의2(지방자치단체를 신설하는 때의 예산) ① 지방자치단체를 폐지하거나 설치하거나 나누거나 합쳐 새로운 지방자치단체가 설치된 경우에는 지체 없이 그 지방자치단체의 예산을 편성하여야 한다.

② 제1항의 경우에 해당 지방자치단체의 장은 예산이 성립될 때까지 필요한 경상적 수입과 지출을 할 수 있다. 이 경우 수입과 지출은 새로 성립될 예산에 포함시켜야 한다.

[본조신설 2011.7.14]

제132조(재정부담을 수반하는 조례제정 등) 지방의회는 새로운 재정부담을 수반하는 조례나 안건을 의결하려면 미리 지방자치단체의 장의 의견을 들어야 한다.

제133조(예산의 이송·고시 등) ① 지방의회의 의장은 예산안이 의결되면 3일 이내에 지방자치단체의 장에게 이송하여야 한다.

② 지방자치단체의 장은 제1항에 따라 예산을 이송받으면 지체없이 시·도에서는 행정안전부장관에게, 시·군 및 자치구에서는 시·도지사에게 각각 보고하고, 그 내용을 고시하여야 한다. 다만, 제108조에 따른 재의요구를 할 때에는 그러하지 아니하다.

제134조(결산) ① 지방자치단체의 장은 출납 폐쇄 후 80일 이내에 결산서와 증빙서류를 작성하고 지방의회가 선임한 검사위원의 검사의견서를 첨부하여 다음 연도 지방의회의 승인을 받아야 한다. 결산의 심사결과 위법 또는 부당한 사항이 있는 경우에 지방의회는 본회의 의결 후 지방자치단체 또는 해당 기관에 변상 및 징계 조치 등 그 시정을 요구하고, 지방자치단체 또는 해당 기관은 시정요구를 받은 사항을 지체 없이 처리하여 그 결과를 지방의회에 보고하여야 한다.

② 지방자치단체의 장은 제1항에 따른 승인을 받으면 5일 이내에 시·도에서는 행정안전부장관에게, 시·군 및 자치구에서는 시·도지사에게 각각 보고하고 그 내용을 고시하여야 한다.

③ 제1항의 검사위원의 선임과 운영에 관하여 필요한 사항은 대통령령으로 정한다.

제134조의2(지방자치단체가 없어진 때의 결산) ① 지방자치단체를 폐지하거나 설치하거나 나누거나 합쳐 없어진 지방자치단체의 수입과 지출은 없어진 날로써 마감하되, 그 지방자치단체의 장이었던 사람이 이를 결산하여야 한다.

② 제1항의 결산은 제134조제1항에 따라 사무를 인수한 지방자치단체의 의회의 승인을 받

아야 한다.

제3절 수입과 지출

제135조(지방세) 지방자치단체는 법률로 정하는 바에 따라 지방세를 부과·징수할 수 있다.

제136조(사용료) 지방자치단체는 공공시설의 이용 또는 재산의 사용에 대하여 사용료를 징수할 수 있다.

제137조(수수료) ① 지방자치단체는 그 지방자치단체의 사무가 특정인을 위한 것이면 그 사무에 대하여 수수료를 징수할 수 있다.

② 지방자치단체는 국가나 다른 지방자치단체의 위임사무가 특정인을 위한 것이면 그 사무에 대하여 수수료를 징수할 수 있다.

③ 제2항에 따른 수수료는 그 지방자치단체의 수입으로 한다. 다만, 법령에 달리 정하여진 경우에는 그러하지 아니하다.

제138조(분담금) 지방자치단체는 그 재산 또는 공공시설의 설치로 주민의 일부가 특히 이익을 받으면 이익을 받는 자로부터 그 이익의 범위에서 분담금을 징수할 수 있다.

제139조(사용료의 징수조례 등) ① 사용료·수수료 또는 분담금의 징수에 관한 사항은 조례로 정한다. 다만, 국가가 지방자치단체나 그 기관에 위임한 사무와 자치사무의 수수료 중 전국적으로 통일할 필요가 있는 수수료에 관한 사항은 다른 법령의 규정에도 불구하고 대통령령으로 정하는 표준금액으로 징수하되, 지방자치단체가 다른 금액으로 징수하고자 하는 경우에는 표준금액의 100분의 50의 범위에서 조례로 가감 조정하여 징수할 수 있다.

② 사기나 그 밖의 부정한 방법으로 사용료·수수료 또는 분담금의 징수를 면한 자에 대하여는 그 징수를 면한 금액의 5배 이내의 과태료를, 공공시설을 부정사용한 자에 대하여는 50만원 이하의 과태료를 부과하는 규정을 조례로 정할 수 있다.

③ 제2항에 따른 과태료의 부과·징수, 재판 및 집행 등의 절차에 관한 사항은 「질서위반행위규제법」에 따른다.

제140조(사용료 등의 부과·징수, 이의신청) ① 사용료·수수료 또는 분담금은 공평한 방법으로 부과하거나 징수하여야 한다.

② 사용료·수수료 또는 분담금의 징수는 지방세 징수의 예에 따른다.

③ 사용료·수수료 또는 분담금의 부과나 징수에 대하여 이의가 있는 자는 그 처분을 통지받은 날부터 90일 이내에 그 지방자치단체의 장에게 이의신청할 수 있다.

④ 지방자치단체의 장은 제3항의 이의신청을 받은 날부터 60일 이내에 이를 결정하여 알려야 한다.

⑤ 사용료·수수료 또는 분담금의 부과나 징수에 대하여 행정소송을 제기하려면 제4항에 따

른 결정을 통지받은 날부터 90일 이내에 처분청을 당사자로 하여 소를 제기하여야 한다.

⑥ 제4항에 따른 결정기간 내에 결정의 통지를 받지 못하면 제5항에도 불구하고 그 결정기간이 지난 날부터 90일 이내에 소를 제기할 수 있다.

⑦ 제3항과 제4항에 따른 이의신청의 방법과 절차 등에 관하여는 「지방세기본법」 제118조와 제121조부터 제127조까지의 규정을 준용한다.

제141조(경비의 지출) 지방자치단체는 그 자치사무의 수행에 필요한 경비와 위임된 사무에 관하여 필요한 경비를 지출할 의무를 진다. 다만, 국가사무나 지방자치단체사무를 위임할 때에는 이를 위임한 국가나 지방자치단체에서 그 경비를 부담하여야 한다.

제4절 재산 및 공공시설

제142조(재산과 기금의 설치) ① 지방자치단체는 행정목적을 달성하기 위한 경우나 공익상 필요한 경우에는 재산을 보유하거나 특정한 자금을 운용하기 위한 기금을 설치할 수 있다.

② 제1항의 재산의 보유, 기금의 설치·운용에 관하여 필요한 사항은 조례로 정한다.

③ 제1항에서 "재산"이란 현금 외의 모든 재산적 가치가 있는 물건과 권리를 말한다.

제143조(재산의 관리와 처분) 지방자치단체의 재산은 법령이나 조례에 따르지 아니하고는 교환·양여(讓與)·대여하거나 출자 수단 또는 지급 수단으로 사용할 수 없다.

제144조(공공시설) ① 지방자치단체는 주민의 복지를 증진하기 위하여 공공시설을 설치할 수 있다.

② 제1항의 공공시설의 설치와 관리에 관하여 다른 법령에 규정이 없으면 조례로 정한다.

③ 제1항의 공공시설은 관계 지방자치단체의 동의를 받아 그 지방자치단체의 구역 밖에 설치할 수 있다.

제5절 보칙

제145조(지방재정운영에 관한 법률의 제정) 지방자치단체의 재정에 관하여 이 법에 정한 것 외에 필요한 사항은 따로 법률로 정한다.

제146조(지방공기업의 설치·운영) ① 지방자치단체는 주민의 복지증진과 사업의 효율적 수행을 위하여 지방공기업을 설치·운영할 수 있다.

② 지방공기업의 설치·운영에 관하여 필요한 사항은 따로 법률로 정한다.

제8장 지방자치단체 상호 간의 관계

제1절 지방자치단체 간의 협력과 분쟁조정

제147조(지방자치단체 상호 간의 협력) 지방자치단체는 다른 지방자치단체로부터 사무의 공동처리에 관한 요청이나 사무처리에 관한 협의 · 조정 · 승인 또는 지원의 요청을 받으면 법령의 범위에서 협력하여야 한다.

제148조(지방자치단체 상호 간의 분쟁조정) ① 지방자치단체 상호 간이나 지방자치단체의 장 상호 간 사무를 처리할 때 의견이 달라 다툼(이하 "분쟁"이라 한다)이 생기면 다른 법률에 특별한 규정이 없으면 행정안전부장관이나 시 · 도지사가 당사자의 신청에 따라 조정(調整)할 수 있다. 다만, 그 분쟁이 공익을 현저히 저해하여 조속한 조정이 필요하다고 인정되면 당사자의 신청이 없어도 직권으로 조정할 수 있다.

② 제1항 단서에 따라 행정안전부장관이나 시 · 도지사가 분쟁을 조정하는 경우에는 그 취지를 미리 당사자에게 알려야 한다.

③ 행정안전부장관이나 시 · 도지사가 제1항의 분쟁을 조정하고자 할 때에는 관계 중앙행정기관의 장과의 협의를 거쳐 제149조에 따른 지방자치단체중앙분쟁조정위원회나 지방자치단체지방분쟁조정위원회의 의결에 따라 조정하여야 한다.

④ 행정안전부장관이나 시 · 도지사는 제1항의 조정에 대하여 결정을 하면 서면으로 지체 없이 관계 지방자치단체의 장에게 통보하여야 하며, 통보를 받은 지방자치단체의 장은 그 조정결정사항을 이행하여야 한다.

⑤ 제4항의 조정결정사항 중 예산이 수반되는 사항에 대하여는 관계 지방자치단체는 필요한 예산을 우선적으로 편성하여야 한다. 이 경우 연차적으로 추진하여야 할 사항은 연도별 추진계획을 행정안전부장관이나 시 · 도지사에게 보고하여야 한다.

⑥ 행정안전부장관이나 시 · 도지사는 제1항의 조정결정에 따른 시설의 설치 또는 역무의 제공으로 이익을 받거나 그 원인을 일으켰다고 인정되는 지방자치단체에 대하여는 그 시설비나 운영비 등의 전부나 일부를 행정안전부장관이 정하는 기준에 따라 부담하게 할 수 있다.

⑦ 행정안전부장관이나 시 · 도지사는 제4항부터 제6항까지의 규정에 따른 조정결정사항이 성실히 이행되지 아니하면 그 지방자치단체에 대하여 제170조를 준용하여 이행하게 할 수 있다.

제149조(지방자치단체중앙분쟁조정위원회 등의 설치와 구성 등) ① 제148조제1항에 따른 분쟁의 조정과 제156조제1항에 따른 협의사항의 조정에 필요한 사항을 심의 · 의결하기 위하여 행정안전부에 지방자치단체중앙분쟁조정위원회(이하 "중앙분쟁조정위원회"라 한다)와 시 · 도에 지방자치단체지방분쟁조정위원회(이하 "지방분쟁조정위원회"라 한다)를 둔다.

② 중앙분쟁조정위원회는 다음 각 호의 분쟁을 심의 · 의결한다.
1. 시 · 도 간 또는 그 장 간의 분쟁
2. 시 · 도를 달리하는 시 · 군 및 자치구 간 또는 그 장 간의 분쟁
3. 시 · 도와 시 · 군 및 자치구 간 또는 그 장 간의 분쟁
4. 시 · 도와 지방자치단체조합 간 또는 그 장 간의 분쟁
5. 시 · 도를 달리하는 시 · 군 및 자치구와 지방자치단체조합 간 또는 그 장 간의 분쟁
6. 시 · 도를 달리하는 지방자치단체조합 간 또는 그 장 간의 분쟁
③ 지방분쟁조정위원회는 제2항 각 호에 해당하지 아니하는 지방자치단체 · 지방자치단체조합 간 또는 그 장 간의 분쟁을 심의 · 의결한다.
④ 중앙분쟁조정위원회와 지방분쟁조정위원회(이하 "분쟁조정위원회"라 한다)는 각각 위원장을 포함한 11명 이내의 위원으로 구성한다.
⑤ 중앙분쟁조정위원회의 위원장과 위원 중 5명은 다음 각 호에 해당하는 자 중에서 행정안전부장관의 제청으로 대통령이 임명하거나 위촉하고, 대통령령으로 정하는 중앙행정기관 소속 공무원은 당연직위원이 된다.
1. 대학에서 부교수 이상으로 3년 이상 재직 중이거나 재직한 자
2. 판사 · 검사 또는 변호사의 직에 6년 이상 재직 중이거나 재직한 자
3. 그 밖에 지방자치사무에 관한 학식과 경험이 풍부한 자
⑥ 지방분쟁조정위원회의 위원장과 위원 중 5명은 제5항 각 호에 해당하는 자 중에서 시 · 도지사가 임명하거나 위촉하고, 조례로 정하는 해당 지방자치단체 소속 공무원은 당연직위원이 된다.
⑦ 공무원이 아닌 위원장 및 위원의 임기는 3년으로 하되, 연임할 수 있다. 다만, 보궐위원의 임기는 전임자의 남은 임기로 한다.

제150조(분쟁조정위원회의 운영 등) ① 분쟁조정위원회는 위원장을 포함한 위원 7명 이상의 출석으로 개의하고, 출석위원 3분의 2 이상의 찬성으로 의결한다.
② 분쟁조정위원회의 위원장은 분쟁의 조정과 관련하여 필요하다고 인정하면 관계 공무원, 지방자치단체조합의 직원 또는 관계 전문가를 출석시켜 의견을 듣거나 관계 기관이나 단체에 대하여 자료 및 의견 제출 등을 요구할 수 있다. 이 경우 분쟁의 당사자에게는 의견을 진술할 기회를 주어야 한다.
③ 이 법에서 정한 사항 외에 분쟁조정위원회의 구성과 운영 등에 관하여 필요한 사항은 대통령령으로 정한다.

제151조(사무의 위탁) ① 지방자치단체나 그 장은 소관 사무의 일부를 다른 지방자치단체나 그 장에게 위탁하여 처리하게 할 수 있다. 이 경우 지방자치단체의 장은 사무 위탁의 당사자가 시 · 도나 그 장이면 행정안전부장관과 관계 중앙행정기관의 장에게, 시 · 군 및 자치구

나 그 장이면 시·도지사에게 이를 보고하여야 한다.
② 지방자치단체나 그 장은 제1항에 따라 사무를 위탁하려면 관계 지방자치단체와의 협의에 따라 규약을 정하여 고시하여야 한다.
③ 제2항의 사무위탁에 관한 규약에는 다음 각 호의 사항이 포함되어야 한다.
1. 사무를 위탁하는 지방자치단체와 사무를 위탁받는 지방자치단체
2. 위탁사무의 내용과 범위
3. 위탁사무의 관리와 처리방법
4. 위탁사무의 관리와 처리에 드는 경비의 부담과 지출방법
5. 그 밖에 사무위탁에 관하여 필요한 사항
④ 지방자치단체나 그 장은 사무위탁을 변경하거나 해지하려면 관계 지방자치단체나 그 장과 협의하여 그 사실을 고시하고, 제1항의 예에 따라 행정안전부장관과 관계 중앙행정기관의 장 또는 시·도지사에게 보고하여야 한다.
⑤ 사무가 위탁된 경우 위탁된 사무의 관리와 처리에 관한 조례나 규칙은 규약에 다르게 정하여진 경우 외에는 사무를 위탁받은 지방자치단체에 대하여도 적용한다.

제2절 행정협의회

제152조(행정협의회의 구성) ① 지방자치단체는 2개 이상의 지방자치단체에 관련된 사무의 일부를 공동으로 처리하기 위하여 관계 지방자치단체 간의 행정협의회(이하 "협의회"라 한다)를 구성할 수 있다. 이 경우 지방자치단체의 장은 시·도가 구성원이면 행정안전부장관과 관계 중앙행정기관의 장에게, 시·군 또는 자치구가 구성원이면 시·도지사에게 이를 보고하여야 한다.
② 지방자치단체는 협의회를 구성하려면 관계 지방자치단체 간의 협의에 따라 규약을 정하여 관계 지방의회의 의결을 각각 거친 다음 고시하여야 한다.
③ 행정안전부장관이나 시·도지사는 공익상 필요하면 관계 지방자치단체에 대하여 협의회를 구성하도록 권고할 수 있다.
제153조(협의회의 조직) ① 협의회는 회장과 위원으로 구성한다.
② 회장과 위원은 규약으로 정하는 바에 따라 관계 지방자치단체의 직원 중에서 선임한다.
③ 회장은 협의회를 대표하며 회의를 소집하고 협의회의 사무를 총괄한다.
제154조(협의회의 규약) 협의회의 규약에는 다음 각 호의 사항이 포함되어야 한다.
1. 협의회의 명칭
2. 협의회를 구성하는 지방자치단체
3. 협의회가 처리하는 사무

4. 협의회의 조직과 회장 및 위원의 선임방법
5. 협의회의 운영과 사무 처리에 필요한 경비의 부담이나 지출방법
6. 그 밖에 협의회의 구성과 운영에 관하여 필요한 사항

제155조(협의회의 자료제출요구 등) 협의회는 사무를 처리하기 위하여 필요하다고 인정하면 관계 지방자치단체의 장에게 자료 제출, 의견 개진, 그 밖에 필요한 협조를 요구할 수 있다.

제156조(협의사항의 조정) ① 협의회에서 합의가 이루어지지 아니한 사항에 대하여 관계 지방자치단체의 장이 조정(調整) 요청을 하면 시·도 간의 협의사항에 대하여는 행정안전부장관이, 시·군 및 자치구 간의 협의사항에 대하여는 시·도지사가 조정할 수 있다. 다만, 관계되는 시·군 및 자치구가 2개 이상의 시·도에 걸치는 경우에는 행정안전부장관이 조정할 수 있다.

② 행정안전부장관이나 시·도지사가 제1항에 따라 조정을 하려면 관계 중앙행정기관의 장과의 협의를 거쳐 제149조에 따른 분쟁조정위원회의 의결에 따라 조정하여야 한다.

제157조(협의회의 협의 및 사무처리의 효력) ① 협의회를 구성한 관계 지방자치단체는 협의회가 결정한 사항이 있으면 그 결정에 따라 사무를 처리하여야 한다.

② 제156조제1항에 따라 행정안전부장관이나 시·도지사가 조정한 사항에 관하여는 제148조제3항부터 제6항까지의 규정을 준용한다.

③ 협의회가 관계 지방자치단체나 그 장의 명의로 한 사무의 처리는 관계 지방자치단체나 그 장이 한 것으로 본다.

제158조(협의회의 규약변경 및 폐지) 지방자치단체가 협의회의 규약을 변경하거나 협의회를 없애려는 경우에는 제152조제1항과 제2항을 준용한다.

제3절 지방자치단체조합

제159조(지방자치단체조합의 설립) ① 2개 이상의 지방자치단체가 하나 또는 둘 이상의 사무를 공동으로 처리할 필요가 있을 때에는 규약을 정하여 그 지방의회의 의결을 거쳐 시·도는 행정안전부장관의, 시·군 및 자치구는 시·도지사의 승인을 받아 지방자치단체조합을 설립할 수 있다. 다만, 지방자치단체조합의 구성원인 시·군 및 자치구가 2개 이상의 시·도에 걸치는 지방자치단체조합은 행정안전부장관의 승인을 받아야 한다.

② 지방자치단체조합은 법인으로 한다.

제160조(지방자치단체조합의 조직) ① 지방자치단체조합에는 지방자치단체조합회의와 지방자치단체조합장 및 사무직원을 둔다.

② 지방자치단체조합회의의 위원과 지방자치단체조합장 및 사무직원은 지방자치단체조합규

약으로 정하는 바에 따라 선임한다.

③ 관계 지방자치단체의 의회 의원과 그 지방자치단체의 장은 제35조제1항과 제96조제1항에도 불구하고 지방자치단체조합회의의 위원이나 지방자치단체조합장을 겸할 수 있다.

제161조(지방자치단체조합회의와 지방자치단체조합장의 권한) ① 지방자치단체조합회의는 지방자치단체조합의 규약으로 정하는 바에 따라 지방자치단체조합의 중요 사무를 심의·의결한다.

② 지방자치단체조합회의는 지방자치단체조합이 제공하는 역무에 대한 사용료·수수료 또는 분담금을 제139조제1항에 따른 조례의 범위 안에서 정할 수 있다.

③ 지방자치단체조합장은 지방자치단체조합을 대표하며 지방자치단체조합의 사무를 총괄한다.

제162조(지방자치단체조합의 규약) 지방자치단체조합의 규약에는 다음 각 호의 사항이 포함되어야 한다.

1. 지방자치단체조합의 명칭
2. 지방자치단체조합을 구성하는 지방자치단체
3. 사무소의 위치
4. 지방자치단체조합의 사무
5. 지방자치단체조합회의의 조직과 위원의 선임방법
6. 집행기관의 조직과 선임방법
7. 지방자치단체조합의 운영 및 사무처리에 필요한 경비의 부담과 지출방법
8. 그 밖에 지방자치단체조합의 구성과 운영에 관한 사항

제163조(지방자치단체조합의 지도·감독) ① 시·도가 구성원인 지방자치단체조합은 행정안전부장관의, 시·군 및 자치구가 구성원인 지방자치단체조합은 1차로 시·도지사의, 2차로 행정안전부장관의 지도·감독을 받는다. 다만, 지방자치단체조합의 구성원인 시·군 및 자치구가 2개 이상의 시·도에 걸치는 지방자치단체조합은 행정안전부장관의 지도·감독을 받는다.

② 행정안전부장관은 공익상 필요하면 지방자치단체조합의 설립이나 해산 또는 규약의 변경을 명할 수 있다.

제164조(지방자치단체조합의 규약변경 및 해산) ① 지방자치단체조합의 규약을 변경하거나 지방자치단체조합을 해산하려는 경우에는 제159조제1항을 준용한다.

② 지방자치단체조합을 해산한 경우에 그 재산의 처분은 관계 지방자치단체의 협의에 따른다.

제4절 지방자치단체의 장 등의 협의체

제165조(지방자치단체의 장 등의 협의체) ① 지방자치단체의 장이나 지방의회의 의장은

상호 간의 교류와 협력을 증진하고, 공동의 문제를 협의하기 위하여 다음 각 호의 구분에 따라 각각 전국적 협의체를 설립할 수 있다.

1. 시 · 도지사
2. 시 · 도의회의 의장
3. 시장 · 군수 · 자치구의 구청장
4. 시 · 군 · 자치구의회의 의장

② 제1항 각 호의 전국적 협의체가 모두 참가하는 지방자치단체 연합체를 설립할 수 있다.

③ 제1항에 따른 협의체나 제2항에 따른 연합체를 설립한 때에는 그 협의체의 대표자는 지체 없이 행정안전부장관에게 신고하여야 한다.

④ 제1항에 따른 협의체나 제2항에 따른 연합체는 지방자치에 직접적인 영향을 미치는 법령 등에 관한 의견을 행정안전부장관에게 제출할 수 있으며, 행정안전부장관은 제출된 의견을 관계 중앙행정기관의 장에게 통보하여야 한다.

⑤ 관계 중앙행정기관의 장은 제4항에 따라 통보된 내용에 대하여 통보를 받은 날부터 2개월 이내에 타당성을 검토하여 행정안전부장관에게 그 결과를 통보하여야 하고, 행정안전부장관은 통보받은 검토 결과를 해당 협의체나 연합체에 지체 없이 통보하여야 한다. 이 경우 관계 중앙행정기관의 장은 검토 결과 타당성이 없다고 인정하면 구체적인 사유 및 내용을 명시하여 통보하여야 하며, 타당하다고 인정하면 관계 법령에 그 내용이 반영될 수 있도록 적극 협력하여야 한다.

⑥ 제1항에 따른 협의체나 제2항에 따른 연합체는 지방자치와 관련된 법률의 제정 · 개정 또는 폐지가 필요하다고 인정하는 경우에는 국회에 서면으로 의견을 제출할 수 있다.

⑦ 제1항에 따른 협의체나 제2항에 따른 연합체의 설립신고와 운영, 그 밖에 필요한 사항은 대통령령으로 정한다.

제9장 국가의 지도 · 감독

第166條(지방자치단체의 사무에 대한 지도와 지원) ① 중앙행정기관의 장이나 시 · 도지사는 지방자치단체의 사무에 관하여 조언 또는 권고하거나 지도할 수 있으며, 이를 위하여 필요하면 지방자치단체에 자료의 제출을 요구할 수 있다.

② 국가나 시 · 도는 지방자치단체가 그 지방자치단체의 사무를 처리하는 데에 필요하다고 인정하면 재정지원이나 기술지원을 할 수 있다.

第167條(국가사무나 시 · 도사무 처리의 지도 · 감독) ① 지방자치단체나 그 장이 위임받아 처리하는 국가사무에 관하여 시 · 도에서는 주무부장관의, 시 · 군 및 자치구에서는 1차로

시 · 도지사의, 2차로 주무부장관의 지도 · 감독을 받는다.

② 시 · 군 및 자치구나 그 장이 위임받아 처리하는 시 · 도의 사무에 관하여는 시 · 도지사의 지도 · 감독을 받는다.

제168조(중앙행정기관과 지방자치단체 간 협의조정) ① 중앙행정기관의 장과 지방자치단체의 장이 사무를 처리할 때 의견을 달리하는 경우 이를 협의 · 조정하기 위하여 국무총리 소속으로 행정협의조정위원회를 둔다.

② 행정협의조정위원회는 위원장 1명을 포함하여 13명 이내의 위원으로 구성한다.

③ 행정협의조정위원회의 위원은 다음 각 호의 사람이 되고, 위원장은 제3호에 따른 위촉위원 중에서 국무총리가 위촉한다.

1. 기획재정부장관, 행정안전부장관, 국무총리실장 및 법제처장
2. 안건과 관련된 중앙행정기관의 장과 시 · 도지사 중 위원장이 지명하는 사람
3. 그 밖에 지방자치에 관한 학식과 경험이 풍부한 사람 중에서 국무총리가 위촉하는 사람 4명

④ 그 밖에 행정협의조정위원회의 구성과 운영 등에 필요한 사항은 대통령령으로 정한다.

제169조(위법 · 부당한 명령 · 처분의 시정) ① 지방자치단체의 사무에 관한 그 장의 명령이나 처분이 법령에 위반되거나 현저히 부당하여 공익을 해친다고 인정되면 시 · 도에 대하여는 주무부장관이, 시 · 군 및 자치구에 대하여는 시 · 도지사가 기간을 정하여 서면으로 시정할 것을 명하고, 그 기간에 이행하지 아니하면 이를 취소하거나 정지할 수 있다. 이 경우 자치사무에 관한 명령이나 처분에 대하여는 법령을 위반하는 것에 한한다.

② 지방자치단체의 장은 제1항에 따른 자치사무에 관한 명령이나 처분의 취소 또는 정지에 대하여 이의가 있으면 그 취소처분 또는 정지처분을 통보받은 날부터 15일 이내에 대법원에 소(訴)를 제기할 수 있다.

제170조(지방자치단체의 장에 대한 직무이행명령) ① 지방자치단체의 장이 법령의 규정에 따라 그 의무에 속하는 국가위임사무나 시 · 도위임사무의 관리와 집행을 명백히 게을리하고 있다고 인정되면 시 · 도에 대하여는 주무부장관이, 시 · 군 및 자치구에 대하여는 시 · 도지사가 기간을 정하여 서면으로 이행할 사항을 명령할 수 있다.

② 주무부장관이나 시 · 도지사는 해당 지방자치단체의 장이 제1항의 기간에 이행명령을 이행하지 아니하면 그 지방자치단체의 비용부담으로 대집행하거나 행정상 · 재정상 필요한 조치를 할 수 있다. 이 경우 행정대집행에 관하여는 「행정대집행법」을 준용한다.

③ 지방자치단체의 장은 제1항의 이행명령에 이의가 있으면 이행명령서를 접수한 날부터 15일 이내에 대법원에 소를 제기할 수 있다. 이 경우 지방자치단체의 장은 이행명령의 집행을 정지하게 하는 집행정지결정을 신청할 수 있다.

제171조(지방자치단체의 자치사무에 대한 감사) ① 행정안전부장관이나 시 · 도지사는 지

방자치단체의 자치사무에 관하여 보고를 받거나 서류 · 장부 또는 회계를 감사할 수 있다. 이 경우 감사는 법령위반사항에 대하여만 실시한다.

② 행정안전부장관 또는 시 · 도지사는 제1항에 따라 감사를 실시하기 전에 해당 사무의 처리가 법령에 위반되는지 여부 등을 확인하여야 한다.

제171조의2(지방자치단체에 대한 감사 절차 등) ① 주무부장관, 행정안전부장관 또는 시 · 도지사는 이미 감사원 감사 등이 실시된 사안에 대하여는 새로운 사실이 발견되거나 중요한 사항이 누락된 경우 등 대통령령으로 정하는 경우를 제외하고는 감사대상에서 제외하고 종전의 감사결과를 활용하여야 한다.

② 주무부장관과 행정안전부장관은 다음 각 호의 어느 하나에 해당하는 감사를 실시하고자 하는 때에는 지방자치단체의 수감부담을 줄이고 감사의 효율성을 높이기 위하여 같은 기간 동안 함께 감사를 실시할 수 있다.

1. 제167조에 따른 주무부장관의 위임사무 감사
2. 제171조에 따른 행정안전부장관의 자치사무 감사

③ 제167조, 제171조 및 제2항에 따른 감사에 대한 절차 · 방법 등 필요한 사항은 대통령령으로 정한다.

제172조(지방의회 의결의 재의와 제소) ① 지방의회의 의결이 법령에 위반되거나 공익을 현저히 해친다고 판단되면 시 · 도에 대하여는 주무부장관이, 시 · 군 및 자치구에 대하여는 시 · 도지사가 재의를 요구하게 할 수 있고, 재의요구를 받은 지방자치단체의 장은 의결사항을 이송받은 날부터 20일 이내에 지방의회에 이유를 붙여 재의를 요구하여야 한다.

② 제1항의 요구에 대하여 재의의 결과 재적의원 과반수의 출석과 출석의원 3분의 2 이상의 찬성으로 전과 같은 의결을 하면 그 의결사항은 확정된다.

③ 지방자치단체의 장은 제2항에 따라 재의결된 사항이 법령에 위반된다고 판단되면 재의결된 날부터 20일 이내에 대법원에 소를 제기할 수 있다. 이 경우 필요하다고 인정되면 그 의결의 집행을 정지하게 하는 집행정지결정을 신청할 수 있다.

④ 주무부장관이나 시 · 도지사는 재의결된 사항이 법령에 위반된다고 판단됨에도 불구하고 해당 지방자치단체의 장이 소(訴)를 제기하지 아니하면 그 지방자치단체의 장에게 제소를 지시하거나 직접 제소 및 집행정지결정을 신청할 수 있다.

⑤ 제4항에 따른 제소의 지시는 제3항의 기간이 지난 날부터 7일 이내에 하고, 해당 지방자치단체의 장은 제소지시를 받은 날부터 7일 이내에 제소하여야 한다.

⑥ 주무부장관이나 시 · 도지사는 제5항의 기간이 지난 날부터 7일 이내에 직접 제소할 수 있다.

⑦ 제1항에 따라 지방의회의 의결이 법령에 위반된다고 판단되어 주무부장관이나 시 · 도지사로부터 재의요구지시를 받은 지방자치단체의 장이 재의를 요구하지 아니하는 경우(법령

에 위반되는 지방의회의 의결사항이 조례안인 경우로서 재의요구지시를 받기 전에 그 조례안을 공포한 경우를 포함한다)에는 주무부장관이나 시 · 도지사는 제1항에 따른 기간이 지난 날부터 7일 이내에 대법원에 직접 제소 및 집행정지결정을 신청할 수 있다.

⑧ 제1항에 따른 지방의회의 의결이나 제2항에 따라 재의결된 사항이 둘 이상의 부처와 관련되거나 주무부장관이 불분명하면 행정안전부장관이 재의요구 또는 제소를 지시하거나 직접 제소 및 집행정지결정을 신청할 수 있다.

제10장 서울특별시 등 대도시와 세종특별자치시 및 제주특별자치도의 행정특례

제173조(자치구의 재원) 특별시장이나 광역시장은 시세(市稅) 수입 중의 일정액을 확보하여 조례로 정하는 바에 따라 해당 지방자치단체의 관할 구역 안의 자치구 상호 간의 재원을 조정하여야 한다.

제174조(특례의 인정) ① 서울특별시의 지위 · 조직 및 운영에 대하여는 수도로서의 특수성을 고려하여 법률로 정하는 바에 따라 특례를 둘 수 있다.

② 세종특별자치시와 제주특별자치도의 지위 · 조직 및 행정 · 재정 등의 운영에 대하여는 행정체제의 특수성을 고려하여 법률로 정하는 바에 따라 특례를 둘 수 있다.

제175조(대도시에 대한 특례인정) 서울특별시 · 광역시 및 특별자치시를 제외한 인구 50만 이상 대도시의 행정, 재정운영 및 국가의 지도 · 감독에 대하여는 그 특성을 고려하여 관계 법률로 정하는 바에 따라 특례를 둘 수 있다.

부칙

이 법은 공포 후 6개월이 경과한 날부터 시행한다.